高等院校移动商务管理系列教材

移动商务技术
Technology of Mobile Commerce

（第二版）

柳永坡　谌云莉◎主编

经济管理出版社

图书在版编目（CIP）数据

移动商务技术/柳永坡，谌云莉主编. —2 版. —北京：经济管理出版社，2017.1
ISBN 978-7-5096-4873-5

Ⅰ.①移⋯　Ⅱ.①柳⋯　②谌⋯　Ⅲ.①电子商务　Ⅳ.①F713.36

中国版本图书馆 CIP 数据核字（2017）第 006890 号

组稿编辑：勇　生
责任编辑：杨国强
责任印制：木　易
责任校对：超　凡

出版发行：经济管理出版社
　　　　　（北京市海淀区北蜂窝 8 号中雅大厦 A 座 11 层　100038）
网　　址：www.E-mp.com.cn
电　　话：（010）51915602
印　　刷：玉田县昊达印刷有限公司
经　　销：新华书店
开　　本：720mm×1000mm/16
印　　张：16.5
字　　数：305 千字
版　　次：2017 年 4 月第 2 版　2017 年 4 月第 1 次印刷
书　　号：ISBN 978-7-5096-4873-5
定　　价：32.00 元

·版权所有　翻印必究·
凡购本社图书，如有印装错误，由本社读者服务部负责调换。
联系地址：北京阜外月坛北小街 2 号
电话：（010）68022974　　邮编：100836

编委会

主　任：张世贤

副主任：杨世伟　勇　生

编委会委员（按照姓氏拼音字母排序）：

　　　　陈　飓　高　闯　洪　涛　吕廷杰　柳永坡　刘　丹
　　　　秦成德　沈志渔　王　琦　叶蜀君　勇　生　杨国平
　　　　杨学成　杨世伟　张世贤　张润彤　张　铎

专家指导委员会

主　　任：杨培芳　中国信息经济学会理事长、教授级高级工程师，工业和信息化部电信经济专家委员会秘书长，工业和信息化部电信研究院副总工程师

副主任：杨学成　北京邮电大学经济管理学院副院长、教授

委　　员（按照姓氏拼音字母排序）：

安　新　中国联通学院广东分院院长、培训交流中心主任
蔡亮华　北京邮电大学教授、高级工程师
陈　禹　中国信息经济学会名誉理事长，中国人民大学经济信息管理系主任、教授
陈　飔　致远协同研究院副院长，北京大学信息化与信息管理研究中心研究员
陈国青　清华大学经济管理学院常务副院长、教授、博士生导师
陈力华　上海工程技术大学副校长、教授、博士生导师
陈鹏飞　北京嘉迪正信（北京）管理咨询有限公司总经理
陈玉龙　国家行政学院电子政务研究中心专家委员会专家委员，国家信息化专家咨询委员会委员，国家信息中心研究员
董小英　北京大学光华管理学院管理科学与信息系统系副教授
方美琪　中国人民大学信息学院教授、博士生导师，经济科学实验室副主任
付虹蛟　中国人民大学信息学院副教授
龚炳铮　工业和信息化部电子六所（华北计算机系统工程研究所）研究员，教授级高级工程师
郭东强　华侨大学教授
高步文　中国移动通信集团公司辽宁有限公司总经理
郭英翱　中国移动通信集团公司辽宁有限公司董事、副总经理
何　霞　中国信息经济学会副秘书长，工业和信息化部电信研究院政策与经济研究所副总工程师，教授级高级工程师
洪　涛　北京工商大学经济学院贸易系主任、教授，商务部电子商务咨询专家

移动商务技术

专家指导委员会

姜奇平	中国信息经济学会常务理事，中国社会科学院信息化研究中心秘书长，《互联网周刊》主编
赖茂生	北京大学教授、博士生导师
李 琪	西安交通大学电子商务研究所所长、教授、博士生导师
李正茂	中国移动通信集团公司副总裁
刘 丹	北京邮电大学经济管理学院副教授
刘腾红	中南财经政法大学信息与安全工程学院院长、教授
柳永坡	北京航空航天大学副教授
吕廷杰	北京邮电大学经济管理学院院长、教授、博士生导师
马费成	武汉大学信息管理学院教授、博士生导师
秦成德	西安邮电大学教授
乔建葆	中国联通集团公司广东省分公司总经理
沈志渔	中国社会科学院工业经济研究所研究员、教授、博士生导师
汪 涛	武汉大学经济与管理学院教授、博士生导师
王 琦	北京邮电大学副教授
王立新	北京邮电大学经济管理学院MBA课程教授，中国移动通信集团公司、中国电信集团公司高级营销顾问
王晓军	北京邮电大学继续教育学院副院长
谢 华	中国联通集团公司人力资源部人才与培训处经理
谢 康	中山大学管理学院电子商务与管理工程研究中心主任、教授
谢进城	中南财经政法大学继续教育学院院长、教授
徐二明	中国人民大学研究生院副院长、教授、博士生导师
徐升华	江西财经大学研究生部主任、教授、博士生导师
杨国平	上海工程技术大学继续教育学院副院长、教授
杨培芳	中国信息经济学会理事长、教授级高级工程师，工业和信息化部电信经济专家委员会秘书长，工业和信息化部电信研究院副总工程师
杨世伟	中国社会科学院工业经济研究所教授，中国企业管理研究会副理事长
杨学成	北京邮电大学经济管理学院副院长、教授
杨学山	工业和信息化部副部长、党组成员
叶蜀君	北京交通大学经济管理学院金融系主任、教授、博士生导师
张华容	中南财经政法大学工商管理学院副院长、教授、博士生导师
张继平	中国电信集团公司副总经理、教授级高级工程师
张润彤	北京交通大学经济管理学院信息管理系主任、教授、博士生导师
张世贤	中国社会科学院工业经济研究所研究员、教授、博士生导师

前 言

随着移动互联网的深入渗透，我们的生活、工作和娱乐的移动化趋势越来越明显，移动商务成为不可阻挡的商业潮流。尤其是"互联网+"战略正在推动数字经济与实体经济的深度融合，"大众创业，万众创新"方兴未艾，我们有理由相信，移动商务终将成为商业活动的"新常态"。

在这样的背景下，有必要组织力量普及移动商务知识，理清移动商务管理的特点，形成移动商务管理的一整套理论体系。从2014年开始，经济管理出版社广泛组织业内专家学者，就移动商务管理领域的重点问题、关键问题进行了多次研讨，并实地调研了用人单位的人才需求，结合移动商务管理的特点，形成了一整套移动商务管理的能力素质模型，进而从人才需求出发，围绕能力素质模型构建了完整的知识树和课程体系，最终以这套丛书的形式展现给广大读者。

本套丛书有三个特点：一是课程知识覆盖全面，本套丛书涵盖了从移动商务技术到管理再到产业的各个方面，覆盖移动商务领域各个岗位能力需求；二是突出实践能力塑造，紧紧围绕相关岗位能力需求构建知识体系，有针对性地进行实践能力培养；三是案例丰富，通过精心挑选的特色案例帮助学员理解相关理论知识并启发学员思考。

希望通过本套丛书的出版，能够为所有对移动商务管理感兴趣的人士提供一份入门级的读物，帮助大家理解移动商务的大趋势，形成全新的思维方式，为迎接移动商务浪潮做好知识储备。

本套丛书还可以作为全国各个大、专院校的教材，尤其是电子商务、工商管理、计算机等专业的本科生和专科生，相信本套丛书将对上述专业的大学生掌握本专业的知识提供非常有利地帮助，并为未来的就业和择业打下坚实的基础。除此之外，我们也期待对移动商务感兴趣的广大实践人士能够阅读本套丛书，相信你们丰富的实践经验必能与本套丛书的知识体系产生共鸣，帮助实践人士更好地总结实践经验并提升自身的实践能力。这是一个全新的时代，希望本套丛书的出版能够为中国的移动商务发展贡献绵薄之力，期待移动商务更加蓬勃的发展！

目 录

第一章 移动商务技术基础 …………………………………………… 1

 第一节 无线通信技术 ……………………………………………… 4
 第二节 移动平台应用 ……………………………………………… 8
 第三节 移动通信终端 ……………………………………………… 14
 第四节 移动计算机网络技术 ……………………………………… 17

第二章 无线通信网络技术 …………………………………………… 27

 第一节 长距离无线通信技术 ……………………………………… 28
 第二节 中距离无线通信技术 ……………………………………… 33
 第三节 短距离无线通信技术 ……………………………………… 40
 第四节 我国无线通信技术的发展 ………………………………… 47

第三章 无线通信协议 ………………………………………………… 51

 第一节 WAP 协议 ………………………………………………… 53
 第二节 IPv4 和 IPv6 ……………………………………………… 71

第四章 计算机网络通信技术与 Internet 技术 …………………… 81

 第一节 计算机网络基础 …………………………………………… 83
 第二节 网络体系结构与通信协议 ………………………………… 90
 第三节 Internet 概述 ……………………………………………… 97

第五章 EDI 增值网络技术 …………………………………………… 105

 第一节 EDI 的概念 ………………………………………………… 108
 第二节 EDI 的主要特点和影响 …………………………………… 109
 第三节 EDI 的工作过程 …………………………………………… 111
 第四节 EDI 的分类 ………………………………………………… 112

移动商务技术

第五节	EDI 的应用范围	117
第六节	EDI 的发展	120

第六章　移动中间件技术　127

第一节	移动中间件技术的内涵	129
第二节	移动中间件技术的分类	135

第七章　无线通信技术的应用　143

第一节	移动消息应用平台	144
第二节	WAP 应用平台	153
第三节	IVR 应用平台	156

第八章　无线通信终端接入设备　163

第一节	长距离移动通信终端接入设备	165
第二节	中距离移动通信终端接入设备	170
第三节	短距离移动通信终端接入设备	176

第九章　移动终端操作系统　181

第一节	Windows Mobile 操作系统	182
第二节	Symbian 操作系统	187
第三节	Palm 操作系统	191
第四节	Linux 操作系统	194
第五节	Android 操作系统	198
第六节	IOS 苹果操作系统	204
第七节	BlackBerry 操作系统	207

第十章　移动商务安全技术　211

第一节	移动商务面临的安全问题	212
第二节	无线通信的主要攻防手段	218
第三节	移动商务的主要安全技术	223

参考文献　235

第一章 移动商务技术基础

学习目的

知识要求 通过本章的学习,掌握:

- 移动通信概念及特征
- FDMA、TDMA、CDMA 技术原理
- 移动 IP 与 IPv6 技术

技能要求 通过本章的学习,能够:

- 熟悉移动平台的应用
- 熟练运用移动通信技术设计移动平台应用
- 熟练掌握移动商务技术基础并能运用于实际移动网络中

学习指导

1. 本章内容包括:无线通信技术、移动平台应用、移动通信终端和移动计算机网络技术。

2. 学习方法:阅读材料,掌握重点概念,把握概念之间的内在关系;尽量结合实际情况加深理解。

3. 建议学时:4 学时。

移动商务技术

引导案例

基于 RFID 的电子支付在上海世博的应用

手机钱包（RFID），是中国移动开发的、基于无线射频识别技术的小额电子支付业务。中国移动"手机钱包"业务的载体为 RFID-SIM 卡，一种新型 SIM 卡。更换该卡后，客户的手机号码不变，只需将钱存入与号码相连的专属支付账户中，就能在中国移动合作的轨道交通、合作商户等场所进行 POS 机消费，类似于公交卡刷卡。

2010 年是世博年，中国移动"手机钱包"可以说是大展拳脚：你不仅可以在星巴克、麦当劳等刷"机"购美食，还可以直接"刷"手机乘坐地铁去看世博会，甚至在参观世博会的时候，也能够一刷而就！手机现在已经集交通卡、超市卡乃至银行卡于一身了！带着它逛世博，让你全面体验更美好的信息新生活！

作为 2010 年上海世博会全球合作伙伴，中国移动与上海世博局共同推出世博手机门票，为 160 多年历史的世博会带来创新性的突破。世博手机票同样基于 RFID 技术，即将门票信息集成在手机 RFID-SIM 卡内，在园区门口"刷"一下手机，就能顺利进园参观，更可通过手机钱包在园区内的商户进行消费。这样，一部手机便具备了通信、入园门票，以及手机钱包的三重功能。

一、电子商务企业布局移动互联网

2011 年 3 月 10 日，京东商城发布了基于 Android 平台的手机客户端软件。此前，京东商城已经在 iPhone 手机上发布了客户端，且 Symbian 平台客户端以及基于 iPad 等手持移动终端的应用软件也将陆续登录。

京东商城 Android 平台客户端兼容多种机型，支持 Android1.6 以上版本以及乐 phone 手机。用户可以通过客户端实现下单、订单查询、商品搜索、晒单、产品评价等常用功能。客户端也会将客户常用地址、支付信息保存起来，实现一键下单"轻松购"。

自开放性的操作系统 Android 问世之后，市场占有率不断攀升，大有赶超诺基亚 Symbian、苹果的 iTunes 和黑莓的 Rim 之势。在中国，Android 操作系统的市场占有率整体占比并不算高，但关注度和用户增长速度是最高的，京东商城 Android 版客户端正是基于这样的背景推出的。而早在不久前，B2C 巨头凡客诚品和淘宝就已推出了各自的手机客户端和手机网站。

2011 年 2 月 23 日，中国联通与阿里巴巴签署战略合作协议。根据协议，双方将通过提升电子商务及移动互联网的信息化应用能力，共同打造移动互联网的商品交易和生活服务平台。不仅如此，凡客诚品日前宣布手机客户端和手机凡客网正式上线，而京东商城已经或将要开通针对各个手机操作系统的客户端，谷歌也正自主开发有关移动支付的服务。这些都表明了市场已做好充足的准备迎接移动电子商务的爆发。

二、移动商务"飞入寻常百姓家"

如今"没人上街不代表没人逛街"，淘宝网的这条广告语正在变成现实，而移动电子商务的发展更是让"逛街"突破时间和空间的限制。淘宝数据显示，目前，每天有超过 1000 万人登录手机淘宝，单日最高访问用户数达到 1700 万，单日交易峰值达 3700 万元。2011 年，估计将有超过 1 亿手机网民使用手机淘宝购物平台进行比价、逛、购物。

受益于手机支付落地的大力推广，以及淘宝等电子商务平台积极投入手机版网页及客户端产品布局，移动电子商务用户移动交易量及活跃度不断攀升。艾瑞咨询研究发现，2010 年，手机电子商务在中国移动互联网细分行业中增幅最大，估计 2011 年将超过手机游戏成为移动互联网市场第二大应用。手机淘宝于 2010 年底举办"疯抢"等让利营销活动，用户日交易峰值过万元，超过 eBay 于 12 月移动销售每小时 9500 宗的交易峰值，凸显中国移动电子商务的发展前景和热度。

当前中国电子商务已进入快速成长期，消费者在网上的消费行为正从观望、试探逐步转向稳定、理性的主流人群，卖家也从初期的个人销售行为，越来越多地演变为企业化运作，开始向供应链的上游渗透。因此，网络零售生态圈吸引了物流企业、软件公司、金融机构、技术外包商、网络教育培训与人才服务机构等企业参与。所有这些市场参与者通过互联网平台相互连接，相互促进与拉动，形成具有群体竞争优势和规模效益的电子商务生态圈。

随着 3G 时代的到来，移动互联网与传统互联网平台之间的差距正在逐步缩小，整个行业正在从垄断走向开放，从传统的接入和通道等基础建设过渡到发展内容和追求应用，这将使得移动商务快速地走入百姓生活。而一直处于徘徊状态的移动互联网将进入被重新定义的时代，也将借此而找到自己的盈利模式。

资料来源：文汇报，2011-05-05.

问题：
1. 简述基于 RFID 电子支付的意义。
2. 简述基于 RFID 电子支付的技术原理。

第一节　无线通信技术

无线通信（Wireless Communication）是利用电磁波信号可以在自由空间中传播的特性进行信息交换的一种通信方式。在移动中实现的无线通信又统称为移动通信，人们把二者合称为无线移动通信。无线通信技术给人们带来的影响无疑是巨大的。如今，我国每天大约有15万人成为新的无线用户，全球范围内的无线用户数量已经是以亿计算了。这些人包括社会中的各个阶层，比如大学教授、仓库管理员、护士、商店负责人、公司经理和司机等，他们使用的无线技术和他们自身的工作一样都在不断地更新。

一、通信系统的分类

1. 按照通信的业务和用途分类

根据通信的业务和用途分类，有常规通信、控制通信等。其中，常规通信又分为话务通信和非话务通信。话务通信业务主要是电话服务为主，程控数字电话交换网络的主要目标就是为普通用户提供电话通信服务。非话务通信主要是分组数据业务、计算机通信、传真、视频通信等。在过去很长一段时期内，由于电话通信网最为发达，因而其他通信方式往往需要借助公共电话网进行传输，但是随着互联网的迅速发展，这一状况已经发生了显著的变化。控制通信主要包括遥测、遥控等，如卫星测控、导弹测控、遥控指令通信等都是属于控制通信的范围。

2. 按调制方式分类

根据是否采用调制，可以将通信系统分为基带传输和调制传输。基带传输是将未经调制的信号直接传输，如音频室内电话（用户线上传输的信号）、Ethernet网中传输的信号等。调制传输的目的是使载波携带要发送的信息，对于正弦载波调制，可以用要发送的信息去控制或改变载波的幅度、频率或相位，接收端通过调制就可以恢复出信息。在通信系统中，调制的目的主要有以下几个方面：

（1）便于信息的传输。调制过程可以将信号频谱搬移到任何需要的频率范围，便于与信道传输特性相匹配。如无线传输时，必须要将信号调制到相应的射频上才能够进行无线电通信。

（2）改变信号占据的带宽。调制后的信号频谱通常被搬移到某个载频附近的频带内，其有效带宽相对于载频而言是一个窄带信号，在此频带内引入的噪声就减少了，从而可以提高系统的抗干扰性。

（3）改变系统的性能。由信息论可知，可通过增加带宽的方式来换取接收信噪比的提高，从而可以提高系统的可靠性，各种调制方式正是为了达到这些目的而发展起来的。

3. 按传输信号的特征分类

按照信道中所传输的信号是模拟信号还是数字信号，可以相应地把通信系统分成模拟通信系统和数字通信系统两类。数字通信系统在最近几十年获得了快速发展，数字通信系统也是目前商用通信系统的主流。

4. 按传送信号的复用和多址方式分类

复用是指多路信号利用同一个信道进行独立传输。传输多路信号目前有四种复用方式，即频分复用（Frequency Division Multiplexing，FDM）、时分复用（Time Division Multiplexing，TDM）、码分复用（Code Division Multiplexing，CDM）和波分复用（Wave Division Multiplexing，WDM）。

FDM 是采用频谱搬移的办法使不同信号分别占据不同的频带进行传输，TDM 是使不同信号分别占据不同的时间片段进行传输，CDM 则是采用一组正交的脉冲序列分别携带不同的信号，WDM 使用在光纤通信中，可以在一条光纤内同时传输多个波长的光信号，成倍提高光纤的传输容量。

多址是指在多用户通信系统中区分多个用户的方式。如在移动通信系统中，同时为多个移动用户提供通信服务，需要采取某种方式区分各个通信用户。多址方式主要有频分多址（Frequency Division Multiple Access，FDMA）、时分多址（Time Division Multiple Access，TDMA）和码分多址（Code Division Multiple Access，CDMA）三种方式。

移动通信系统是各种多址技术应用的一个十分典型的例子。第一代移动通信系统，如 TACS（Total Access Communication System）、AMPS（Advanced Mobile Phone System）是采用 FDMA 的模拟通信系统，即同一基站下的无线通话用户分别占据不同的频带传输信息。第二代（2G，2nd Generation）移动通信系统则多是 TDMA 的数字通信系统，GSM 是目前全球市场占有率最高的 2G 移动通信系统，是典型的 TDMA 的通信系统。2G 移动通信标准中唯一采用 CDMA 技术的是 IS-95 CDMA 通信系统。而第三代（3G，3rd Generation）移动通信系统的三种主流通信标准 WCDMA、CDMA2000 和 TD-SCDMA 则全部是基于 CDMA 的通信系统。

5. 按传输媒介分类

通信系统可以分为有线（包括光纤）和无线通信两大类，有线信道包括架空明线、双绞线、同轴电缆、光缆等。使用架空明线传输媒介的通信系统主要有早期的载波电话系统，使用双绞线传输的通信系统有电话系统、计算机局域网等，同轴电缆在微波通信、程控交换等系统中以及设备内部和天线馈线中使用。无线通信依靠电磁波在空间传播达到传送消息的目的，如短波电离层传播、微波视距传输等。

6. 按工作波段分类

按照通信设备的工作频率或波长的不同，分为长波通信、中波通信、短波通信、微波通信等。

二、移动通信及特点

移动通信（Mobile Communication）是移动体之间的通信，或移动体与固定体之间的通信，即通信中的一方或双方处于运动中的通信。移动体可以是人，也可以是汽车、火车、轮船、收音机等在移动状态中的物体。移动通信系统由两部分组成：空间系统与地面系统。地面系统包括卫星移动无线电台和天线、关口站及基站。

移动通信系统由移动台、基台、移动交换局组成。若要同某移动台通信，移动交换局通过各基台向全网发出呼叫，被叫台收到后发出应答信号，移动交换局收到应答后分配一个信道给该移动台并从此话路信道中传送一信令使其振铃。

固定点与移动体（车辆、船舶、飞机）之间、移动体之间、活动的人与人之间以及人与移动体之间的通信，都属于移动通信的范畴。

按照移动体所处的区域不同，移动通信可以分为陆地移动通信、海上移动通信和空中移动通信。而目前使用的移动通信系统有航空（航天）移动通信系统、航海移动通信系统、陆地移动通信系统和国际卫星移动通信系统（INMARSAT）。其中，陆地移动通信系统又包括无线寻呼系统、无绳电话系统、集群移动通信系统和蜂窝移动通信系统。

移动通信的特点包括以下几个方面：

（1）移动性。就是要保持物体在移动状态中的通信，因而它必须是无线通信，或无线通信与有线通信的结合。

（2）电波传播条件复杂。因移动体可能在各种环境中运动，电磁波在传播时会产生反射、折射、绕射、散射效应等现象，产生多径干扰、信号传播延迟和展宽等效应。

（3）噪声和干扰严重。在城市环境中的汽车发动机噪声、各种工业噪声和移动用户之间的互调干扰、邻道干扰、同频干扰等。

（4）系统和网络结构复杂。它是一个多用户通信系统和网络，必须使用户之间互不干扰，能协调一致地工作。此外，移动通信系统还应与市话网、卫星通信网、数据网等互连，整个网络结构是很复杂的。

（5）要求频带利用率高、设备性能好。

三、无线通信网络技术

移动通信以其移动性和个人化服务为特征，表现出旺盛的生命力和巨大的市场潜力。以宽带和提供多媒体业务为特征的新一代无线与移动通信的发展，将以市场为导向，带动新技术和业务的发展，不断摸索新型的经营模式。无线通信未来的发展趋势表现在以下几个方面：

1. 多层无线技术有效互补

无线通信领域各种技术的互补性日趋鲜明。这主要表现在不同的接入技术具有不同的覆盖范围、不同的适用区域、不同的技术特点、不同的接入速率。从大范围公众移动通信来看，3G或超3G技术将是主导，从而形成对全球的广泛无缝覆盖；而WLAN、WiMax、UWB等宽带接入技术，将因其不同的技术特点，在不同覆盖范围或应用区域内，与公众移动通信网络形成有效互补。

2. 信息个人化

个人化是21世纪信息业进一步发展的主要方向之一。而移动IP正是实现未来信息个人化的重要技术手段，在手机上实现各种IP应用以及移动IP技术正逐步成为人们关注的焦点之一。移动智能网技术与IP技术的组合将进一步推动全球个人通信的趋势。

3. 核心网络一体化、接入层面多样化

在接入网技术出现多元化的同时，核心网络层面以IMS为会话和业务控制的网络架构，成为面向多媒体业务的未来网络融合的基础。面向未来的核心网络采用开放式体系架构和标准接口，能够提供各种业务的综合，满足相应的服务质量，支持移动漫游等移动性管理要求，保证通信的安全性。

4. 移动通信业务应用综合化

移动通信业务应用将更好体现"以人为本"的特征，业务应用种类也将更为丰富和个性化，质量更高；通信服务的价值链将进一步拉长、细分和开放，形成新的、开放式的良性生态环境，业务应用开发和提供将适应此变化，以开放API接口的方式替代传统的封闭式业务开发和提供模式。无线通信终端将呈现综合化、智能化和多媒体化的发展趋势，未来的无线终端的功能和性能将更加强大，成为集数据处理、多媒体视听和无线通信于一体的个人数据通信中心。

5. 宽带化

宽带化是通信信息技术发展的重要方向之一。随着光纤传输技术以及高通透量网络节点的进一步发展，有线网络的宽带化正在世界范围内全面展开，而无线通信技术也正在朝着无线接入宽带化的方向演进，无线传输速率将从第二代系统的 9.6kb/s 向第三代移动通信系统的最高速率 2Mb/s 发展。

由于无线通信网络存在的带宽需求和移动网络带宽不足的矛盾，用户地域分布和对应用需求不平衡的矛盾以及不同技术优势和不足共存的矛盾，这决定了发展无线通信网络需要综合运用各种技术手段，从全局和长远的眼光出发，采取一体化的思路规划和建设网络。发挥不同技术的个性，综合布局，解决不同区域、不同用户群对带宽及业务的不同需求，达成无线通信网络的整体优势和综合能力。

第二节　移动平台应用

移动平台就是电信运营商在此基础上为其用户提供的一个范围更广、使用更方便的信息交换平台。

一、移动消息平台

随着移动通信技术的迅速发展，基于这些技术构建的各类移动业务正在迅速地改变着我们的生活。移动数据业务是在移动通信技术和数据通信技术的基础上发展起来的，凭借其优越的移动性、专属性、安全性以及开放性得到了广泛而深入的应用。短消息业务作为移动数据业务中一种简单的消息型服务，在移动数据业务的发展过程中扮演着相当重要的角色，目前已广泛应用于包括信息订阅、短信游戏、邮件到达提醒、辅助业务申请等各个领域。通常一项业务的成功往往与在其背后提供支撑的相关技术与协议之间有着密不可分的关系。短消息业务在 2G 通信网络时期的蓬勃发展，即得益于当时的网络承载技术以及移动运营商所提供的开放而多赢的增值业务平台。下面将对短消息业务进行介绍，并着重对与之相关的体系结构、业务平台以及应用模式进行分析和探讨。

短消息业务（Short Massage Services，SMS）是 2G 通信网络时期最主要的移动数据增值服务，它通过 GSM 控制信令通道进行传输，短消息的存储和转发通过短消息服务中心（Short Message Service Center，SMSC）实现。

SMS 增值业务平台的典型架构，主要由 SMSC、互联网短消息网关（Internet Short Message Gateway，ISMG）和业务提供商（Service Provider，SP）等实体组成。SMSC 负责短消息的存储和转发。ISMG 是 SP 与 SMSC 之间的中介实体，一方面其负责接收 SP 发送给 SMS 的信息并提交给 SMSC，另一方面 SMS 所提交的点播 SP 业务的信息也将由 SMSC 经由 ISMG 转发给 SP。为减轻 SMSC 的信令负荷，ISMG 通常根据路由原则将 SP 提交的信息转发到相应的 ISMG。

在 SMS 业务平台中，一系列相关协议为 SMSC、ISMG 和 SP 之间的互联提供了接口标准。点对点短信息（Short Message Peer to Peer，SMPP）协议是一种开放的工业化接口协议，为 SMSC 和 SP 的 SMS 应用系统之间的短消息转换提供了灵活的数据通信接口。ISMG 和 SMSC 之间可以通过 SMPP 协议建立连接，从而实现 SP 和 SMSC 之间信息的互发。中国移动点对点（China Mobile Peer to Peer，CMPP）协议是中国移动制定的 SP 与 ISMG 之间的应用层接口协议，中国联通也制定了相应的短消息网关接口协议（Short Message Gateway Interface Protocol，SGIP）。CMPP/SGIP 协议为 SP 和 ISMG 之间的信息请求与交换提供了标准接口，基于 CMPP/SGIP 可实现 SP 与 ISMG 之间信息通路的构建。

尽管 SMS 目前仍是应用最广、盈利最多的消息业务类型，但随着移动消息数量的迅猛增长以及人们对消息内容多样性要求的愈加迫切，SMS 已无法充分满足用户的需求。然而低廉的资费与多年培养出的发送短消息的习惯是 SMS 依然保有的优势，因此在未来较长的一段时期 SMS 并不会从我们的视线中消失。目前移动消息业务仍在不断地演进之中，随着移动通信技术与业务设计的不断创新，移动消息业务将随之激发出更大的应用潜力，为我们的工作与生活带来更多的效率与乐趣。

二、移动网络接入平台

（一）宽带无线接入技术

宽带无线接入技术代表了宽带接入技术的一种新的不可忽视的发展趋势，不仅建网开通快、维护简单、用户较密时成本低，而且改变了本地电信业务的传统观念，最适于新的电信竞争者开展有效的竞争，也可以作为电信公司有线接入的重要补充。目前主要有以下几种热门的宽带无线接入技术。

1. 用于 2.5~5.7GHz 的 MMDS 系统

MMDS 采用先进的 VOFDM 技术实现无线通信，在大楼林立的城市里利用"多径"实现单载波 6MHz 带宽，其传输速率高达 22Mb/s 的数据接入，频谱效率较高，在2.5GHz频段可达到90%的通信概率，在5.7GHz频段可达到80%以上的通信概率。

2. 工作在高频段的微波SDHIP环系统

过去在点对点的微波接力传输电路中使用较多的是微波SDH设备。现在随着技术的进步，一些公司推出了微波SDH双向环网，具有自愈功能，与光纤环的自愈特性一致，集成了ADM，采用系列化的Modem，实现QPSK-256QAM可编程，有多种接口（G.703、STM-1、E3/T3、E1、以太网10Base-T/100Base-T）。同时，小型化结构设备的工程安装较以往的微波设备更方便，并且在频率紧张的情况下，这种设备可工作在13GHz、15GHz、18GHz、23GHz等频率，在城域网的建设中可避开对3.5~26GHz无线接入频率的激烈争夺，可支持8×155M的带宽。

3. 本地多点分配业务LMDS系统

它工作在20~40GHz频段上，传输容量可与光纤比拟，同时又兼有无线通信的经济和易于实施等优点。LMDS基于MPEG技术，从微波视频分布系统（MVDS）发展而来。一个完整的LMDS系统由四部分组成，分别是本地光纤骨干网、网络运营中心（NOC）、基站系统、用户端设备（CPE）。LMDS的特点：带宽可与光纤相比拟，实现无线"光纤"到楼，可用频段至少为1GHz，与其他接入技术相比，LMDS是最后一公里光纤的灵活替代技术；光纤传输速率高达Gb级，而LMDS的传输速率可达155Mb/s，稳居第二；LMDS可支持所有主要的话音和数据传输标准；LMDS工作在毫米波段即20~40GHz频率上，被许可的频率是24GHz、28GHz、31GHz、38GHz，其中28GHz获得的许可较多，该频段具有较宽松的频谱范围，最有潜力提供多种业务。

（二）固定无线接入技术

在移动通信技术向3G演进的同时，固定无线接入技术也向着增加移动性、宽带化的方向快速发展，这些技术殊途同归，很有可能最终融合成为4G。

1. WiMax-802.16e

WiMax可以说是2004年最受关注的无线技术，其子标准802.16e的目标是成为移动技术，也有人鼓吹放弃3G，直接采用802.16e，提供带有移动性的宽带接入服务。

设备制造方面，最为积极的主要是希望以此进入电信领域的Intel公司和原有的LMDS和MMDS及一些拥有正交频分多路复用（Orthogonal Frequency Division Multiplexing, OFDM）知识产权的解决方案提供商。起初，传统电信厂家（尤其是移动设备商）在这个领域并不积极，但随着WiMax的声势逐渐壮大，摩托罗拉、北电等主要电信厂家于2004年下半年纷纷加入WiMax联盟，并相继宣布了一些产品开发计划。

运营商方面，原本对 WiMax 最为感兴趣的是那些拥有固定无线接入频率的传统固网运营商和力量较弱的竞争性运营商，而很多移动运营商认为 WiMax 在移动性方面并不理想。但随着 WiMax 声势的逐步扩大，越来越多的移动运营商开始接受 WiMax。美国的 Sprint 和 AT&T Wireless 都很看好 WiMax，认为其将来很有可能作为一种备选技术，以便为用户提供宽带接入服务。英国 T-Mobile 也计划进行商用试验。

另外，值得一提的是韩国的 WiBro 业务将与 802.16 标准相兼容，因此 WiBro 也可以看做是 802.16e 的一个分支，但今后两者是否真的统一为一个标准还未可知。

2. Flash–OFDM–802.20

802.20 标准定位于宽带高速移动数据业务，支持大约为 250km/h 的移动性，可提供互联网接入、VoIP 话音、移动广播等业务。在 1.25MHz 带宽的时候，802.20 的单用户下行传输速率为 1Mb/s，单用户上行传输速率为 300kb/s。而 Flash–OFDM 正是 802.20 的主要候选技术。Flarion 基于 Flash–OFDM 技术的移动宽带系统，用户在 250km/s 的移动速度时仍能够获得 1~1.5Mb/s 的下行传输速率，最高峰值可达 3.2Mb/s。上行传输速率可达 300~500kb/s，最高峰值可达 9003kb/s，而延迟只有 50ms。Flash–OFDM 可以在 400MHz~3.5GHz 的频段上利用带宽为 1.25MHz 的成对频谱运行。Flarion 表示自己的产品是全 IP 网络，并且支持高速移动下的切换。Flash–OFDM 技术已经在韩国、美国、日本、澳大利亚相关公司开始启动，并取得了初步的商用成功。

3. 网状网

越来越多的人体验到 WiFi 的好处，目前主要还是在内部或者热点使用。人们正试着把它扩大到 WAN 的范围，但需要上万个热点才能覆盖一个蜂窝塔覆盖的区域。

现在，WLAN 正在通过提供网状网技术向大范围联网靠拢，WLAN 网络上的 AP 之间可以进行通信，而且客户端还可以组建 Ad Hoc 网络，利用多跳（Multihop）技术实现相互间的通信，并且具有一定的移动性。多跳传输就是在多个终端之间建立网络，像传递接力棒一样传输数据，某些用户端可以作为中继转发其他用户的数据。

2005 年 2 月底，全球第一个 WiFi 移动语音与高速数据网络在美国亚利桑那州的一条州际公路上的试验取得成功。该网络采用的是新西兰 RoamAD 公司的技术，这是一家主要的 WiFi 网络基础设施方案供应商。该网络将为快速反应机构（如警察、消防、救护和边防人员）提供服务。

（三）移动无线接入技术走向宽带

就在固定无线接入技术朝着移动化迈进的同时，一些移动无线接入技术也在向宽带化方向发展，如 UMTS TDD 以及我国的 SCDMA、LAS-CDMA 等技术。特别是 UMTS TDD 技术开始商用，并受到越来越广泛的重视。

除了 3G 的三大主流标准之外，UMTS TDD（也被称为 WCDMA TDD 或 TD-CDMA）也开始活跃在移动宽带市场的舞台上。UMTS TDD 的基础是 3G TDD 系列子标准之一 TD-CDMA。由于 TD-CDMA 并非主流 3G 标准，因此 IP Wireless 公司将 UMTS TDD 定位在宽带无线接入领域，在原有 TD-CDMA 标准基础之上开发了可以在多个频段实现移动宽带接入的产品。因此，UMTS TDD 现在经常与 WiMax，Flash-OFDM 视为同类技术。

UMTS TDD 的解决方案目前下行速率最高可达 12Mb/s，蜂窝覆盖范围最高可达 29km，移动性方面 UMTS TDD 可以在 120km/s 的速度下保持连接，并且蜂窝之间可以达到无缝切换，同时还支持网络漫游；UMTS TDD 的信道带宽可是 5MHz 或 10MHz。UMTS TDD 的优点主要在于：

（1）UMTS TDD 的频谱利用率较高，5MHz 信道的频谱利用率为 3.84Mb/s，当系统的信道带宽为 10MHz 时，为 7.68Mb/s。

（2）TDD 解决方案本身在成本上就比较占优势，TDD 只使用一个信道传输上下行数据，并且上下行传输速率不对称，从而提高频谱利用率。

（3）UMTS TDD 是 UMTS 三个空中接口标准之一，另外两个是 FDDW-CDMA 和 TD-SCDMA，UMTS TDD 可以与其他两个标准共享更高层协议栈和核心网。

（四）从不同途径向 4G 汇聚

由于目标的一致，固定无线接入、蜂窝移动通信和移动无线接入技术在发展过程中不约而同地衍变成为带有移动性的宽带接入技术。

除 3G、WiMax 外，Flash-OFDM 与 UMTS TDD 前景都不错，并且已经在商用中得到检验。UMTS TDD 已经成为全球标准，而 Flash-OFDM 正在试图成为 802.20 的一个标准。值得注意的是，在国外，采用这两个技术的商用业务的价格都比 EV-DO 等蜂窝网低得多，例如，新西兰 Woosh Wireless 采用 UMTS TDD 的 200kb/s 移动 PCMCIA 业务，每月 27 美元；Nextel 的 Flash-OFDM，720kb/s 为每月 35 美元。性价比已经可以与 DSL 竞争了。

今后，无线宽带数据接入市场上肯定会存在激烈的竞争。而且，WiMax，UMTS TDD 等技术都有可能引入 VOIP，届时竞争将扩散到移动话音业务。不过，今后的无线通信系统将是一个多种技术、标准互相融合的综合型网络，不同无线接入技术之间可以通过无缝切换支持话音和数据业务的漫游，最终形成无处不在的4G移动网络。

三、IVR平台

在数据增值业务大力发展的今天，语音增值业务的发展也是快速的。目前运营商已有的语音增值服务包括呼叫等待、呼叫转移、语音信箱、个性化多彩回铃音业务及语音互动服务等。语音互动服务是继短信和彩信等数据业务之后的又一个新的亮点业务。

IVR语音服务系统包括当前市场流行的语音增值业务，如电话游戏（过关斩将）、心理测试、电话游戏竞猜系统、一号通、电话彩票投注、语音短信、点歌送歌、语音外拨通知、电话占卜、电话听广播、电视、天气预报等。

IVR（Interactive Voice Response）即交互式语音应答，可以提高呼叫服务的质量并节省费用。IVR是一种功能强大的电话自动服务系统。

IVR全称Interactive Voice Response，事实上它和VRU（Voice Response Unit）是相同的意思。对应每一个需要自动流程服务的呼叫，IVR都会构造出一个独立的会话（Session）来完成呼叫的业务逻辑。可定义的业务逻辑通过IVR Tools可以在脚本编辑环境或者图形化环境中完成服务逻辑的定义。脚本流程的语法采用状态机原理，程序员可以定义多个流程状态，用户在电话中每一时刻都会处于某个状态当中，每个状态内可以执行某些操作，操作之后会产生新的事件，新的事件又会使用户从一个状态迁移到另外一个状态，整个服务过程就是用户不断地在状态之间迁移，IVR不断地指定某些服务动作的过程。编写好的IVR流程经过伪编译之后形成伪代码（只能由IVR解释执行，不能自己在操作系统环境中执行），加载到IVR之后就可以对系统产生作用。IVR流程的加载、卸载即时生效，并不需要重新启动。

IVR是一个软件环境，并非和硬件服务资源捆绑在一起。掌管资源的是Media Server，IVR流程需要用到媒体资源的时候会调用Media Server执行媒体动作，但是IVR流程并非一定需要媒体资源，一个简单的IVR流程可能只需要调用一个定时器或执行一个数据库更新操作，然后结束呼叫。

相对于短信业务而言，语音增值业务最大的门槛不在于内容，而在于接入平台。一般来说，IVR业务无法直接加载在运营商的系统上来运行，必须有语音平台的支持，并且相当一部分新业务对平台的要求还比较高。因此，一般好的语音平台，系统相对比较复杂，硬件配置要求也非常高，价格昂贵，软硬件费用相加之和动则在100万元以上，如果是大业务平台，甚至超过1000万元。IVR业务将更多地为用户所接受，具有广阔的市场开发前景。

第三节 移动通信终端

移动通信终端是指可以在移动中使用的计算机设备,广义地讲包括手机、笔记本电脑、POS 机甚至包括车载电脑。但是大部分情况下是指手机或者具有多种应用功能的智能手机。随着网络和技术朝着越来越宽带化的方向发展,移动通信产业将走向真正的移动信息时代。同时,随着集成电路技术的飞速发展,移动通信终端已经拥有了强大的处理能力,移动通信终端正在从简单的通话工具变为一个综合信息处理平台。这也给移动通信终端增加了更加宽广的发展空间。

一、个人移动通信终端

所谓个人移动通信终端,是指随身便携且能连接互联网的数码设备,最先普及的应该是手机,其次是笔记本电脑,分别满足了消费者通信、连接互联网两个刚性需求。

近年来,移动通信终端设备——手机成为了全球发展速度最快的通信产品,其强劲的发展势头令其他电子消费产品难以望其项背。2006 年,全球手机的销量超过 9.908 亿部,比 2005 年的 8.166 亿部增加 21.3%。市场需求是推动手机终端产品和技术不断发展的最重要的动因。2006 年底,我国手机用户总数已经达到 4.6 亿人,普及率为 35.5%。随着手机的日益普及,手机已经是人们生活中不可或缺的组成部分。用户对手机终端要求已经不再局限于联络和交流的目的,而是希望可以利用手机终端来工作、娱乐、消费、交易、社交等。在市场需求的拉动下,移动通信终端设备的种类不断丰富,外形更加美观,手机终端的功能也越来越强大。

技术进步为手机终端业务能力的提升奠定了基础。与普通计算机中 CPU 的演进速度一样,移动终端设备中芯片的数据处理能力在以超越摩尔定律的速度发展。2005 年 6 月,三星和高通合作推出了一款具备 520MHz 处理速度的 CDMA2000 1x EV-DO 终端 SCH-i730,该终端本身的处理速度可以同 2000 年装配有奔腾Ⅲ处理器的台式机相比。移动终端的内存空间也越来越大,大部分的手机内存配置都在 20M 以上,配置 4G、5G 以上的内存卡的手机终端已经出现。

此外,手机终端的显示屏技术、电池技术也在迅速发展。各种技术的发展使得终端的整体系统能力得到了巨大的提升，这不但为在终端上实现多媒体应用创造了硬件条件，同时也可以把更多先进电子设备功能融合进来。

二、移动终端操作系统

智能手机市场在近年来蓬勃发展，随着智能手机市场的日渐火爆，手机操作系统的争夺战也越演越烈。

（一）智能手机简介

所谓智能手机，是指使用开放式操作系统的手机，同时第三方可根据操作系统提供的应用编程接口为手机开发各种扩展应用硬件。这种手机除了具有普通手机的通话功能外，还具有 PDA 的大部分功能。另外，在个人信息管理以及基于无线数据通信的浏览器和电子通信功能方面也比较突出。现在把是否具有嵌入式操作系统与是否可以支持第三方软件作为智能手机与普通手机的两大区分点。

（二）智能手机操作系统简介

智能手机操作系统之争已经进入群雄争霸的时代，新势力的不断崛起，使其不断进步。因此，对智能手机的操作系统的研究与开发是当前移动计算技术发展中最为活跃的领域。现在市场上的智能手机主要有以下几种不同的操作系统，它们分别是：Symbian、Windows Mobile、Linux、Palm、Android、Mac OS X、Rim 和 OMS。

1. Android 操作系统

2008 年，手机市场最值得期待的就是谷歌新推出的 Android，它在手机操作系统领域掀起了波澜。谷歌把其命名为 Gphone。Android 实际上是一款基于手机平台的操作系统，它是以 Linux 为最底层技术进行开发，依靠开放源代码。它是完全开放的，几乎能在所有硬件上运行，充分地开放和自由，并且拥有完全的原始代码。虽然在开发的过程中遇到了很多困难（出现安全技术漏洞），但是现在按照它的发展趋势，瓜分手机操作系统市场已成定局，它现在不仅仅是一部手机操作系统，许多厂商已经计划把该操作系统移植到其他电子产品上。

2. OMS 操作系统

为了推动移动互联网产业的发展，并保持中国移动对产业链的控制力，在苹果 iPhone 以及谷歌 Android 平台的启发下，中国移动将要携联想推出自有的手机操作系统 OMS（Open Mobile System）。OMS 同样是基于 Linux 内核，采用 Android 源代码，但在业务层和此前的谷歌手机完全不一样，OMS 将集成大量中国移动的业务。显然中国移动并不愿意把采用该操作系统的手机叫 Gphone

或谷歌手机，而是使用了新代号 Ophone。

3. Symbian 操作系统

智能手机从产生发展到现在，Symbian 操作系统一直是现今手机领域中应用范围最广的操作系统，占据了当前手机市场的半壁江山，拥有相当多针对不同用户的界面。其中，诺基亚手机是其代表。最近诺基亚将把微软的 Silverlight 网络视频技术添加到其手机平台上。在谷歌推出 Android 手机后，微软在开发过程中遇到新的困难后，Symbian 将与微软合并在一起提供一个单一的操作系统。Symbian 前身其实是一种名为 EPOC 的操作系统，它是一个实时性、多任务的纯 32 位操作系统，具有功耗低、内存占用少等特点，非常适合手机等移动设备使用。经过不断完善，可以支持 GPRS、蓝牙、SyncML 以及 3G 技术。最重要的是，它是一个标准化的开放式平台，任何人都可以用支持 Symbian 的设备开发软件。但是，也存在以下的缺点：各类机型采用的处理器主频较低，兼容性较差，细节不够注意。

4. Windows Mobile 操作系统

Windows Mobile 并不算是一个操作系统，只是微软旗下的一个品牌而已。目前微软的 Windows Mobile 系统已广泛用于智能手机和掌上电脑，虽然手机市场份额尚不及 Symbian，但正在加速追赶。最近微软与苹果 iPhone 血拼手机操作系统。另外，已经发布 Windows 7 操作系统。Windows Mobile 系列操作系统包括 Pocket PC、Smart-Phone 以及 Pocket PC Phone 三大平台体系。Windows Mobile 系列操作系统是在微软计算机的 Windows 操作系统上变化而来的。它采用弹出式菜单、左右键功能，操作形式类似 PC，PPC 版本更接近 PC。触摸笔的功能类似鼠标，有别于传统手机的操作，但步骤相对烦琐，熟悉电脑操作的人会更容易适应。它有以下特点：①对于不同的平台采用统一的代码编写。②沿用了微软 Windows 操作系统的界面，界面和操作都和电脑上的 Windows 十分接近，对于使用者来说十分熟悉又上手。

5. Linux 操作系统

Linux 操作系统刚进军手机市场，但却也具有相当突出的优势。Linux 操作系统是全免费操作系统。系统资源占用率较低，而且性能比较稳定。Linux 操作系统与 Java 的相互融合，是任何一个操作系统所不能比拟的。Linux+Java 的应用方式，能够给用户极大的拓展空间。但是，Linux 操作系统也不是十全十美的。采用此操作系统的手机基本只有摩托罗拉的少部分机型（例如 A780、E680、A768i），所以专为这些少量用户所制作的第三方软件还非常少，影响了 Linux 操作系统在智能手机领域内的势力扩张。它对厂商的要求比较高，并且需要更强大的软件设计能力。另外，安全性、实时性能、电源管理都是 Linux

智能手机的天然缺陷。其代表机型为：摩托罗拉公司的 A 系列商务手机和 E 系列部分娱乐手机。

6. Palm 操作系统

Palm OS 是 Palm 公司的一种 32 位嵌入式操作系统，它的操作界面采用触控式，差不多所有的控制选项都排列在屏幕上，使用触控笔便可进行所有操作。它本身所占的内存极小，基于 Palm 操作系统编写的应用程序所占的空间也很小，但可以运行众多的应用程序。Palm 操作系统本身不具有录音、MP3 播放功能等，需要另外加入第三方软件或硬件设备方可实现。Palm 推出了最新手机操作系统"Nova"以及基于该操作系统的新款智能手机"Palm Pre"。新的 Nova 系统将会拥有像是 Black Berry OS 的出色移动商务功能，同时也将具备 Mac OS X 一样丰富的多媒体娱乐功能。

7. Mac OS X 操作系统

苹果手机的操作系统（Mac OS X）近几年也是智能手机的一个新亮点，它已超过微软跃居手机行业第二。为此，微软和苹果两大巨头正在血拼操作系统。现在，苹果手机又推出了新的手机操作系统——雪豹。Mac OS X 使用基于 BSD Unix 的内核，并带有 Unix 风格的内存管理和抢占式多任务处理，大大改进内存管理，允许同时运行更多软件，这实质上消除了一个程序崩溃导致其他程序崩溃的可能性。它还具有相当华丽图形的用户界面、极高的运行效率和稳定安全性。其不足在于 Mac OS X 是一套封闭的操作系统，不支持第三方软件。

8. Rim 操作系统

黑莓是智能手机中脱颖而出的一匹黑马，简称为 Black Berry，这几年的发展也比较迅速。黑莓采用 Rim 操作系统。Rim 操作系统基于 Java 平台，运行极为稳定流畅，对 Java 软件兼容能力强，也有不错的软件资源。Rim 一直是移动电邮的巨无霸，比较适用于商务人士，但在多媒体播放方面的功能非常孱弱。

第四节 移动计算机网络技术

移动计算机，可以理解为 Micro Computer、Mobile Computer，如现在的智能手机、PPC、PDA 等。随着物联网的发展，越来越多的微型计算机将出现，为了统一名称，将其统称为移动计算机，即 MC。

移动计算技术将使计算机或其他信息智能终端设备在无线环境下实现数据

传输及资源共享。它的作用是将有用、准确、及时的信息提供给任何时间、任何地点的任何客户。这将极大地改变人们的生活方式和工作方式。

一、移动计算与移动计算机网络

（一）移动计算

移动计算是随着移动通信、互联网、数据库、分布式计算等技术的发展而兴起的新技术。是一个多学科交叉、涵盖范围广泛的新兴技术，是计算技术研究中的热点领域，并被认为是对未来具有深远影响的四大技术方向之一。移动计算使用各种无线电射频（RF）技术或蜂窝通信技术，使用户携带他们的移动计算机、个人数字助手（PDA）、BP机和其他电讯设备自由漫游。使用调制解调器的移动计算机用户也应该属于这一范畴，但侧重于无线远程用户。

（二）移动计算的特点

与固定网络上的分布计算相比，移动计算具有以下一些主要特点：

（1）移动性。移动计算机在移动过程中可以通过所在无线单元的移动基站（Mobile Support Station，MSS）与固定网络的节点或其他移动计算机连接。

（2）网络条件多样性。移动计算机在移动过程中所使用的网络一般是变化的，这些网络既可以是高带宽的固定网络，也可以是低带宽的无线广域网（CDPD），甚至可处于断接状态。

（3）频繁断接性。由于受电源、无线通信费用、网络条件等因素的限制，移动计算机一般不会采用持续连网的工作方式，而是主动或被动地间连、断接。

（4）网络通信的非对称性。一般固定服务器节点具有强大的发送设备，移动节点的发送能力较弱。因此，下行链路和上行链路的通信带宽和代价相差较大。

（5）移动计算机的电源能力有限。移动计算机主要依靠蓄电池供电，容量有限。经验表明，电池容量的提高远低于同期CPU速度和存储容量的发展速度。

（6）可靠性低。这与无线网络本身的可靠性及移动计算环境的易受干扰和不安全等因素有关。由于移动计算具有上述特点，构造一个移动应用系统，必须在终端、网络、数据库平台以及应用开发上做一些特定考虑。适合移动计算的终端、网络和数据库平台已经有较多的通信和计算机公司（如Lucent、Motolora、Ericsson、IBM、Oracle、Sybase等）的产品可供选择。应用上须考虑与位置移动相关的查询和计算的优化。

（三）移动计算机网络

移动计算机网络是用户计算机可以在网内随意移动的计算机通信网络，即用户计算机是便携的，如笔记本电脑、手持设备、PDA等，并装有无线通信设备。用户可以在无线网络覆盖的任何地方随时发送和接收各种消息，还可以在不同的地区之间进行漫游。

移动计算机网络的技术特点主要表现在三个方面：无线通信、用户移动性和便携性。无线通信信道的速率低，误码率高，可用性差。如何提高速率，保证数据通信的可靠性是一个急需解决的问题。同时，用户移动性带来的用户动态跟踪和寻址、移动切换时通信性能的稳定性等也是亟待解决的问题。

目前，移动计算机网络与移动电话相比还不是很成熟，主要原因是速率低、费用高、产品标准比较混乱以及切换和连接中断等问题还有待于进一步解决。但是，近年来，随着便携式计算机、PDA等功能越来越强，无线数据通信的可靠性和速率都在迅速提高，移动计算机网络技术正逐渐走向成熟，移动用户可以通过移动计算机网络接入Internet、收发电子邮件、查询网络数据库，甚至接收多媒体信息，应用前景十分广阔。

二、移动IP与IPv6

目前的全球互联网所采用的协议是TCP/IP协议。IP是TCP/IP协议中网络层的协议，是TCP/IP协议的核心协议。

（一）移动IP

移动IP（Mobile IP），简单地说，就是让计算机在互联网及局域网中不受任何限制的即时漫游，也称移动计算机技术。专业一点的解释，移动IP技术是移动节点（计算机/服务器/网段等）以固定的网络IP地址，实现跨越不同网段的漫游功能，并保证了基于网络IP的网络权限在漫游过程中不发生任何改变。

1. 移动IP的关键技术

（1）代理搜索：是计算节点用来判断自己是否处于漫游状态。

（2）转交地址：是移动节点移动到外网时从外代理处得到的临时地址。

（3）登录：是移动节点到达外网时进行一系列认证、注册、建立隧道的过程。

（4）隧道：是内代理与外代理之间临时建立的双向数据通道。

2. 移动IP存在的问题

虽然移动IP得到了快速发展，但移动IP还存在很多问题，主要有：

（1）"三角路由"问题。通信主机（CH）发往移动主机（MH）的分组必须经过本地代理（HA），而从 MH 发往 CH 的分组是直接发送的，两个方向的通信不是同一路径，产生"三角路由"问题，这在 MH 远离 HA，CH 与 MH 相邻的情况下效率尤其低下。

（2）切换问题。切换问题指从 MH 离开原先的外地网络开始，到 HA 接收到 MH 的新的注册请求为止的这段时间内，由于 HA 不知道 MH 的最新的转交地址（COA），所以它仍然将属于 MH 的 IP 包通过隧道发送到原先的外地网络，导致这些 IP 包被丢弃，使得 MH 与 CH 间的通信受到影响（特别是在切换频繁或者 MH 到 HA 的距离很远时）。

（3）域内移动问题。在小范围内 MH 的域内频繁移动会导致频繁切换，从而导致网络中产生大量的注册报文，严重影响网络的性能。

（4）QoS 问题。在移动环境下，由于无线网络拓扑和资源是动态变化和不可预测的，并且由于资源有限、有效带宽不可预测、差错率高，从而在移动 IP 上提供 QoS 保证是一个非常棘手的问题。

3. 移动 IP 的应用

移动 IP 主要有三方面的应用：公众服务、个人信息服务和商业应用。公众服务可为用户实时提供最新的天气、新闻、体育、娱乐、交通及股票信息；个人信息服务包括浏览网页信息、收发短消息、电子邮件、统一传信、提供电话增值业务等；商业应用除了办公应用、股票交易、开展银行业务、购物、拍卖、机票及酒店预订、旅游行程和路线安排、产品订购可能是移动商务中最先开展的应用，移动商务是最有潜力的应用。

在商业应用中，金融行业移动 IP 的应用——"永不间断主机远程即时迁移"指：在 IP 网络上运行的主机（如各类前置机、各类服务器等）由于不可预测等因素导致系统停止工作时，为了不中断与该主机相关的所有客户机的业务连接，启动在远程预先设置的备份机（与主机的网络设置完全一致）移动 IP 客户端软件，通过移动 IP 代理服务器使得备份机即时接替主机工作。迁移对主机所有相关的客户机完全透明。

移动 IP 的另一个动向是开创语音门户和语音网站，在互联网上提供语音应用，即任何人可以通过电话从互联网上获取语音信息，让电话获得新的应用。有的公司（如美国的 Audio Point 公司）已经利用先进的交互式语音响应（IVR）技术来为媒体、银行、金融和旅游业开辟各种应用，让用户不用同话务员讲话就能获得他们所要的信息。美国 Dialogic 公司创建了一个语音门户平台，用户可以通过电话立即接入互联网。还有不少公司都在开发更好的语音识别、合成软件和语音引擎。

（二）IPv6

IPv6（Internet Protocol Version 6），它是 IETF 设计的用于替代现行版本 IP 协议（IPv4）的下一代 IP 协议。IPv6 正处在不断发展和完善的过程中，在不久的将来将取代目前被广泛使用的 IPv4。每个人将拥有更多 IP 地址。

1. IPv6 简介

目前我们使用的第二代互联网 IPv4 技术，核心技术属于美国。它的最大问题是网络地址资源有限，从理论上讲，编址 1600 万个网络、40 亿台主机。但采用 A、B、C 三类编址方式后，可用的网络地址和主机地址的数目大打折扣，以至目前的 IP 地址近乎枯竭。其中北美占 3/4，约 30 亿个，而人口最多的亚洲只有不到 4 亿个，中国截至 2010 年 6 月 IPv4 地址数量达到 2.5 亿，落后于 4.2 亿网民的需求。

地址不足，这严重地制约了我国及其他国家互联网的应用和发展。一方面是地址资源数量的限制，另一方面是随着电子技术及网络技术的发展，计算机网络将进入人们的日常生活，可能身边的每一样东西都需要连入全球互联网。在这样的环境下，IPv6 应运而生。单从数字上来说，IPv6 所拥有的地址容量是 IPv4 的约 8×10^{28}（符号 ^ 表示升幂，下同）倍，达到 2^{128}（算上全零的）个。这不但解决了网络地址资源数量的问题，同时也为除电脑外的设备连入互联网在数量限制上扫清了障碍。

但是与 IPv4 一样，IPv6 一样会造成大量的 IP 地址浪费。准确地说，使用 IPv6 的网络并没有 2^{128} 个能充分利用的地址。首先，要实现 IP 地址的自动配置（Auto Configuration），局域网所使用的子网的前缀必须等于 64，但是很少有一个局域网能容纳 2^{64} 个网络终端；其次，由于 IPv6 的地址分配必须遵循聚类（Aggregation）的原则，地址的浪费在所难免。

但是，如果说 IPv4 实现的只是人机对话，而 IPv6 则扩展到任意事物之间的对话，它不仅可以为人类服务，还将服务于众多硬件设备，如家用电器、传感器、远程照相机、汽车等，它将是无时不在、无处不在地深入社会每个角落的真正的宽带网，而且它所带来的经济效益将非常巨大。

当然，IPv6 并非十全十美、一劳永逸，不可能解决所有问题。IPv6 只能在发展中不断完善，不可能在一夜之间发生，过渡需要时间和成本，但从长远看，IPv6 有利于互联网的持续和长久发展。

2. IPv6 的特点

（1）IPv6 地址长度为 128bit，地址空间增大了 2 的 96 次方倍。

（2）灵活的 IP 报文头部格式。使用一系列固定格式的扩展头部取代了 IPv4 中可变长度的选项字段。IPv6 中选项部分的出现方式也有所变化，使路由器可以简单路过选项而不做任何处理，加快了报文处理速度。

（3）IPv6 简化了报文头部格式，字段只有 8 个，加快报文转发，提高了吞吐量。

（4）提高安全性。身份认证和隐私权是 IPv6 的关键特性。

（5）支持更多的服务类型。

（6）允许协议继续演变，增加新的功能，使之适应未来技术的发展。

3. IPv6 的优势

与 IPv4 相比，IPv6 具有以下几个优势：

（1）IPv6 具有更大的地址空间。IPv4 中规定 IP 地址长度为 32，即有 $2^{32}-1$（符号^表示升幂，下同）个地址；而 IPv6 中 IP 地址的长度为 128，即有 $2^{128}-1$ 个地址。

（2）IPv6 使用更小的路由表。IPv6 的地址分配一开始就遵循聚类的原则，这使得路由器能在路由表中用一条记录（Entry）表示一片子网，大大减少了路由器中路由表的长度，提高了路由器转发数据包的速度。

（3）IPv6 增加了增强的组播（Multicast）支持以及对流的支持（Flow Control），这使得网络上的多媒体应用有了长足发展的机会，为服务质量 QoS 控制提供了良好的网络平台。

（4）IPv6 加入了对自动配置的支持。这是对 DHCP 协议的改进和扩展，使得网络（尤其是局域网）的管理更加方便和快捷。

（5）IPv6 具有更高的安全性。在使用 IPv6 网络中用户可以对网络层的数据进行加密并对 IP 报文进行校验，极大地增强了网络的安全性。

三、移动数据传输技术

数据传输（Data Transmission）就是依照适当的规程，经过一条或多条链路，在数据源和数据宿之间传送数据的过程，也表示借助信道上的信号将数据从一处送往另一处的操作。移动数据传输技术主要包括无线局域网络技术、GPRS 及 CDMA（在下一章具体介绍）。

1. 无线局域网络技术

无线局域网络（Wireless Local Area Networks，WLAN）是相当便利的数据传输系统，它利用射频（Radio Frequency，RF）的技术，取代旧式碍手碍脚的双绞铜线（Coaxial）所构成的局域网络，使得无线局域网络能利用简单的存取架构让用户通过它达到"信息随身化、便利走天下"的理想境界。

基于 IEEE 802.11 标准的无线局域网允许在局域网络环境中使用未授权的 2.4GHz 或 5.3GHz 射频波段进行无线连接。它们应用广泛，从家庭到企业，再到 Internet 接入热点。

2. 技术要求

由于无线局域网需要支持高速、突发的数据业务，在室内使用还需要解决多径衰落以及各子网间串扰等问题。具体来说，无线局域网必须实现以下技术要求：

（1）可靠性：无线局域网的系统分组丢失率应该低于 10-5，误码率应该低于 10-8。

（2）兼容性：对于室内使用的无线局域网，应尽可能使其与现有的有线局域网在网络操作系统和网络软件上相互兼容。

（3）数据速率：为了满足局域网业务量的需要，无线局域网的数据传输速率应该在 1Mb/s 以上。

（4）通信保密：由于数据通过无线介质在空中传播，无线局域网必须在不同层次采取有效的措施，以提高通信保密和数据安全性能。

（5）移动性：支持全移动网络或半移动网络。

（6）节能管理：当无数据收发时，使站点机处于休眠状态，当有数据收发时再激活，从而达到节省电力消耗的目的。

（7）小型化、低价格：这是无线局域网得以普及的关键。

（8）电磁环境：无线局域网应考虑电磁对人体和周边环境的影响问题。

3. WLAN 的优点

（1）灵活性和移动性。在有线网络中，网络设备的安放位置受网络位置的限制，而无线局域网在无线信号覆盖区域内的任何一个位置都可以接入网络。无线局域网另一个最大的优点在于其移动性，连接到无线局域网的用户可以移动且能同时与网络保持连接。

（2）安装便捷。无线局域网可以免去或最大程度地减少网络布线的工作量，一般只要安装一个或多个接入点设备，就可建立覆盖整个区域的局域网络。

（3）易于进行网络规划和调整。对于有线网络来说，办公地点或网络拓扑的改变通常意味着重新建网。重新布线是一个昂贵、费时、浪费和琐碎的过程，无线局域网可以避免或减少以上情况的发生。

（4）故障定位容易。有线网络一旦出现物理故障，尤其是由于线路连接不良而造成的网络中断，往往很难查明，而且检修线路需要付出很大的代价。无线网络则很容易定位故障，只需更换故障设备即可恢复网络连接。

（5）易于扩展。无线局域网有多种配置方式，可以很快从只有几个用户的小型局域网扩展到上千用户的大型网络，并且能够提供节点间"漫游"等有线网络无法实现的特性。由于无线局域网有以上诸多优点，因此其发展十分迅速。最近几年，无线局域网已经在企业、医院、商店、工厂和学校等场合得到了广泛的应用。

4. WLAN 的缺点

无线局域网在能够给网络用户带来便捷和实用的同时，也存在着一些缺陷。无线局域网的不足之处体现在以下几个方面：

（1）性能。无线局域网是依靠无线电波进行传输的。这些电波通过无线发射装置进行发射，而建筑物、车辆、树木和其他障碍物都可能阻碍电磁波的传输，所以会影响网络的性能。

（2）速率。无线信道的传输速率与有线信道相比要低得多。目前，无线局域网的最大传输速率为150Mb/s，只适合于个人终端和小规模网络应用。

（3）安全性。本质上无线电波不要求建立物理的连接通道，无线信号是发散的。从理论上讲，很容易监听到无线电波广播范围内的任何信号，造成通信信息泄露。

5. WLAN 网络应用

（1）大楼之间：大楼之间建构网络的连接，取代专线，简单又便宜。

（2）餐饮及零售：餐饮服务业可使用无线局域网络产品，直接从餐桌即可输入并传送客人点菜内容至厨房、柜台。零售商促销时，可使用无线局域网络产品设置临时收银柜台。

（3）医疗：使用附无线局域网络产品的手提式计算机取得实时信息，医护人员可借此避免对伤患救治的迟延、不必要的纸上作业、单据循环的迟延及误诊等，从而提升对伤患照顾的品质。

（4）企业：当企业内的员工使用无线局域网络产品时，不管他们在办公室的任何一个角落，有无线局域网络产品，都能随意地发电子邮件、分享档案及上网络浏览。

（5）仓储管理：一般仓储人员的盘点事宜，通过无线网络的应用，能立即将最新的资料输入计算机仓储系统。

（6）货柜集散场：一般货柜集散场的桥式起重车，可于调动货柜时，将实时信息传回办公室，以利相关作业之进行。

（7）监视系统：一般位于远方且需受监控现场，由于布线之困难，可借由无线网络将远方之影像传回主控站。

（8）展示会场：诸如一般的电子展、计算机展，由于网络需求极高，而且布线又会让会场显得凌乱，因此若能使用无线网络，则是再好不过的选择。

移动商务技术

本章案例

联通移动商务行业应用——手机银行

电子商务的进行离不开银行支付的业务，特别是在淘宝等网购平台的用户对网银的使用是最频繁的。虽然各大银行推出手机网银已经有很长时间，但是在2G时代受限于网络速度、安全性的不足，手机网银并无法真正被大众所广泛应用。显然3G才是支撑手机银行未来发展的网络基础，因此谁在3G技术方面更具优势，谁就将可能占有手机银行市场更大的份额。而在这方面，中国联通的优势显而易见，其WCDMA技术全球漫游能力最强，技术成熟性最佳，终端也最丰富。

目前，中国联通已经拥有比较成熟的手机网银解决方案，在易用性与功能性上也非常出色。首先在易用性上，中国联通手机银行可以在目前市面上大部分主流手机上使用。其次，由于中国联通很早就与各大银行进行手机银行方面的深入合作，在手机银行的功能接入上基本实现了银行的各类基础业务，可基本覆盖常用的网银功能，且不受空间、时间的限制。具体来讲，手机银行用户可通过手机银行查询账户、缴费、转账、汇款、分期付款，同时还可以实现投资理财功能，比如买卖基金、黄金等。而随着银行的不同，用户还能享受到更多个性化的服务。最后，网银的安全问题也是用户与银行都非常重视的问题，针对这一问题，业内专家认为，手机银行的安全系数应该比传统电脑上的网络银行更加安全。目前中国联通提供的手机银行服务拥有三重安全认证机制：手机有其自身的特点，就是号码的唯一性，是安全性的一个重要保障，也就是说，只要客户身份信息与手机号码唯一绑定，实现手机号码和客户身份的对应，那么就只有在绑定的手机才可使用手机银行，其他人没法用他的手机打开你的手机银行，这是手机银行的第一重认证；然后，在开通手机银行业务时，用户和银行之间还会有设定的登录密码，这是第二重认证；用户具体使用手机银行办理业务时，刚启动后手机上会有银行的认证信息，手机屏幕上也会有随机密码，然后才能进入操作页面，这是第三重认证。有的银行，甚至在具体操作时比如转账时需再设一重密码。比如和中国联通合作推手机银行业务的工商银行，使用手机银行转账时，除了密码还需动态口令卡。

在3G环境下，中国联通电子商务行业应用将让我们重新审视未来电子商务的发展方向，"信息化随身化"离我们不再遥远。

资料来源：IT商业新闻网，2009-04-8。

问题讨论：

1. 作为支持手机银行未来发展的网络基础，3G 技术有哪些优势？
2. 手机网银的安全性如何保证？需要应用哪些技术？

本章小结

无线移动通信以其移动性和个人化服务为特征，表现出巨大的市场潜力。无线通信未来的发展趋势将表现在各种无线技术互补发展，各尽所长。

短消息业务作为移动数据业务中一种简单的消息型服务，在移动数据业务的发展过程中扮演着相当重要的角色，目前已广泛应用于包括信息订阅、短信游戏、邮件到达提醒、辅助业务申请等各个领域。在数据增值业务大力发展的同时，语音增值业务的发展也是快速的。目前运营商已有的语音增值服务包括呼叫等待、呼叫转移、语音信箱、个性化多彩回铃音业务及语音互动服务等。IVR 作为语音服务系统，可以提高呼叫服务的质量并节省费用，是一种功能强大的电话自动服务系统。

移动通信终端正在从简单的通话工具变为一个综合信息处理平台，当前主要的移动终端操作系统主要包括 Android 操作系统、Mac OS X 操作系统、Symbian 操作系统、Windows Mobile 操作系统、Palm 操作系统、Rim 操作系统以及 Linux 操作系统。

移动商务技术基础主要还包括移动 IP、无线局域网络技术、GSM、GPRS 及 CDMA 等无线通信技术。

本章复习题

1. 移动通信的特点是什么？
2. 简述 FDMA、TDMA 技术原理。
3. 和 IPv4 相比，IPv6 有哪些优势？
4. 请列出主要的移动终端操作系统及特点。列举移动商务的功能。
5. 举例说明移动平台的应用。

第二章 无线通信网络技术

学习目的

知识要求 通过本章的学习，掌握：

- 2G、3G、4G 概念及特征
- GSM、GPRS、CDMA 技术原理
- WiFi、RFID、ZigBee 技术及应用

技能要求 通过本章的学习，能够：

- 熟悉卫星无线通信系统的应用
- 掌握无线通信网络技术
- 熟练掌握 ZigBee 技术并运用到无线传感器网络或物联网中

学习指导

1. 本章内容包括：长距离无线通信技术、中距离无线通信技术和短距离无线通信技术。

2. 学习方法：阅读材料，掌握重点概念，把握概念之间的内在关系；尽量结合实际情况加深理解。

3. 建议学时：4 学时。

移动商务技术

引导案例

无线传感器网络应用解决方案：矿用井下人员监测系统

矿用井下人员监测系统产品包括煤矿安全生产综合检测监控及配套的全系列矿用传感器、矿用无线通信系统（俗称"小灵通"）、矿用人员监测系统、矿用电力调度系统、超声波物位监测系统等产品，目前这些系统均已投放市场，产品得到了广大用户的肯定。

煤矿生产有其本身的产业特点，主要工作大多集中于井下。伴随着井下巷道不断向四面延伸、巷道纵横交错、人流、车流错综复杂。而与其形成鲜明对照的通信、寻呼手段又大大落后于地面。因而，作为地面生产指挥和控制核心部门，实时了解井下人员、设备的流动情况并加以跟踪就显得尤其重要。矿用人员监测系统正是基于这种情况，采用ZigBee技术，因它是一种短距离传输协议，它通过射频信号自动识别目标对象，可快速地进行物品追踪和数据交换。识别工作无须人工干预，可工作于各种恶劣环境。

矿用人员监测系统是集井下人员考勤、跟踪定位、日常管理、灾后急救等一体的综合性运用系统。也是国内技术最先进、运行最稳定、设计最专业化的井下定位系统。这一科技成果的实现，将使煤矿企业的安全生产、日常管理和事故急救步入一个新的台阶。

资料来源：博联科技，2008-06-11.

问题：

1. 无线传感器网络的应用价值是什么？
2. ZigBee技术原理是什么？

第一节 长距离无线通信技术

一、静止轨道卫星无线通信系统

地球静止轨道属于地球同步轨道的一种。在同步轨道上进行地球环绕运动的卫星或人造卫星始终位于地球表面的同一位置。它的轨道离心率和轨道倾角均为零。运动周期为23小时56分04秒，与地球自转周期吻合。由于在静止轨道运动的卫星的星下点轨迹是一个点，所以地表上的观察者在任意时辰始终可以在天空的同一个位置观察到卫星,会发现卫星在天空中静止不动,因此许多人造卫星多采用地球静止轨道,如气象卫星、通信卫星和广播卫星常采用这种轨道。

通信卫星,是作为无线电通信中继站的卫星。它像一个国际信使,收集来自地面的各种"信件",然后再"投递"到另一个地方的用户手里。由于它是"站"在36000km的高空,所以它的"投递"覆盖面特别大,一颗卫星就可以负责1/3地球表面的通信。如果在地球静止轨道上均匀地放置三颗通信卫星,便可以实现除南北极之外的全球通信。当卫星接收到从一个地面站发来的微弱无线电信号后,会自动把它变成大功率信号,然后发到另一个地面站,或传送到另一颗通信卫星上后,再发到地球另一侧的地面站上,这样,我们就收到了从很远的地方发出的信号。

通信卫星一般采用地球静止轨道,这条轨道位于地球赤道上空35786km处。卫星在这条轨道上以每秒3075m的速度自西向东绕地球旋转,绕地球一周的时间为23小时56分04秒,恰与地球自转一周的时间相等。因此从地面上看,卫星像挂在天上不动,这就使地面接收站的工作方便多了。接收站的天线可以固定对准卫星,昼夜不间断地进行通信,不必像跟踪那些移动不定的卫星一样而四处"晃动",从而保证通信时间不间断。现在,通信卫星已承担了全部洲际通信业务和电视传输。

通信卫星是世界上应用最早、应用最广的卫星之一,许多国家都发射了通信卫星。1965年4月6日美国成功发射了世界第一颗实用静止轨道通信卫星:国际通信卫星1号。到目前为止,该型卫星已发展到了第八代,每一代都在体积、重量、技术性、通信能力、卫星寿命等方面有一定提高。

苏联的通信卫星命名为"闪电号",包括闪电1、2、3号等。由于苏联国土辽阔,"闪电号"卫星大多数不在静止轨道上,而在一条偏心率很大的椭圆轨道上。

中国的第一颗静止轨道通信卫星是1984年4月8日发射的,命名为"东方红二号",至今已发射成功了五颗。这些卫星先后承担了广播、电视信号传输、远程通信等工作,为国民经济建设发挥了巨大作用。

二、中轨道、低轨道卫星无线通信系统

非同步轨道卫星是相对于同步轨道卫星而言的。我们知道,同步轨道卫星是指,卫星距离地球的高度约为36000km,运行方向与地球自转方向相同,运行轨道为圆形,运行周期与地球自转一周的时间相等,即23小时56分04秒。那么,非同步轨道卫星泛指,小于20000km的中低轨道卫星,或按椭圆形轨道

运行的卫星。

中低轨道卫星的高度通常在500~20000km之间，比同步轨道卫星的高度要低得多，绕地一周所需时间也短，通常为2~12小时，从地面看，卫星在天上是移动的；此外，由于中低轨道卫星的高度低，卫星天线辐射的电波在地面的覆盖范围小，因此，通常由一个所谓"星座"构成卫星系统，以实现全球通信。星座由数条轨道组成，我们拿一个篮球作比方，篮球皮的接缝好比卫星轨道，接缝有好几条，从这个顶端连接到那个顶端，再在每条接缝上平均粘上几粒小豆，小豆代表卫星，于是篮球的多条接缝和小豆便构成了一个典型的星座，地球则处在篮球的球心位置。也就是说，整个地球被星座中的卫星所包围，或者说整个地球被卫星群的天线所覆盖。

中低轨道卫星主要用于移动通信，但卫星移动通信与地面移动通信在方式上不尽相同，在地面移动通信中，按蜂窝状设置的基站是固定在一个地方的，而终端即汽车、火车及行人是移动的；在卫星移动通信中，按网状或星状结构组成的卫星群（即星座）是基站，基站在天上是移动的，移动的速度达每秒数千米。而地面的行人、汽车，甚至高速火车，虽然在行进中具有一定速度，但他（它）们的速度较之星座移动的速度要慢得多。可以这样认为，地面的移动终端相对于星座来说是静止的，因此，在卫星移动通信中，移动的是天上的基站，相对固定的倒是地面的移动终端。

中轨道（MEO）卫星移动通信系统是由轨道高度在2000~20000km的卫星群（星座）构成的移动通信系统。轨道高度的降低，可减弱高轨道卫星通信的缺点，并能够为用户提供体积、重量、功率较小的移动终端设备，那么用较少数目的中轨道卫星即可构成全球覆盖的移动通信系统。中轨道卫星系统为非同步卫星系统，由于卫星相对地面用户的运动，用户与一颗卫星能够保持通信的时间约为100min。卫星与用户之间的链路多采用L波段或S波段，卫星与关口站之间的链路可采用C波段或Ka波段。

典型的中轨道卫星移动通信系统有：Inmarsat-P、Odyssey、MAGSS-14等。其中，国际海事卫星组织的Inmarsat-P采用4颗同步轨道卫星和12颗高度为10000km中轨道卫星相结合的方案。TRW空间技术集团公司的Odyssey系统是由分布在高度为10000km的3个倾角为55°轨道上的12颗卫星组成。欧洲宇航局的MAGSS-14系统是由分布在高度为10354km的7个倾角为56°轨道上的14颗卫星组成。

低轨道卫星距地面500~2000km，传输时延和功耗都比较小，但每颗星的覆盖范围也比较小。典型系统有Motorola的铱星系统。低轨道（LEO）卫星移动通信系统由于卫星轨道低，信号传播时延短，所以可支持多跳通信；其链路损耗小，可以降低对卫星和用户终端的要求，可以采用微型/小型卫星和手持用户终端。但是低轨道卫星系统也为这些优势付出了较大的代价：由于轨道低，每颗卫星所能覆盖的范围比较小，要构成全球系统需要数十颗卫星，如"铱星"系统有66颗卫星。

低轨道卫星移动通信系统由卫星星座、关口地球站、系统控制中心、网络控制中心和用户单元等组成。在若干个轨道平面上布置多颗卫星，由通信链路将多个轨道平面上的卫星联结起来。整个星座如同结构上连成一体的大型平台，在地球表面形成蜂窝状服务小区，服务区内用户至少被一颗卫星覆盖，用户可以随时接入系统。

利用低轨道卫星实现手持机个人通信的优点在于：一方面，卫星的轨道高度低，使得传输延时短、路径损耗小，多个卫星组成的星座可以实现真正的全球覆盖，频率复用更有效；另一方面，蜂窝通信、多址、点波束、频率复用等技术也为低轨道卫星移动通信提供了技术保障。因此，LEO系统被认为是最新、最有前途的卫星移动通信系统。

比较典型的低轨道卫星通信系统是曾在20世纪末被认为可与世界任何一个角落进行通信的"铱星"系统。该系统原设计方案为6个轨道77颗卫星，因与铱原子的电子数相等，故命此名。后来，为了降低成本，每个轨道配置11颗卫星，变成总计66颗卫星，但仍用原名称注册。"铱星"系统的卫星高度仅有764km，运行周期为1小时40分07秒，倾角为86.4°，近似极轨道，基本围绕南北两极运行。

"铱星"通信系统特别适用于人烟稀少的山区、牧区和边远地区，其最大优点是，与同步轨道卫星通信相比，具有较小的时延。缺点是建设成本昂贵，需用数十颗卫星，而且卫星的寿命较短，只有数年时间，因此，运营成本很高。据有关资料报告，每话路月租费的世界平均水平达50美元，通话费每分钟约需3美元。由于用户数过少，运营商入不敷出，故该系统在2000年停止运行。但是该系统在2001年又起死回生，成立了新公司，主要为美国国防部提供电话通信业务，并增加了数据业务。

三、我国通信卫星的发展

我国卫星通信自1972年起步以来，经过30多年的发展，在科研、开发、制造及运行等方面培养了一支有相当水平的队伍，成为地面业务传输网的不可缺少的补充和延伸。目前，我国的卫星通信网已初具规模，在国民经济、国防和教育等领域发挥着越来越重要的作用。

在固定通信业务方面，1972年，我国开始建设第一个卫星通信地球站，

1984年成功地发射了第一颗试验通信卫星，1985年先后建设了北京、拉萨、乌鲁木齐、呼和浩特、广州等5个公用网地球站，正式传送中央电视台节目。此后又建成了北京、上海、广州国际出口站，开通了约2.5万条国际卫星直达线路；建设了以北京为中心，以拉萨、乌鲁木齐、呼和浩特、广州、西安、成都、青岛等为各区域中心的37个地球站，国内线路达2万条以上。

在卫星电视广播业务方面，1984年"东方红二号"卫星发射成功，开创了我国利用卫星传送广播电视节目的新纪元。目前，中央电视台全套、中央教育台、新疆、西藏、云南、贵州、四川、浙江、山东、湖南、河南、广东、广西、河北等十几个省级台的电视节目和40多种语言广播节目已通过卫星传送，卫星电视地面收转站已达十多万个，电视专收站（TVRO）约30万个。实践证明，卫星电视广播具有服务区域大、传播远、质量高、投资省、见效快和经济效益高等一系列优点，是提高我国（特别是边远山区）电视广播节目覆盖率最有效最先进的技术手段。

在卫星移动通信业务方面，我国作为国际海事卫星组织（INMARSAT）成员，有近5000部机载、船载和陆地终端，在北京建有岸站，可为太平洋、印度洋和亚太地区提供通信服务。另外，我国实现并逐步开展机载卫星移动通信服务，石油、地质、新闻、水利、外交、海关、体育、抢险救灾、银行、安全、军事和国防等部门均配备了相应业务终端。

在VSAT业务方面，1993年国家开放小卫星地球站（VSAT）业务。由于VSAT具有简单、可靠、实用、经济等优点，成为卫星通信业务重要的发展方向之一。在我国，VSAT主要用于语音通信和数据通信，随着信息化社会发展需求，会议电视、Internet接入、远程教育、远程培训、远程医疗等业务也逐步开展起来。VSAT专用网建设发展非常迅速，人民银行、新华社、交通、石油天然气、经贸、铁道、电力、水利、民航、中核总公司、国家地震局、气象局、云南烟草、深圳股票公司以及国防部、公安部等已建立了20多个卫星通信网。

从整体发展水平来看，我国卫星通信与世界先进水平还有一定差距。评估卫星通信发展情况的指标是每百万人平均占有的卫星空间段带宽（以MHz，即兆赫兹为单位）。目前，美国是120MHz/百万人口，我国则仅为2.4MHz/百万人口，是美国的1/15。

第二节 中距离无线通信技术

随着国民经济和社会发展的信息化，人们要通信息化开创新的工作方式、管理方式、商贸方式、金融方式、思想交流方式、文化教育方式、医疗保健方式以及消费与生活方式。无线通信也从固定方式发展为移动方式，移动通信发展至今大约经历了五个阶段：

第一阶段：20世纪20~50年代初，主要用于舰船及军用，采用短波频及电子管技术，至该阶段末期才出现150MHz VHF单工汽车公用移动电话系统MTS。

第二阶段：20世纪50~60年代，此时频段扩展至UHF450MHz，器件技术已向半导体过渡，大都为移动环境中的专用系统，并解决了移动电话与公用电话网的接续问题。

第三阶段：20世纪70~80年代初，此时频段扩展至800MHz，美国Bell研究所提出了蜂窝系统概念并于70年代末进行了AMPS试验。

第四阶段：20世纪80~90年代中期，第二代数字移动通信兴起与大发展阶段，并逐步向个人通信业务方向迈进；此时出现了D-AMPS、TACS、ETACS、GSM/DCS、CDMAOne、PDC、PHS、DECT、PACS、PCS等各类系统与业务运行。

第五阶段：20世纪90年代中期至今，随着数据通信与多媒体业务需求的发展，适应移动数据、移动计算及移动多媒体运作需要的第三代移动通信开始兴起，其全球标准化及相应融合工作与样机研制和现场试验工作在快速推进，包括从第二代至第三代移动通信的平滑过渡问题。

一、第一代无线通信技术

第一代移动通信技术（1G）是指最初的模拟、仅限语音的蜂窝电话标准，制定于20世纪80年代。Nordic移动电话（NMT）就是这样一种标准，应用于Nordic国家、东欧以及俄罗斯。其他还包括美国的高级移动电话系统（AMPS），英国的总访问通信系统（TACS）以及日本的JTAGS，德国的C-Netz，法国的Radiocom 2000和意大利的RTMI。

第一代移动通信主要采用的是模拟技术和频分多址（FDMA）技术。在FDMA系统中，分配给用户一个信道，即一对频谱，一个频谱用作前向信道即基站向移动台方向的信道，另一个则用作反向信道即移动台向基站方向的信道。这种通信系统的基站必须同时发射和接收多个不同频率的信号，任意两个移动用户之间进行通信都必须经过基站的中转，因而必须同时占用两个信道（2对频谱）才能实现双工通信。

第一代移动通信有多种制式，我国主要采用的是TACS。第一代移动通信有很多不足之处，如容量有限、制式太多、互不兼容、保密性差、通话质量不高、不能提供数据业务和不能提供自动漫游等。

第一代移动通信由于受到传输带宽的限制，不能进行移动通信的长途漫游，只能是一种区域性的移动通信系统，模拟蜂窝服务在许多地方正被逐步淘汰。

二、第二代无线通信技术

与第一代模拟蜂窝移动通信相比，第二代移动通信系统采用了数字化，具有保密性强、频谱利用率高、能提供丰富的业务、标准化程度高等特点，使得移动通信得到了空前的发展，从过去的补充地位跃居通信的主导地位。我国目前应用的第二代蜂窝系统为欧洲的GSM系统以及北美的窄带CDMA系统。

GSM（Global System for Mobile Communications），即全球移动通信系统，起源于欧洲的移动通信技术标准，是第二代移动通信技术，其开发目的是让全球各地可以共同使用一个移动电话网络标准，让用户使用一部手机就能行遍全球。

1. GSM无线电接口

GSM是一个蜂窝网络，也就是说移动电话要连接到它能搜索到的最近的蜂窝单元区域。GSM网络运行在多个不同的无线电频率上。

GSM网络一共有四种不同的蜂窝单元尺寸：巨蜂窝、微蜂窝、微微蜂窝和伞蜂窝。覆盖面积因不同的环境而不同。巨蜂窝可以被看做是基站天线安装在天线杆或者建筑物顶上；微蜂窝则是天线高度低于平均建筑高度，一般用于市区内；微微蜂窝则是很小的蜂窝，只覆盖几十米的范围，主要用于室内；伞蜂窝则是用于覆盖更小的蜂窝网的盲区，填补蜂窝之间的信号空白区域。

蜂窝半径范围根据天线高度、增益和传播条件可以从百米以下数十千米。实际使用的最长距离GSM规范支持到35km。还有个扩展蜂窝的概念，蜂窝半径可以增加一倍甚至更多。

GSM同样支持室内覆盖，通过功率分配器可以把室外天线的功率分配到室内天线分布系统。这是一种典型的配置方案，用于满足室内高密度通话要求，在购物中心和机场十分常见。然而这并不是必需的，因为室内覆盖也可以通过无线信号穿越建筑物来实现，只是这样可以提高信号质量，减少干扰和回声。

2. GSM 网络结构

GSM 系统后面的网络被人们看做是极其庞大和复杂的，这样就可以提供所有的所需的服务。它被分成很多的部分，每一部分负责其中的一个功能。

（1）基站系统（基站和相关控制器）。

（2）网络和交换系统（网络的每一部分都要与其他部分无缝衔接），有时也被叫做核心网。

（3）GPRS 核心网（可选部分，用于基于报文的互联网连接）。

（4）所有的系统元素组合出许多的像语音通话和短信这样的 GSM 服务。

（5）身份识别 Module。

GSM 的一个关键特征就是用户身份模块（SIM），也叫 SIM 卡。SIM 卡是一个保存用户数据和电话本的可拆卸智能卡 IC。用户更换手机后还能保存自己的信息。换句话说，用户也可以使用现在的手机而使用不同运营商的 SIM 卡。有些运营商为了防止用户转换到别的网络而在手机上做手脚，使得它只能用一个特定的 SIM 卡，或者同一个网络的 SIM 卡，这就是众所周知的 SIM 卡封锁，这在某些国家并不合法。

3. GSM 安全

GSM 被设计具有中等安全水平。系统设计使用了共享密钥用户认证，用户与基站之间的通信可以被加密。GSM 只有网络到用户的验证，用户到网络的验证则没有。虽然安全模块提供了保密和鉴别功能，但是鉴别能力有限而且可以伪造。

GSM 为了安全而使用多种加密算法。A5/1 和 A5/2 两种串流密码用于保证在空中语音的保密性。A5/1 是在欧洲范围使用的强力算法，而 A5/2 则是在其他国家使用的弱强度算法。在两种算法中严重漏洞都已经被发现，例如一个单一密文攻击可能实时地中断掉 A5/2。但是系统支持多个不同算法，这样运营商就可以换一个安全等级更强的算法。

三、第二代半无线通信技术

第二代半无线通信技术即 2.5G，是指介于 2G 和 3G 之间的（过渡性）移动通信技术。

2.5G 移动通信技术是从 2G 迈向 3G 的衔接性技术，由于 3G 是个相当浩大的工程，所牵扯的层面多且复杂，要从目前的 2G 迈向 3G 不可能一下就衔接得上，因此出现了介于 2G 和 3G 之间的 2.5G。HSCSD、WAP、EDGE、蓝牙（Bluetooth）、EPOC 等技术都是 2.5G 技术。

1. 高速电路交换数据服务

这是 GSM 网络的升级版本，HSCSD（High Speed Circuit Switched Data）能够通过多重时分同时进行传输，而不是只有单一时分而已，因此能够将传输速率大幅提升到平常的 2~3 倍。目前，新加坡 M1 与新加坡电讯的移动电话都采用 HSCSD 系统，其传输速率能够达到 57.6kb/s。

2. 整合封包无线服务

GPRS（General Packet Radio System）是封包交换数据的标准技术。由于具备立即联机的特性，对于使用者而言，可说是随时都在上线的状态。GPRS 技术也让服务业者能够依据数据传输量来收费，而不是单纯地以联机时间计费。这项技术系与 GSM 网络配合，传输速率可以达到 115kb/s。

3. 全球增强型数据提升率

完全以目前的 GSM 标准为架构，EDGE（Enhanced Dataratesfor Global Evolution）不但能够将 GPRS 的功能发挥到极限，还可以通过目前的无线网络提供宽频多媒体的服务。EDGE 的传输速率可以达到 384kb/s，可以应用在诸如无线多媒体、电子邮件、网络信息娱乐以及电视会议上。

4. 无线应用通信协议

WAP（Wireless Application Protocol）是移动通信与互联网结合的第一阶段性产物。这项技术让使用者可以用手机之类的无线装置上网，通过小型屏幕遨游在各个网站之间。而这些网站也必须以 WML（无线标记语言）编写，相当于国际互联网上的 HTML（超文件标记语言）。

5. 蓝牙

蓝牙是一种短距离的无线通信技术，电子装置彼此可以通过蓝牙而连接起来，传统的电线在这里就毫无用武之地了。通过芯片上的无线接收器，配有蓝牙技术的电子产品能够在 10m 的距离内彼此相通，传输速率可以达到每秒钟 1 兆字节。以往红外线接口的传输技术需要电子装置在视线之内的距离，而现在有了蓝牙技术，这样的麻烦也可以免除了。

6. EPOC

由 Symbian 所开发的 EPOC 是一种能够让移动电话摇身一变而成为无线信息装置（例如智能电话）的操作系统，满足使用者对于数据的需求。它支持信息传送、网页浏览、办公室作业、公用事业以及个人信息管理（PIM）的应用，有的软件也可以和个人计算机与服务器作同步的沟通。

四、第三代移动通信技术

第三代移动通信技术（3rd-generation，3G），是指支持高速数据传输的蜂窝移动通信技术，指将无线通信与国际互联网等多媒体通信相结合的新一代移动通信系统。3G 服务能够同时传送声音及数据信息，速率一般在几百 kb/s 以上。它能够处理图像、音乐、视频流等多种媒体形式，提供包括网页浏览、电话会议、电子商务等信息服务。目前 3G 存在四种标准：CDMA2000、WCDMA、TD-SCDMA 和 WiMax。

1. 3G 标准

它们分别是 WCDMA（欧洲版）、CDMA2000（美国版）和 TD-SCDMA（中国版）。

国际电信联盟（ITU）在 2000 年 5 月确定 WCDMA、CDMA2000、TD-SCDMA 三大主流无线接口标准，写入 3G 技术指导性文件《2000 年国际移动通信计划》（简称 IMT-2000）；2007 年，WiMax 亦被接受为 3G 标准之一。CDMA 是 Code Division Multiple Access（码分多址）的缩写，是第三代移动通信系统的技术基础。第一代移动通信系统采用频分多址（FDMA）的模拟调制方式，这种系统的主要缺点是频谱利用率低，信令干扰语音业务。第二代移动通信系统主要采用时分多址（TDMA）的数字调制方式，提高了系统容量，并采用独立信道传送信令，使系统性能大大改善，但 TDMA 的系统容量仍然有限，越区切换性能仍不完善。CDMA 系统以其频率规划简单、系统容量大、频率复用系数高、抗多径能力强、通信质量好、软容量、软切换等特点显示出巨大的发展潜力。

2. 3G 在中国的发展

"3G 中国"是中国最大的专业化 3G 手机网络商务服务平台的注册商标。"3G 中国"包括行业、企业、产品、服务和贸易功能等，是企业在 3G 网络上实现 WAP 网站建设、行业新媒体传播、移动商务运营、无线及时沟通的集成型系统服务平台，其行业整合的推广理念和 3G 网络无线通信的全新营销模式，形成一个 3G 无线信息网络。它的所有功能设置和增值服务，都为使用者提供了完善、高效的 3G 体验，完美体现了 3G 时代的强势商务内涵。

中国已经成为全球最大的移动通信消费国，2008 年中国移动通信用户已经超过 6 亿，手机新闻、手机博客、手机收发邮件等一系列移动互联网的新发展得到普及，然而这一切都仅仅被应用于个人，移动商务的应用需求越来越迫切，让企业通过移动互联网来实现企业与用户之间的信息互动，并由此开展深层次、全方位应用是今天企业的最大需求，伴随工业和信息化部的成立，"3G 中国"的启动成为下一步"以信息化带动工业化"的重要举措。

2008 年 6 月 2 日，中国电信、中国联通及中国网通 H 股公司均发公告，公布了电信重组细节，而此时，距离 5 月 23 日（上述运营商由于电信重组停牌），刚刚过去 6 个半交易日。随着电信重组方案的确定：中国移动 + 铁通 = 中国移动，中国联通（CDMA 网）+ 中国电信 = 中国电信，中国联通（GSM 网）+ 中国网通 = 中国联通，从而中国电信运营商形成了三足鼎立之势。在本次电信重组中，中国铁通被并入中国移动集团，变成了中国移动一家全资子公司。此前中国铁通无论是固定电话用户还是宽带用户都被转成中国移动的用户。伴随着"六合三"的改革重组完成后，3 张 3G 牌照也将发放，当时就有专家估计，按进度国家或将在 2008 年第四季发放 3G 牌，最快 2009 年第三季中国将步入第三代移动通信时代。将发放的 3 张 3G 牌基本采用三个不同标准，即 TD-SCDMA（时分同步码分多址）为中国自主研发的 3G 标准，目前已被国际电信联盟接受，其与 WCDMA（宽带码分多址）和 CDMA2000 合称世界 3G 的三大主流标准。

根据电信业重组方案，3G 牌照的发放方式是：新中国移动获得 TD-SCDMA 牌照，新中国电信获得 CDMA2000 牌照，中国联通获得 WCDMA 牌照。

2009 年 1 月 7 日 14：30，工业和信息化部为中国移动、中国电信和中国联通发放 3 张第三代移动通信（3G）牌照，此举标志着我国正式进入 3G 时代。其中，批准中国移动增加基于 TD-SCDMA 技术制式的 3G 牌照（TD-SCDMA 为我国拥有自主产权的 3G 技术标准），中国电信增加基于 CDMA2000 技术制式的 3G 牌照，中国联通增加基于 WCDMA 技术制式的 3G 牌照。

五、第四代无线通信技术

就在 3G 通信技术正处于酝酿之中时，更高的技术应用已经在实验室进行研发。因此，在人们期待第三代移动通信系统所带来的优质服务的同时，第四代移动通信系统（4G）的最新技术也在实验室悄然进行当中。那么到底什么是 4G 通信呢？

1. 4G 的概念

到 2009 年为止，人们还无法对 4G 通信进行精确的定义，有人说 4G 通信的概念来自其他无线服务的技术，从无线应用协定、全球袖珍型无线服务到 3G；有人说 4G 通信是一个超越 2010 年以外的研究主题，4G 通信是系统中的系统，可利用各种不同的无线技术；但不管人们对 4G 通信怎样进行定义，有一点人们能够肯定的是 4G 通信可能是一个比 3G 通信更完美的新无线世界，它可创造出许多消费者难以想象的应用。

4G 最大的数据传输速率超过 100Mb/s，这个速率是移动电话数据传输速率的 1 万倍，是 3G 移动电话速率的 50 倍。4G 手机可以提供高性能的汇流媒体内容，并通过 ID 应用程序成为个人身份鉴定设备。它也可以接受高分辨率的电影和电视节目,从而成为合并广播和通信的新基础设施中的一个纽带。此外,4G 的无线即时连接等某些服务费用会比 3G 便宜。还有,4G 有望集成不同模式的无线通信——从无线局域网和蓝牙等室内网络、蜂窝信号、广播电视到卫星通信,移动用户可以自由地从一个标准漫游到另一个标准。

4G 通信技术并没有脱离以前的通信技术,而是以传统通信技术为基础,并利用了一些新的通信技术,来不断提高无线通信的网络效率和功能。如果说 3G 能为人们提供一个高速传输的无线通信环境的话,那么 4G 通信会是一种超高速无线网络,一种不需要电缆的信息超级高速公路,这种新网络可使电话用户以无线及三维空间虚拟实境连线。

与传统的通信技术相比,4G 通信技术最明显的优势在于通话质量及数据通信速度。然而,在通话品质方面,移动电话消费者还是能接受的。随着技术的发展与应用,现有移动电话网中手机的通话质量还在进一步提高。数据通信速度的高速化的确是一个很大优点,它的最大数据传输速率达到 100Mb/s,简直是不可思议的事情。另外由于技术的先进性确保了成本投资的大大减少,未来的 4G 通信费用也要比 2009 年通信费用低。

4G 通信技术是继第三代通信技术之后的又一次无线通信技术演进,其开发更加具有明确的目标性:提高移动装置无线访问互联网的速度——据 3G 市场分三个阶段走的发展计划,3G 的多媒体服务在 10 年后进入第三个发展阶段,此时覆盖全球的 3G 网络已经基本建成,全球 25%以上人口使用第三代移动通信系统。在发达国家,3G 服务的普及率更超过 60%,此时就需要有更新一代的系统来进一步提升服务质量。

为了充分利用 4G 通信给人们带来的先进服务,人们还必须借助各种各样的 4G 终端才能实现,而不少通信营运商正是看到了未来通信的巨大市场潜力,他们已经开始把眼光瞄准到生产 4G 通信终端产品上,例如生产具有高速分组通信功能的小型终端、生产对应配备摄像机的可视电话以及电影、电视的影像发送服务的终端,或者是生产与计算机相匹配的卡式数据通信专用终端。有了这些通信终端后,人们手机用户就可以随心所欲地漫游了,随时随地地享受高质量的通信了。

2. 4G 的关键技术

第四代移动通信系统的关键技术包括:信道传输,抗干扰性强的高速接入技术,信息传输技术,高性能、小型化和低成本的自适应阵列智能天线,大容量、低成本的无线接口和光接口,系统管理资源,软件无线电、网络结构协议等。

第四代移动通信系统主要是以正交频分复用(OFDM)为技术核心。OFDM

技术的特点是网络结构可扩展，具有良好的抗噪声性能和抗多信道干扰能力，可以提供无线数据技术质量更高（速率高、时延小）的服务和更好的性能价格比，能为4G无线网提供更好的方案。例如无线区域环路（WLL）、数字音讯广播（DAB）等，预计都采用OFDM技术。

4G移动通信对加速增长的广带无线连接的要求提供技术上的回应，对跨越公众的和专用的、室内和室外的多种无线系统和网络保证提供无缝的服务。通过对最适合的可用网络提供用户所需求的最佳服务，能应付基于互联网通信所期望的增长，增添新的频段，使频谱资源大扩展，提供不同类型的通信接口，运用路由技术为主的网络架构，以傅里叶变换来发展硬件架构实现第四代网络架构。移动通信会向数据化、高速化、宽带化、频段更高化方向发展，移动数据、移动IP预计会成为未来移动网的主流业务。

六、其他中距离无线通信技术

无线市话PAS（Personal Access Phone System）又名小灵通，是一种新型的个人无线接入系统，它采用先进的微蜂窝技术，以无线方式接入固定电话网，使电话在无线网络覆盖的范围内可随身携带使用，随时随地接听、拨打市内、本地网和国内、国际电话，也可方便地拨打寻呼和移动电话，是市内电话的延伸和补充。其收费标准与固定电话相近。它随身携带、覆盖范围内自动漫游通话、清晰的音质、绿色环保的特点，以及经济实用的特征，使小灵通成为真正属于每个人的小灵通。

第三节 短距离无线通信技术

一、蓝牙技术

蓝牙（Bluetooth），是一种支持设备短距离通信（一般10米）的无线电技术。能在包括移动电话、PDA、无线耳机、笔记本电脑、相关外设等众多设备之间进行无线信息交换。蓝牙采用分散式网络结构以及快跳频和短包技术，支持点对点及点对多点通信，工作在全球通用的2.4GHz ISM（即工业、科学、医学）频段。其数据速率为1Mb/s。采用时分双工传输方案实现全双工传输。利用蓝牙技术，能够有效地简化移动通信终端设备之间的通信，也能够成功地简化设备与互联网之间的通信，从而数据传输变得更加迅速高效，为无线通信拓宽道路。

1. 蓝牙技术简介

蓝牙技术是一种无线数据与语音通信的开放性全球规范，它以低成本的近距离无线连接为基础，为固定与移动设备通信环境建立一个特别连接。其程序写在一个 9×9mm 的微芯片中。

蓝牙技术的创始人是爱立信，爱立信在 1994 年开始研究一种能使手机与其附件（如耳机）之间互相通信的无线模块。1998 年 5 月，爱立信、诺基亚、东芝、IBM 和英特尔公司五家著名厂商，在联合开展短程无线通信技术的标准化活动时提出了蓝牙技术，其宗旨是提供一种短距离、低成本的无线传输应用技术，主要用于通信和信息设备的无线连接。

蓝牙工作频率为 2.4GHz，有效范围大约在 10m 半径内。在此范围内，采用蓝牙技术的多种设备，如手机、微机、激光打印机等能够无线互联，以约 1Mb/s 的速率相互传递数据，并能方便地接入互联网。

蓝牙设备组网灵活，提供点对点和点对多点的无线连接基于 TDMA 原理组网，蓝牙技术安全除采用跳频扩展技术和低发射功率等常规安全技术外还采用三级安全模式进行管理控制。随着蓝牙芯片价格和耗电量的不断降低，蓝牙已经成为许多高端 PDA 和手机的必备功能。

2. 蓝牙技术的应用和市场展望

作为一种电缆替代技术，蓝牙具有低成本高速率的特点，它可把内嵌有蓝牙芯片的计算机、手机和多种便携通信终端互联起来，为其提供语音和数字接入服务，实现信息的自动交换和处理，并且蓝牙的使用和维护成本据称要低于其他任何一种无线技术。目前蓝牙技术开发重点是多点连接，即一台设备同时与多台（最多 7 台）其他设备互联。今后，市场上不同厂商的蓝牙产品将能够相互联通。

蓝牙产品涉及 PC、笔记本电脑、移动电话等信息设备和 A/V 设备、汽车电子、家用电器和工业设备领域。蓝牙的支持者们预言说，一旦支持蓝牙的芯片变得非常便宜，蓝牙将置身于几乎所有产品之中。从微波炉一直到衣服上的纽扣。

蓝牙在个人局域网中获得了很大的成功，应用包括无绳电话，PDA 与计算机的互联，笔记本电脑与手机的互联，以及无线 RS232，RS485 接口等。

采用蓝牙技术的设备使用方便，可自由移动。与无线局域网相比，蓝牙无线系统更小、更轻薄，成本及功耗更低，信号的抗干扰能力强。目前，几乎所有的手机及电脑都支持蓝牙技术。

二、WiFi 技术

WiFi（Wireless Fidelity）也是一种无线通信协议，正式名称是 IEEE802.11b，是 WLAN 的一个标准，与蓝牙一样，同属于短距离无线通信技术。WiFi 速率最高可达 11Mb/s。虽然在数据安全性方面比蓝牙技术要差一些，但在电波的覆盖范围方面却略胜一筹，可达 100m 左右，不用说家庭、办公室，就是小一点的整栋大楼也可使用。

最初的 IEEE 802.11 规范是在 1997 年提出的，称为 802.11b，主要目的是提供无线局域网（WLAN）接入，也是目前 WLAN 的主要技术标准。随着 WiFi 协议新版本，如 802.11a 和 802.11g 的先后推出，WiFi 的应用越来越广泛。802.11a 工作在 5GHz 频率范围，传输速率 54Mb/s，使用正交频分多路复用调制技术，比 802.11b 采用的补码键控（Complementary Code Keying，CCK）调制方案快。但它不向后兼容 802.11b。802.11g 使用与 802.11b 相同的正交频分多路复用调制技术，它工作在 2.4GHz 频段，速率达 54Mb/s，比目前通用的 802.11b 快了 5 倍。802.11g 本质上扩展了 802.11b 在 2.4GHz 频段的性能，通过使用 OFDM 技术，获得了 54Mb/s 的高速，并且完全向后兼容 802.11b，它将最终取代 802.11a。根据最近国际消费电子产品的发展趋势判断，802.11g 将被大多数无线网络产品制造商选择作为产品标准。

WiFi 是以太网的一种无线扩展。理论上只要用户位于一个接入点四周的一定区域内，就能以最高约 11Mb/s 的速度接入 WEB。但实际上，如果有多个用户同时通过一个点接入，带宽被多个用户分享，WiFi 的连接速度一般将只有几百 kb/s。WiFi 的信号不受墙壁阻隔，但在建筑物内的有效传输距离小于户外。

WiFi 技术的最具诱惑力的方面在于将 WiFi 与基于 XMI 或 Java 的 Web 服务融合起来之后，可以大幅度减少企业的 IT 成本。例如，许多企业选择在每一层楼或每一个部门配备 802.11b 的接入点，而不是采用电缆线把整幢建筑物连接起来。这样一来，可以节省大量铺设电缆所需花费的资金。

WLAN 未来最具潜力的应用将主要在在家办公（Small Office Home Office，SOHO）、家庭无线网络以及不便安装电缆的建筑物或场所。目前这一技术的用户主要来自机场、酒店、商场等公共热点场所。微软推出的桌面操作系统 Windows XP 和嵌入式操作系统 Windows CE，都包含了对 WiFi 的支持。其中，Windows CE 同时还包含对 WiFi 的竞争对手蓝牙等其他无线通信技术的支持。

三、ZigBee 技术

ZigBee，在中国被译为"紫蜂"，它与蓝牙相类似，是一种新兴的短距离无线技术，用于传感控制应用（Sensor and Control）。ZigBee可以说是蓝牙的同族兄弟，它使用2.4GHz波段，采用跳频技术。与蓝牙相比，ZigBee更简单，速率更慢，功率及费用也更低。它的基本速率是250kb/s，当降低到28kb/s时，传输范围可扩大到134m，并获得更高的可靠性。另外，它可与254个节点联网。可比蓝牙更好地支持游戏、消费电子、仪器和家庭自动化应用。人们期望能在工业监控、传感器网络、家庭监控、安全系统和玩具等领域拓展ZigBee的应用。

1. ZigBee 简介

简单地说，ZigBee是一种高可靠的无线数传网络，类似于CDMA和GSM网络。ZigBee数传模块类似于移动网络基站。通信距离从标准的75m到几百米、几千米，并且支持无限扩展。

ZigBee是一个由可多到65000个无线数传模块组成的无线数传网络平台，在整个网络范围内，每一个ZigBee数传网络模块之间可以相互通信，每个网络节点间的距离可以从标准的75m无限扩展。

与移动通信的CDMA网或GSM网不同的是，ZigBee网络主要是为工业现场自动化控制数据传输而建立，因而，它必须具有简单、使用方便、工作可靠、价格低的特点。而移动通信网主要是为语音通信而建立的，每个基站价值一般都在百万元人民币以上，而每个ZigBee"基站"却不到1000元人民币。每个ZigBee网络节点不仅本身可以作为监控对象，例如其所连接的传感器直接进行数据采集和监控，还可以自动中转别的网络节点传过来的数据资料。除此之外，每一个ZigBee网络节点（FFD）还可在自己信号覆盖的范围内，和多个不承担网络信息中转任务的孤立的子节点（RFD）无线连接。

2. ZigBee 自身技术优势

（1）低功耗。在低耗电待机模式下，2节5号干电池可支持1个节点工作6~24个月，甚至更长。这是ZigBee的突出优势。相同状况下，蓝牙能工作数周、WiFi可工作数小时。

现在，TI公司和德国的Micropelt公司共同推出新能源的ZigBee节点。该节点采用Micropelt公司的热电发电机给TI公司的ZigBee提供电源。

（2）低成本。通过大幅简化协议（不到蓝牙的1/10），降低了对通信控制器的要求，按预测分析，以8051的8位微控制器测算，全功能的主节点需要32KB代码，子功能节点少至4KB代码，而且ZigBee免协议专利费，每块芯片的价格大约为2美元。

（3）低速率。ZigBee工作在20~250kb/s的较低速率，分别提供250kb/s（2.4GHz）、40kb/s（915MHz）和20kb/s（868MHz）的原始数据吞吐率，满足低速率传输数据的应用需求。

(4)近距离。传输范围一般介于 10~100m，在增加 RF 发射功率后，亦可增加到 1~3km。这指的是相邻节点间的距离。如果通过路由和节点间通信的接力，传输距离将可以更远。

(5)短时延。ZigBee 的响应速度较快，一般从睡眠转入工作状态只需 15ms，节点连接进入网络只需 30ms，进一步节省了电能。相比较，蓝牙需要 3~10s，WiFi 需要 3s。

(6)高容量。ZigBee 可采用星状、片状和网状网络结构，由一个主节点管理若干子节点，最多一个主节点可管理 254 个子节点；同时，主节点还可由上一层网络节点管理，最多可组成 65000 个节点的大网。

(7)高安全。ZigBee 提供了三级安全模式，包括无安全设定、使用接入控制清单（ACL）防止非法获取数据以及采用高级加密标准（AES 128）的对称密码，以灵活确定其安全属性。

(8)免执照频段。采用直接序列扩频在工业科学医疗（ISM）频段，如 2.4GHz（全球）、915MHz（美国）和 868MHz（欧洲）。

3. ZigBee 的应用前景

ZigBee 并不是用来与蓝牙或者其他已经存在的标准竞争，它的目标定位于现存的系统还不能满足其需求的特定的市场，它有着广阔的应用前景。ZigBee 联盟预言在未来的 4~5 年，每个家庭将拥有 50 个 ZigBee 器件，最后将达到每个家庭 150 个。据估计，未来几年，ZigBee 市场价值将达到数亿美元。其应用领域主要包括：

(1)家庭和楼宇网络，空调系统的温度控制、照明的自动控制、窗帘的自动控制、煤气计量控制、家用电器的远程控制等。

(2)工业控制，各种监控器、传感器的自动化控制。

(3)商业，智慧型标签等。

(4)公共场所，烟雾探测器等。

(5)农业控制，收集各种土壤信息和气候信息。

(6)医疗，老人与行动不便者的紧急呼叫器和医疗传感器等。

四、WiMax 技术

WiMax（Worldwide Interoperability for Microwave Acces），即全球微波互联接入，是一项基于 IEEE 802.16 标准的宽带无线接入城域网技术。WiMax 是一项新兴的宽带无线接入技术，能提供面向互联网的高速连接，数据传输距离最远可达 50km。WiMax 还具有 QoS 保障、传输速率高、业务丰富多样等优点。WiMax 的技术起点较高，采用了代表未来通信技术发展方向的 OFDM/OFDMA、

AAS、MIMO 等先进技术。随着技术标准的发展，WiMax 逐步实现宽带业务的移动化，而 3G 则实现移动业务的宽带化，两种网络的融合程度会越来越高。

WiMax 是又一种为企业和家庭用户提供"最后 1000 米"的宽带无线连接方案。因在数据通信领域的高覆盖范围（25~30km），以及对 3G 可能构成的威胁，使 WiMax 在最近一段时间备受业界关注。

该技术以 IEEE 802.16 的系列宽频无线标准为基础。一如当年对提升 802.11 使用率有功的 WiFi 联盟，WiMax 也成立了论坛，将提高大众对宽频潜力的认识，并力促供应商解决设备兼容问题，借此加速 WiMax 技术的使用率，从而让 WiMax 技术成为业界使用 IEEE 802.16 系列宽频无线设备的标准。虽然 WiMax 无法另辟新的市场（目前市面已有多种宽频无线网方式），但是有助于统一技术的规范。有了标准化的规范，就可以以量制价，降低成本，提高市场增长率。

WiMax 是一项新兴技术，能够在比 WiFi 更广阔的地域范围内提供"最后 1000 米"宽带连接性，由此支持企业客户享受 T1 类服务以及居民用户拥有相当于线缆/DSL 的访问能力。凭借其在任意地点的 1~6km 覆盖范围（取决于多种因素），WiMax 将可以为高速数据应用提供更出色的移动性。此外，凭借这种覆盖范围和高吞吐率，WiMax 还能够提供为电信基础设施、企业园区和 WiFi 热点提供回程。

五、无线射频识别技术

无线射频识别技术，即 RFID（Radio Frequency IDentification）技术，又称电子标签、射频识别，是一种通信技术，可通过无线电讯号识别特定目标并读写相关数据，而无须识别系统与特定目标之间建立机械或光学接触。

RFID 是 20 世纪 90 年代开始兴起的一种非接触式的自动识别技术，是一项利用射频信号通过空间耦合（交变磁场或电磁场）实现无接触信息传递并通过所传递的信息达到识别目的的技术。它通过射频信号自动识别目标对象并获取相关数据，识别工作无须人工干预，可工作于各种恶劣环境。RFID 技术可识别高速运动物体并可同时识别多个标签，操作快捷方便。

RFID 是一种简单的无线系统，只有两个基本器件，该系统用于控制、检测和跟踪物体。RFID 由三个基本部分组成：

（1）标签（Tag），由耦合元件及芯片组成，每个标签具有唯一的电子编码，附着在物体上标识目标对象。

（2）阅读器（Reader），读取（有时还可以写入）标签信息的设备，可设计为手持式或固定式。

(3) 天线（Antenna），在标签和读取器间传递射频信号。

目前定义 RFID 产品的工作频率有低频、高频和超高频的符合不同标准的不同的产品，而且不同频段的 RFID 产品会有不同的特性。

六、超宽带无线技术

超宽带无线技术（Ultra Wide Band-Radio Technology，UWB-RT）是另一个新发展起来的无线通信技术。超带宽（Ultra Wide Band，UWB）通过基带脉冲作用于天线的方式发送数据，UWB 被允许在 3.1~10.6GHz 的波段内工作。它主要应用在小范围、高分辨率、能够穿透墙壁、地面和身体的雷达和图像系统中。除此之外，这种新技术适用于对速率要求非常高（大于 100Mb/s）的 LANs 或 PANs。

UWB 技术最初是在 1960 年作为军用雷达技术开发的，早期主要用于雷达技术领域，军事部门已对 UWB 进行了多年研究，开发出了分辨率极高的雷达；1972 年 UWB 脉冲检测器申请了美国专利；1978 年出现了最初的 UWB 通信系统；1984 年 UWB 系统成功地进行了 10km 的试验；1990 年美国国防部高级计划局开始对 UWB 技术进行验证。直到 2002 年 2 月，美国联邦通信委员会（FCC）才批准 UWB 技术进入民用领域，从而引起了世界各国的广泛关注。

虽然对于商业和消费领域，UWB 还是新鲜事物，但是，据报道，一些公司已开发出 UWB 收发器，用于制造能够看穿墙壁、地面的雷达和图像装置，这种装置可以用来检查道路、桥梁及其他混凝土和沥青结构建筑中的缺陷，可用于地下管线、电缆和建筑结构的定位。另外，在消防、救援、治安防范及医疗、医学图像处理中都大有用武之地。

UWB 的一个非常有前途的应用是汽车防撞系统。戴姆勒克莱斯勒公司已经试制出用于自动刹车系统的雷达。在不久的将来，这种防撞雷达将成为高级汽车的一个选件。

UWB 最具特色的应用将是视频消费娱乐方面的无线个人局域网（PANs）。考察现有的无线通信方式，802.11b 和蓝牙的速率太慢，不适合传输视频数据；54 Mb/s 速率的 802.11a 标准可以处理视频数据，但费用昂贵。而 UWB 有可能在 10km 范围内，支持高达 110Mb/s 的数据传输速率，不需要压缩数据，可以快速、简单、经济地完成视频数据处理。

七、红外通信

红外是一种无线通信方式，可以进行无线数据的传输。自 1974 年发明以来，得到很普遍的应用，如红外线鼠标、红外线打印机、红外线键盘等。红外传输是一种点对点的传输方式，无线，不能离得太远，要对准方向，且中间不能有障碍物，也就是不能穿墙而过，几乎无法控制信息传输的进度。IrDA 已经是一套标准，IR 收/发的组件也是标准化产品。

红外数据协会（Infrared Data Association，IrDA）成立于 1993 年，是致力于建立红外线无线连接的非营利组织。起初，采用 IrDA 标准的无线设备仅能在 1km 范围内以 115.2kb/s 速率传输数据，很快发展到 4Mb/s 的速率，后来，速率又达到 16Mb/s。

IrDA 是一种利用红外线进行点对点通信的技术，它也许是第一个实现无线个人局域网（Personal Area Network，PAN）的技术。目前它的软硬件技术都很成熟，在小型移动设备，如 PDA、手机上广泛使用。事实上，当今每一个出厂的 PDA 及许多手机、笔记本电脑、打印机等产品都支持 IrDA。

IrDA 的主要优点是无须申请频率的使用权，因而红外通信成本低廉。它还具有移动通信所需的体积小、功耗低、连接方便、简单易用的特点。由于数据传输率较高，适于传输大容量的文件和多媒体数据。此外，红外线发射角度较小，传输上安全性高。

IrDA 的不足在于它是一种视距传输，2 个相互通信的设备之间必须对准，中间不能被其他物体阻隔，因而该技术只能用于 2 台（非多台）设备之间的连接。而蓝牙就没有此限制，且不受墙壁的阻隔。IrDA 目前的研究方向是如何解决视距传输问题及提高数据传输率。

第四节　我国无线通信技术的发展

我国的无线通信技术通过短短几十年的发展，已经从一开始的一穷二白，发展到现在的第三代和第四代移动通信技术，其中经历了好几个阶段和过程。

当前，中国是世界各国通信技术运营商和设备制造商关注的焦点，大家都希望在中国的市场上占有自己的发展空间和市场份额。移动通信在中国发展十分迅速，中国移动通信的走向一直为世人所瞩目。1987 年 11 月，广东正式开通了第一个 TACS 制式模拟蜂窝移动通信系统，实现了移动电话用户"零"突破。1994 年底，广东又首先开通了 GSM 数字蜂窝移动通信系统，至 1995 年，全国已 15 个省、直辖市也相继开通了 GSM 移动通信网。迄今为止，全国各省、自治区、直辖市都建设了 GSM 网，实现了国内和国际的全自动漫游。目前，第三代移动通信系统的开发和研究也已经与世界同步。

从1987年至今，我国移动电话用户数的增长很快，尤其是GSM网更是以始料不及的速度在迅猛发展。这主要是因为GSM系统在技术和经济方面均比TACS系统有较大优势，更重要的是我国在GSM运营领域引入了竞争机制，促进了GSM网的发展。近10年来，我国在移动通信领域的科研、设备生产等方面也取得了可喜的进步。国产移动通信设备交换系统、基站和手机等都已经投入生产，并陆续投放市场。

本章案例

大唐电信WLAN（无线局域网）解决方案

随着Internet的日益普及和移动终端（包括笔记本电脑、WiFi手机、PDA）的广泛使用，人们对无线IP接入的需求迅速增长，无线局域网（WLAN）得到越来越广泛的应用。亚洲、北欧等国均在政府主导及电信业者积极投入下，广泛在机场、车站及购物中心等处布建可利用WLAN连接互联网等公共设施的热点。凭借无线接入技术本身具有的应用灵活、安装简便、建设周期短等优势，WLAN作为一种高速无线接入手段，正在与有线网络一起，构建灵活、高效、完善的宽带网络。

大唐电信推出的写字楼/机场/酒店WLAN热点覆盖解决方案，见图2-1。

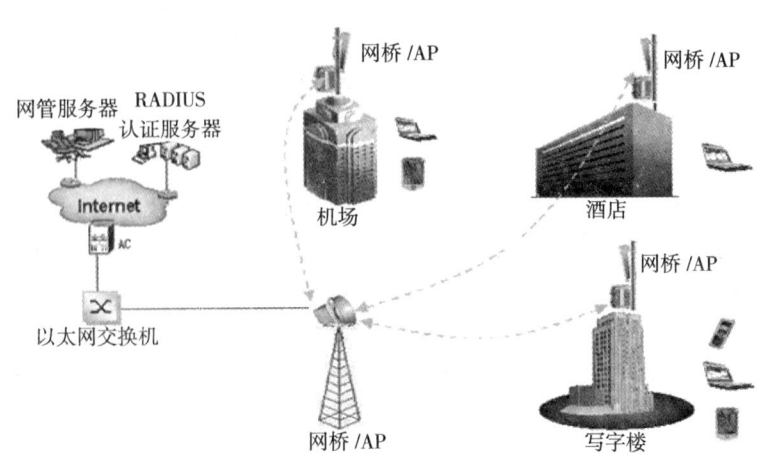

图2-1 大唐电信WLAN（无线局域网）解决方案

WLAN系统可为写字楼/酒店/机场等热点场所的用户提供随时随地的无线接入服务，使商旅人士和会务人员等高端用户可以自由灵活地享受高质量的无

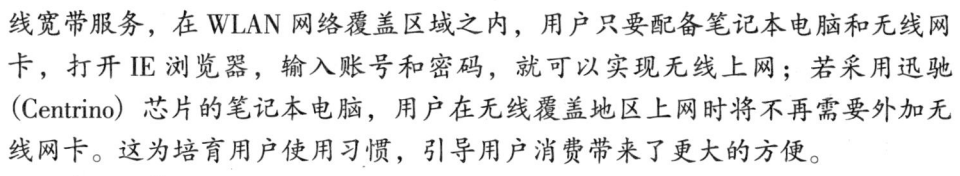

线宽带服务，在WLAN网络覆盖区域之内，用户只要配备笔记本电脑和无线网卡，打开IE浏览器，输入账号和密码，就可以实现无线上网；若采用迅驰（Centrino）芯片的笔记本电脑，用户在无线覆盖地区上网时将不再需要外加无线网卡。这为培育用户使用习惯，引导用户消费带来了更大的方便。

应用优势：

（1）大范围：覆盖范围广，适合用户量大但带宽要求不高的场所使用。

（2）多客源：各个不同地点统一接入，无须长距离地布线施工，便于运营者充分利用地理上的接入盲点开展业务，争取更多用户接入。

（3）全考虑：周全考虑不同地域的数据、语音接入要求，提供完善的解决方案。

（4）自由行：随时随地，无线连通。

资料来源：IT专家网，2011-11-24.

问题讨论：

1. 无线局域网的应用价值如何？
2. 无线接入技术的发展前景如何？

本章小结

通信卫星是世界上应用最早、应用最广的卫星之一，许多国家都发射了通信卫星。在卫星移动通信中，按网状或星状结构组成的卫星群（即星座）是基站，基站在天上是移动的，相对固定的是地面的移动终端。由于通信卫星是"站"在36000km的高空，所以它的覆盖面特别大，一颗卫星就可以负责1/3地球表面的通信。

在中距离通信技术中，我们经历了第一代、第二代、第二代半、第三代及第四代无线通信，其中主要的技术包括GSM、GPRS、CDMA。

短距离无线通信技术主要包括蓝牙技术、WiFi技术、ZigBee技术、WiMax技术、无线射频技术、超宽带无线技术以及红外技术。

本章复习题

1. 卫星通信主要有什么作用？
2. 简述2G、2.5G、3G与4G的关键技术。

3. ZigBee 技术具有什么特点？
4. 简述 WiMax 技术原理。
5. 简述蓝牙与 WiFi 技术特点。
6. 举例说明无线射频技术的应用。

第三章 无线通信协议

学习目的

知识要求 通过本章的学习，掌握：

- WAP 协议概念及特征
- IPv4 概念及特征
- IPv6 概念及特征

技能要求 通过本章的学习，能够：

- 熟悉 WAP 协议的组成与架构
- 掌握 IPv4 与 IPv6 的表示方法
- 熟练掌握无限标记语言脚本符号

学习指导

1. 本章内容包括：WAP 协议、IPv4 与 IPv6 及 IPv4 向 IPv6 的过渡技术。

2. 学习方法：阅读本章内容与其他相关材料，掌握重点概念，把握概念之间的内在关系；尽量结合实际情况加深理解；树立对无线通信协议的正确了解。

3. 建议学时：4 学时。

引导案例

著名的 WAP 解决方案

看到 WAP 技术应用的巨大市场，世界许多知名的移动通信设备公司纷纷推出自己的 WAP 解决方案，其中比较著名的方案当属三大移动设备公司 Nokia、Motorola 和 Ericsson 公司推出的解决方案。

一、Nokia WAP 解决方案

Nokia 公司研究开发了 WAP 1.0 服务器系统，并于 1999 年 12 月 15 日开始在全球销售。Nokia WAP 1.0 服务器是一种让用户在移动状态下安全地访问 Internet 资源的产品，目前已有数千家公司和软件开发商试用过该服务器系统，效果十分成功，在一定程度上可以增强企业的市场竞争力。为了满足软件开发商的需求，Nokia 还在 Internet 上推出 Nokia WAP 1.0 服务器软件免费试用版及新版 Nokia WAP 工具包。Nokia WAP 服务器是一个面向移动通信应用的开放式服务器平台，使得用户能在移动环境中充分借用 Internet 的资源和功能，并可使用户在无线电通信网络、Internet 或企业内部网之间获取数据及与客户进行交流时，能够保持对端到端安全性的有效控制。Nokia 的 WAP 服务器符合 WAP 1.1 版的规范，并具有完备的安全保密功能，是第一个商业应用无线传输层保密（WTLS）体系的实例。

另外，Nokia 还与 Visa 联合推出了移动电子商务的解决方案，目的是希望金融机构和移动电话运营商能够通过移动电话，为客户提供安全的支付服务。两家将推出利用移动电话进行无线网上安全支付的标准化方案，以满足不同市场对于安全、风险管理和争议处理的要求。双方还将建立基于 WAP 标准的开放式规格，使移动用户可以通过 Internet 完成安全而有保证的支付。为了使支付更加方便，简化用户的支付过程，双方还将合作开发电子移动钱包（E-Wallet）等功能系统。Nokia 7110 是世界上第一部支持无线应用协议的移动电话，该公司随后还推出了其他型号的 WAP 手机，如 6210、6250 及 9110 等。

二、Motorola WAP 解决方案

Motorola 公司一直致力于无线移动通信技术与 Internet 的最佳结合，让用户能通过智能化的手持移动设备随时随地连接 Internet，获取 E-mail、金融、股票和其他信息服务。该公司以 MIX & My Sphere Internet 连接方案为核心，发布了一个完整的端到端的 WAP 解决方案。1999 年 11 月 16 日，Motorola 还公布了针对中国市场的 WAP 解决方案。同时，该公司还在中国推广"掌中网"的概念、技术和终端产品，即"Motorola 无线 Internet"一揽子方案。"掌中网"

的各种终端产品通过 GSM、CDMA、FLEX 等平台，不仅可以用于通信，也可以用于通过无线电通信方式获得 Internet 的个性化信息服务，并具有很好的移动性、便携性及实用功能，而且还能够支持、交互式的信息应用与电子商务。

Motorola 支持 WAP 的手机有 A6188、2000www、V8088 等型号。相信随着技术的发展，Motorola 还会推出更多、更先进的 WAP 手机。

三、Ericsson WAP 解决方案

Ericsson 一直关注无线技术与 Internet 的真正结合，使移动用户能够随时上网。1999 年 6 月，Ericsson 公司推出了全球第一个符合 WAP 1.1 的端对端 WAP 服务系统，随后便向多家营运商交付了几十套 WAP 服务系统。Ericsson 致力于向用户尤其是蜂窝系统运营商、服务商和相关企业提供各类无线 Internet 解决方案，以促进无线数据通信事业的发展，增强这些客户的生产力及市场竞争能力。除了进一步扩大市场和出售移动 Internet 解决方案之外，Ericsson 还与一些关键领域中的诸如客户/服务器应用软件和操作系统、网络内容提供、接入系统集成及分销方面的行业领先者建立伙伴关系，甚至通过战略性投资进行收购，以加强无线 Internet 解决方案的推广和影响。同时，Ericsson 公司向无线 Internet 开发商提供应用软件开发工具和建筑群，以开发第三方的解决方案。Ericsson 所提供的接入技术及产品包括：专为 ISP 设计的运营商级的 Tigris 多业务接入平台，可以提供高密度、高性能和高容错能力的网络接入功能；迈向第三代移动通信的基石，也就是通用分组无线电业务（GPRS），该业务是新型的分组数据承载业务，数据传输速率高达 115kb/s；第三代移动通信技术，即宽带码分多址（WCDMA），其数据传输速率高达 384kb/s，在局域网内甚至可高达 2Mb/s。

Ericsson 在中国推出的第一部内置 WAP 功能的手机为 R320sc，另外还相继推出了 R380 等型号的 WAP 手机。

资料来源：信息报，1999-07-01.

➡ 问题：

1. 请思考 WAP 协议与移动终端设备的关系。
2. 请思考更多 WAP 协议在无线通信中的应用案例。

第一节 WAP 协议

近几年来，Internet 和移动电话这两项技术的发展给亿万人的生活带来了

深刻影响。Internet 能使人们十分方便而廉价地获得大量信息，为此用户所需设备至少是一台调制解调器和电话线，以及通过它们与互联网服务提供商 ISP 相连的个人计算机。而移动电话打破了用户计算机与 ISP 有线接入的束缚，用户可以不必坐在办公桌旁或家中的固定电话旁上网了。通过移动电话和 WAP 技术，用户可以漫游到其他地方，并且仍能继续与互联网接驳，与家庭、朋友、业务同事和客户相互联系。

一、WAP 协议

WAP（Wireless Application Protocol）为无线应用协议，与超文本传输协议（Hyper Text Transfer Protocol，HTTP）一样，是一项全球性的网络通信协议。规定了 Web 服务器与客户浏览器之间通信的方式、交互的方式和一系列规范。

WAP 使移动互联网有了一个通行的标准，其目标是将互联网的丰富信息及先进的业务引入到移动电话等无线终端之中。WAP 定义可通用的平台，把目前互联网网上 HTML 语言的信息转换成用 WML（Wireless Markup Language）描述的信息，并显示在移动电话的显示屏上。WAP 只要求移动电话和 WAP 代理服务器的支持，而不要求现有的移动通信网络协议做任何的改动，因而可以广泛地应用于 GSM、CDMA、TDMA、3G 等多种网络。

（一）WAP 协议层组成及内容

WAP 拥有自己的协议同时还引用了许多 Internet 协议，比如 IP、UDD、XML 等，并为基于 HTTP 和 TLS 的 Internet 标准协议预留了空间。

WAP 的服务内容主要包括 World Wide Web 信息浏览、E-mail 收发、IRC 网上实时聊天和 Newsgroups 新闻组讨论等。WAP 只要求移动电话和 WAP 代理服务器的支持，而不要求现有的移动通信网络协议作任何的改动，所以 WAP 能同时适用于 CDMA、DETC、GSM、IMT-2000 等多种不同的移动通信系统。WAP 协议堆栈的设计也力求使所需带宽最小化，并对各种网络技术和服务提供广泛支持，包括短消息服务 SMS、USSD、CDPD 等。而且，WAP 建立了一个比较松散的层次结构，每层的开发独立于其他层，这样就比较容易能够引入新的传输协议和服务类型。WAP 协议层的组成如图 3-1 所示。

（1）应用层。即无线应用环境（Wireless Application Environment，WAE），它是基于 WWW 和移动电话技术而建立的一种通用应用环境，其基本目的是构建一个可共同操作的环境，以便允许操作人员和服务供给者创建适用于不同无线平台的应用与服务。

（2）无线会话协议层。无线会话协议层（Wireless Session Protocol，WSP）向两个对话服务提供一致接口的 WAP 应用层。其一是在 WTP 层上操作的连接

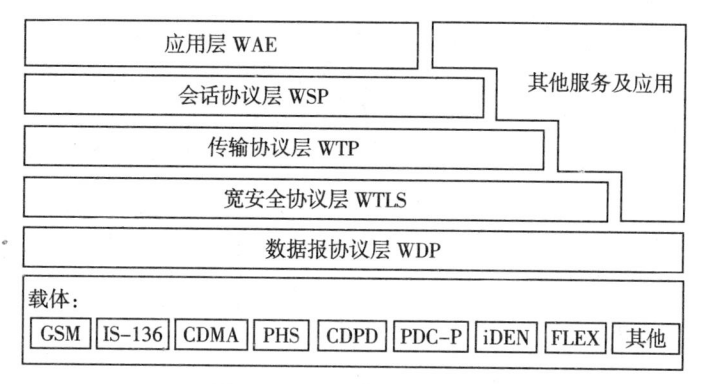

```
┌─────────────────────────────────────────────┐
│           应用层 WAE                         │
├─────────────────────────────────┬───────────┤
│         会话协议层 WSP           │           │
├─────────────────────────────────┤ 其他服务及应用 │
│         传输协议层 WTP           │           │
├─────────────────────────────────┴───────────┤
│         宽安全协议层 WTLS                    │
├─────────────────────────────────────────────┤
│         数据报协议层 WDP                     │
├─────────────────────────────────────────────┤
│载体：                                        │
│ GSM │IS-136│CDMA│PHS│CDPD│PDC-P│iDEN│FLEX│其他│
└─────────────────────────────────────────────┘
```

图 3-1 WAP 协议层的组成

导向服务，其二是在安全或非安全数据包服务上操作的非连接服务 WDP。无线会话层协议当前由与浏览应用相匹配的服务组成，通常简记为 WSP/B。

（3）传输协议层。无线传输协议层（Wireless Transaction Protocol，WTP）在数据包服务的顶端运行，并提供适合在"瘦"客户即移动网络站上执行的普通事务服务，并可对移动终端进行优化。

（4）宽安全协议层。无线传输宽安全协议层（Wireless Transport Layer Security，WTLS）是基于工业标准传输层安全协议的协议，它在安全传输协议 SSL（Security Socket Layer）安全套接字的基础上针对 WAP 传输所用的低带宽通信信道进行了优化。

（5）数据报协议层。无线数据报协议层（Wireless Datagram Protocol，WDP）用于传输数据，发送和接收消息。它可以向 WAP 的上层协议提供服务支持，并保持通信的透明性，同时能够独立运行下部无线网络。在保持传输接口和基本特性一致的情况下，WDP 采用中间网关，可以实现全局工作的互用性，从而实现无线数据的顺利传输。

（二）WAP 系统架构

WAP 标准下的移动终端均配备了一个微浏览器，该浏览器采用了一种类似于卡片组的工作方式。用户可以通过卡片组来浏览移动网络运营商提供的各项 Web 业务。工作时，移动终端用户首先选择一项业务，该业务会将卡片组下载到移动终端，然后用户就可以在卡片之间往返浏览，并可进行选排或输入信息，以及执行所选择的工作等。而且，浏览到的信息可以高速缓存，以便以后使用，卡片组也可以高速缓存并可做成书签，以备快速检索之用。该浏览器同时还对电子名片、日历事件、在线地址簿和其他类型内容的格式提供了相应支持。

WAP网络架构由三部分组成，即WAP网关、WAP手机和WAP内容服务器。其中，WAP网关起着"翻译"协议的作用，是联系GSM网与Internet的桥梁；WAP内容服务器可以存储大量信息，以供WAP手机用户来访问、浏览和查询等；WAP手机为用户提供了上网用的微浏览器及信息、命令的输入方式等。图3-2就是WAP模型的基本网络架构。当用户通过WAP手机输入想要访问的WAP内容服务器的URL后，信号经过无线网络，以WAP协议方式发送请求至WAP网关，然后经过"翻译"处理，再以HTTP协议方式与WAP内容服务器交互，最后WAP网关将服务器返回的内容压缩、处理成二进制流，并返回到客户的WAP手机屏幕上。

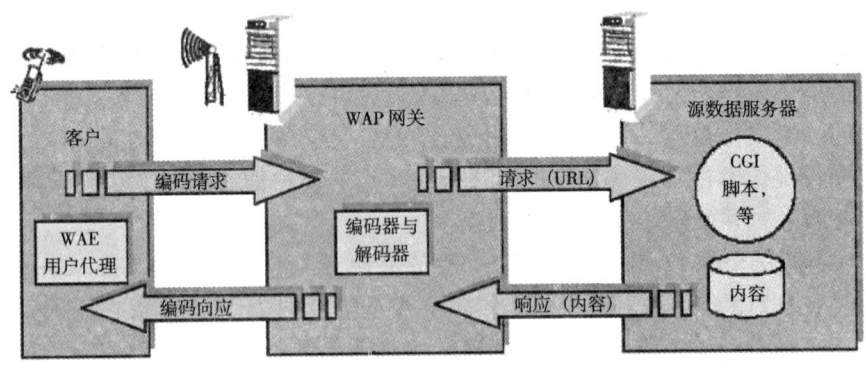

图3-2 WAP模型

与WWW模型一样，WAP也定义了一组旨在促进移动终端与WAP内容服务器之间通信的必要配置，主要包括以下几个方面。

（1）标准命名模型。WAP与WWW一样，其服务器和内容都是通过Internet标准的信息指定方法进行命名的。

（2）内容输入。主要指URL的输入，WAP建立了与WWW一致的内容形式和类型，允许WAP用户代理在此基础上进行正确的处理。

（3）标准内容格式。WAP基于WWW技术，所用微浏览器也支持一组标准的内容格式，包括WML及其脚本语言、图像、日历信息、电子名片甚至涨价幅度等的格式。

（4）标准协议。WAP网络协议允许手机中的微浏览器通过WAP网关连接到WAP内容服务器上，满足了移动终端与网络服务器之间传输信息的要求。

二、无线标记语言脚本符号

WML就是无线标记语言（Wireless Markup Language），内置于移动设备中的微型浏览器能够解释这种标记语言。虽然它和 HTML 语言很相像，但 WML 其实是 XML 的一个应用子集。如果准备从 HTML 到 WML，但是没有任何的 XML 知识，将会发现 WML "非常"严格。就像 HTML、WML 被读取并且通过 WAP 设备中的浏览器解释，然后显示在屏幕上。对于 WAP 设备，浏览器或者用户代理，通常叫做微型浏览器。微型浏览器的功能是受 WAP 设备的限制的。

使用 WML 而不使用 HTML 原因是由于 WAP 的工作方式以及 WAP 是为一个"窄小"的无线世界工作的。在 Netscape、Opera 或者 IE 上显示 HTML 需要更强的计算能力。某种意义上计算能力是移动设备中的电能。由于移动设备中的电能是有限的，所以 WML 在发送给 WAP 设备之前，通常要经过转换和压缩。所以 WAP 使用的是 WML。

（一）WML 的编辑、测试方法

无线标记语言（Wireless Markup Language，WML）是一种基于扩展标记语言（Extension Markup Language，XML）的语言，是 XML 的子集。它可以显示各种文字、图像等数据，是专为无线设备用户提供交互界面而设计的。这些无线设备包括移动电话和个人数字助理（Personal Digital Assistants，PDA）等。

1. 使用文本编辑器编写 WML 程序

使用 WML 语言编写 WAP 网页或应用时，需要使用一个编辑器进行编辑。与 HTML 编程一样，WML 编写的程序也是纯文本文件，可以使用任一文本编辑器进行编写，如 Windows 系统中的"记事本"（NotePad）等，也可以使用 WAP 开发工具包的编辑器进行编写。

如果要使用"记事本"来编写 WML 程序，则可在 Windows 各版本系统中，单击"开始"按钮，然后从出现的菜单中，依次将光标指向"程序"、"附件"、"记事本"，启动"记事本"程序。屏幕上随后就会出现它的编辑窗口，从中就可以输入并编写 WML 程序了。

作为举例，可以输入如下简单的程序：

```
<?xml version=" 1.0" ?>
<! DOCTYPE wml PUBLIC " -//WAPFORUM//DTD WML 1.1//EN" " http://www.wapforum.org/DTD/
wml_1.1.xml" >
<wml>
 <card id=" card1"  title=" Title" >
  <p>
   <! -- Write your card implementation here. -->
   Hello World!!!
```

</p>
　　</card>
　　</wml>
　　输完后将它保存为 hello.wml 文件。保存时注意文件的扩展名应为.wml 而不是.txt。

　　2. 使用微浏览器测试 WML 程序

　　输入完上述 hello.wml 程序后，可以使用 WAP 手机查看运行效果，但这需要 WAP 服务供应商的支持。最方便的工具则是微浏览器，比如 WinWap 等。这里就以 WinWap 浏览器为例，说明测试 WML 程序、观察 WML 网页运行效果的操作方法。

　　WAP 服务器是在 IIS 系统下的 WWW 服务器中建立的。通过在 WWW 服务器中建立一个名为"wap"的虚拟目录，就实现了 WAP 服务器。

　　为了测试 hello.wml 程序的效果，首先需要将该程序复制到 WAP 服务器中，即 WWW 服务器的 wap 目录中。这一过程，通常称为 WAP 网页的发布。然后，在确保 WWW 服务已经启动的情况下，启动 WinWap 微浏览器，并在地址栏里输入 http：//127.0.0.1/wap/hello.wml，并按下回车键，即可在 WinWap 的浏览窗口中查看 hello.wml 页面的运行效果。如图 3-3 所示，hello.wml 程序在窗口中显示一个名为"Title"的标题及一句"Hello World!!!"的文字。这个效果其实也是使用 WAP 手机访问该网页时得到的效果。需要说明的是，"http：//127.0.0.1/wap/hello.wml"中的"127.0.0.1"是指 WWW 服务器所在计算机的默认 IP 地址，也可以使用该计算机的识别名来代替它。比如，若该计算机名为"caojianwap"，则输入"http：//caojianwap/wap/hello.wml"也可访问上述 WAP 网页。

图 3-3 WinWap 微浏览器浏览 hello.wml 页面

3. 使用 WAP 开发工具包编辑和测试 WML 程序

以 Nokia WAP Toolkit 为例，说明使用 WAP 开发工具包编辑和测试 WML 程序的操作方法。首先，启动 Nokia WAP Toolkit，然后在其编辑窗口中输入上述 hello.wml 程序。如果输入过程中出现错误或需要进一步修改程序，可在该编辑窗口中直接操作。然后，单击该编辑窗口下方的"编译"(Compile) 按钮，即可保存并编译当前窗口中的 WML 程序。随后再单击旁边的"显示"(Show) 按钮，即可运行窗口中的程序，并把运行结果显示在 Nokia 的 WAP 手机模拟器窗口中。这一结果与使用实际的 Nokia 手机访问 hello.wml 网页时得到的结果完全一致。

显然，使用 WAP 开发工具包编辑和测试 WML 程序，要比使用文本编辑器编辑，再用 WinWap 测试 WML 程序的操作简便得多，快捷得多。

需要强调指出的是，WAP 开发工具包通常还提供了许多辅助开发工具或编辑、调试功能。以 Nokia WAP Toolkit 为例来说，它在提供程序编辑窗口的同时，还提供了"消息"(Messages)、"变量"(Variables)、"历史"(History)、"书签"(Bookmarks) 等选项卡，通过这些选项卡，可以查看 WML 程序编译或调试过程中出现的有关信息，或查看、编辑程序中的变量、书签，以及查看历史操作等。而且还提供了菜单命令，通过这些菜单命令可以对开发工具系统进行有关配置。

（二）WML 程序结构

WML 程序在结构形式上与 HTML 程序有很多相似之处。下面就来分析一下 WML 程序的结构及组成。

1. WML 的元素和标签

与 HTML 类似，WML 的主要语法也是元素和标签。元素是符合 DTD（文档类型定义）的文档组成部分，如 Title（文档标题）、Img（图像）、Table（表格）等，元素名不区分大小写。WML 使用标签来规定元素的属性和它在文档中的位置。标签使用小于号（<）和大于号（>）括起来，即采用"<标签名>"的形式。标签分单独出现的标签和成对出现的标签两种。大多数标签是成对出现的，由首标签和尾标签组成。首标签和尾标签又分别称为起始标签和终止标签。首标签的格式为"<元素名>"，尾标签的格式为"</元素名>"。成对标签用于规定元素所含的范围，比如和标签用于界定黑体字的范围，也就是说，和之间包住的部分采用黑体字显示。单独标签的格式为"<元素名/>"，它的作用是在相应的位置插入元素。如
标签表示在该标签所在位置插入一个换行符。

2. WML 程序结构实例分析

程序实例如下:

```
<?xml version=" 1.0" ?>
<! DOCTYPE wml PUBLIC " -//WAPFORUM//DTD WML 1.1//EN" " http://www.wapforum.org/DTD/wml_1.1.xml" >
<wml>
 <card id=" card1" ontimer=" #card2" title=" Toolkit Demo" >
  <timer value=" 50" />
  <p align=" center" >
   <br/> <br/> <br/>
   <big>
   <! -- Write your card implementation here. -->
    Welcome to ...
   </big>
  </p>
 </card>

 <card id=" card2" ontimer=" #card3" title=" Toolkit Demo" >
  <timer value=" 50" />
  <p align=" center" >
   <br/> <br/>
   <b>
    The Nokia<br/>
   </b>
   <u>
    Wireless Application Protocol
   </u>
   ...
  </p>
 </card>
 <card id=" card3" title=" Toolkit Demo" >
  <p align=" center" >
   <br/> <br/> <br/>
```

```
    <big>
     <i>
      Toolkit!
     </i>
    </big>
   </p>
  </card>
 </wml>
```
该程序运行后将在 WAP 手机屏幕上依次显示 3 屏信息。先显示 "Welcome to ..."，然后显示 "The Nokia Wireless Application Protocol..."，最后显示 "Toolkit!"。显示时每屏都有标题 "Toolkit Demo"，相邻两屏之间延时为 50，其单位大小为 1/10 秒，延时 50 即 5 秒。

3. WML 程序的基本结构

通过分析 WML 的程序结构及组成，可以得到 WML 程序的基本结构：

```
<?xml version=" 1.0" ?>
<! DOCTYPE wml PUBLIC " –//WAPFORUM//DTD WML 1.1//EN" " http://www.wapforum.org/DTD/wml_1.1.xml" >
<wml>
 <head>
  <access/>
  <meta.../>
 </head>
 <card>
    Some contents...
 </card>
<wml>
```

该基本结构可以分为以下几个关键部分：

（1）声明。WML 程序由许多 Deck 组成，对于每一个 Deck，在其文档开头必须进行 XML 的声明和文档类型 DOCTYPE 的声明。

XML 声明总是在文件的第一行，注意前面最好不要有空格或者换行：

`<?xml version=" 1.0" ?>` 紧跟着是 DOCTYPE 声明，注意声明时字母的大小写不要搞乱：

`<! DOCTYPE wml PUBLIC " –//WAPFORUM//DTD WML 1.1//EN" " http:`

//www.wapforum. org/DTD/wml_1.1.xml" >

（2）<wml>标签。该标签用于包含和定义 WML 的一个 Deck。它由一个可选的 xml：lang 属性来制定文档的语言，比如<wml xml：lang=" zh" >表示文档语言为中文。

（3）<head>标签。该标签用于包含和定义 Deck 的相关信息。<head>标签之间可以包含一个<access>标签和多个<meta>标签。

（4）<access/>标签。它的一般形式是<access domain=" 域" path=" /路径" />，主要用于指定当前 Deck 的访问控制信息，有两个可选的属性。其中，domain 用来指定域，默认值为当前域，path 用来指定路径，默认值为 "/"，即根目录。由于<access>单独使用，所以要用 "/" 结尾。

（5）<meta.../>标签。它的一般形式是<meta 属性 content=" 值" scheme=" 格式" forua=" truelfalse" />，用于提供当前 Deck 的 meta 信息，包括内存数据处理方式，以及数据传输方式和处理方式等。

（6）<card>标签。一个 Deck 可以包含多个 Card，每个 Card 的内容可能不止一屏显示。对于每一个 Card，WML 均使用<card>和</card>进行包含和定义。<card>同时可以包含多个可选的属性，如 <card id=" name" title=" label" newcontext=" false" ordered=" true" onenterforward=" url" onenterbackward=" url" ontimer=" url" >。

（三）WML 语言的基本知识

WML 语言的基本知识，主要包括 WML 的字符集、变量、数据类型及 WML 程序的基本组成部分等。

1. WML 的字符集及编码

WML 使用 XML 的字符集，即通用字符集 ISO/IEC-10646，也即统一字符编码标准 Unicode 2.0。同时，WML 还支持其他系列的字符集子集，例如 UTF-8、ISO-8859-1 或 UCS-2 等。

UTF-8 是指通用字符集 UCS（Universal Character Set）的转换格式 8（Transformation Format 8），主要用作传输国际字符集的转换编码。UTF-8 采用了 UCS 字符的 8 位编码，提供了十分安全的编码格式，可以有效避免数据传输过程中的窃听、截取及非法解密。同时，UTF-8 与 7 位 ASCII 码完全兼容，不会影响此类编码实现的程序；它的编码规则十分严格，能够有效避免同步传输错误，而且还为支持其他字符集提供了足够的空间。ISO-8859-1 字符集是国际标准化组织 ISO（International Standardization Organization）制定的 ASCII 字符集的扩展集，能够表示所有西欧语言的字符。与 ISO Latin-1 一样，ISO-8859-1 与 Windows 环境中普遍使用的美国国家标准学会 ANSI（American National Standards Institute）的字符集极为类似，绝大多数情况下无须区分。在不特别指明的情况下，HTTP 协议均使用 ISO Latin-1 字符集。因此，为了在 WML 页面中表示非 ASCII（non-ASCII）字符，开发人员需要使用相应的 ISO Latin-1 编码的字符。UCS-2 是 ISO 10646 标准中定义的通用多 8 位编码字符集（Universal Multiple-Octet Coded Character Set）的 2 字节（即 16 位）编码标准，其字符编码值与 Unicode 字符的标准编码值相等。

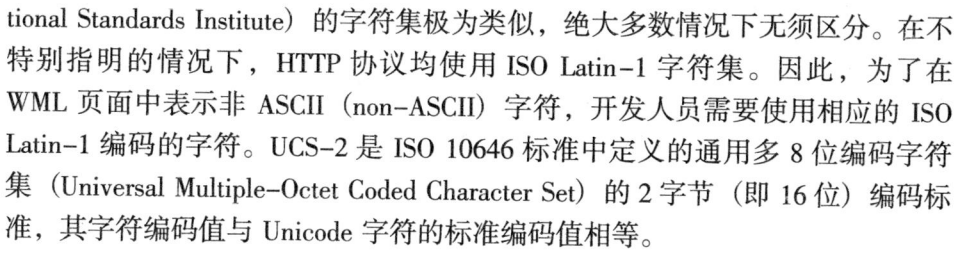

WML 文档可以采用 HTML 4.0 规范所定义的任何字符编码标准进行编码处理。一般说来，WML 文档的字符编码时需要转换为另外的编码格式，以与 WAP 用户的手机浏览器所用字符标准相适应；否则，手机浏览器就无法显示 WML 页面中的字符。然而，编码转换时可能会丢失一些字符信息，所以，如果在用户端进行 WML 文档的编码转换，那么就可能导致某些结果信息丢失而不能被用户所浏览。因此，如有必要，应当尽量在 WML 页面传送到用户浏览器之前完成编码转换。

为了解决这一问题，一方面，需要为 Web 服务器补充定义 WML 的数据类型，以让服务器可以准确传输这些数据；另一方面，需要制定编码转换的原则。

2. WML 字符使用基本规则

WML 是一种比较严格的语言，字符使用必须遵守相应的规则，这些基本规则主要包括以下几个方面：

（1）大小写敏感。在 WML 中，无论是标签元素还是属性内容都是大小写敏感的，这一点继承了 XML 的严格特性，任何大小写错误都可能导致访问错误。一般来说，WML 的所有标签、属性、规定和枚举及它们的可接收值必须小写，Card 的名字和变量可大写或小写，但它是区分大小写的。包括参数的名字和参数的数值都是大小写敏感的，例如 variable1、Variable1 和 vaRiable1 都是不同的参数。

（2）空格。对于连续的空字符，程序运行时只显示一个空格。属性名、等号（=）和值之间不能有空格。

（3）标签。标签内属性的值必须使用双引号（"）或单引号（'）括起来。对于不成对出现的标签，必须在大于号（>）前加上顺斜杠（/），比如换行标签
必须写成
才正确。

（4）不显示的内容。在 WML 中，不显示的字符主要包括换行符、回车符、空格和水平制表符，它们的 8 位十六进制内码分别是 10、13、32 及 9。程序执行时，WML 将忽略所有的多于一个以上的不显示字符，即 WML 会把一个或多个连续的换行符、回车符、水平制表符及空格转换成一个空格。

(5) 保留字符。这是 WML 的一些特殊字符，如小于号（<）、大于号（>）、单引号（'）、双引号（"）与和号（&）。如果需要在文本中显示这些字符，则在程序中必须按照表3-1给出的方式进行指定。这种指定方式在 WML 中称为字符的实体（Entity），比如"&"就是"&"的实体，"<"就是小于号（<）的实体，等等。

表 3-1 保留字符的指定方式

字符	指定方式
<	< 或 &#60
>	> 或 &#62
'	' 或 &#39
"	" 或 &#34
&	& 或 & 或 #38
$	$$ 或 &#60
连续空格（Non breaking space）	或
自动连字符（Soft hyphen）	­ 或 &#173

注意：指定方式中的分号以及普通字符标签中的分号，都是其组成部分，不能省略。如果省略了，则可能会造成 WML 编译器错误。例如，在下面的例程中，就通过"&#60"指定了小于号（<）。当然，它也可以使用"<"来指定：

<?xml version=" 1.0" ?>
<! DOCTYPE wml PUBLIC " –//WAPFORUM//DTD WML 1.1//EN"
" http：//www.wapforum.org/DTD/wml_1.1.xml" >
<wml>
 <card id=" Card_1" >
  <p>
   Numerically 5< 10
  </p>
 </card>
</wml>

运行该程序，它会在 WAP 手机浏览器上显示结果如图 3-4 所示。

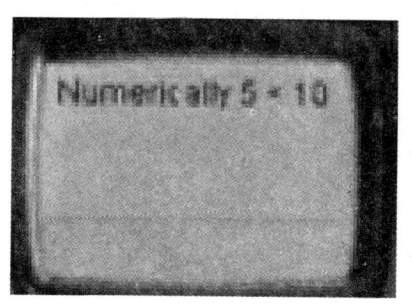

图 3-4 运行结果

（6）显示汉字。如果希望 WML 程序执行时能够显示汉字，则只需在程序开头使用 "encoding" 指定汉字字符集即可。例如：<?xml version=" 1.0" encoding=" gb2312" ?>。

注意，指定汉字字符集的形式和方法可能因开发工具或 WAP 手机的不同而不同，上述方法已在 Motorola L2000www 上测试通过。

3. 变量

WML 编程中可以使用变量，变量使用前必须进行定义。变量一旦在 Deck 中的某一个 Card 上定义过，其他 Card 则可以不必重新定义就能直接调用该变量。

定义变量的语法格式为：

$identifier

$（identifier）

$（identifier：conversion）

其中，identifier 指变量名，或说变量标识符；conversion 指变量的替代。

变量名是由 US-ASCII 码、下划线和数字组成的，并且只能以 US-ASCII 码开头。变量名严格区分大小写，也即变量名是大小写敏感的。定义变量的语法在 WML 中享有最高的解释优先级。

有关变量的使用说明如下：

（1）在 WML 中，变量可以在字符串中使用，并且在运行中可以更新变量的值。

（2）当变量等同于空字符串时，变量将处于未设置状态，也就是空（Null）状态。

（3）当变量不等同于空字符串时，变量将处于设置状态，也就是非空（Not Null）状态。

（4）在 "$identifier" 形式下，WML 通常以变量名后面的一个空格表示该变量名的结束。

如果在某些情况下空格无法表示一个变量名的结束，或者变量名中包含有空格，则必须使用括号将变量名括起来，即采用"$（identifier）"的形式。WML 程序中的变量是可以替代的，可以把变量的数值赋给 Card 中的某一文本。

有关变量替代说明如下：

（1）在 WML 程序中，只有文本部分才可以实现替代。

（2）替代一般在运行期发生，而且替代不会影响变量现在的值。

（3）任何标签和属性都不能使用变量来替代。

（4）替代是按照字符串替代的方式实现的。

（5）如果一个没有定义的变量要实现替代，那么该变量将被看做空字符串对待。

由于变量在语法中有最高的优先级，包含变量声明字符的字符串将被当做变量对待，所以如果要使程序显示"$"符号，则需要连续使用两个"$"进行说明。例如：<p> Your account has $$15.00 in it</p>一句的显示结果为：Your account has $15.00 in it。

4. WML 核心数据类型

WML 的核心数据类型均属于字符型数据，是根据 XML 的数据类型定义的，共有下述四种类型：

（1）CDATA 型。这种数据类型是 WML 用得最多的一种，可以是数字、字符串或包含数字的字符串。不过定义时，不论是数字或字符串，都必须以文本的形式定义，即数据用引号引起来。CDATA 型的数据仅用于属性值。例如" $ (value)" 或 name=" value" 等。注意，这里的 value 指 CDATA 型的数据值。

（2）PCDATA 型。这是从 CDATA 中分解出来的一类数据，除了可以是文本形式的数字、字符串或两者的混合串外，还可以是 WML 的标签。PCDATA 型的数据只能用于 WML 的元素表示。例如，Text written <big> IN CAPS </big>一句中的<big>与</big>标签即属于 PCDATA 型的数据。

（3）NMTOKEN 型。这是一类特殊的数据，凡是包含或部分包含数字、字母及标点符号的数据均属于 NMTOKEN 型数据。这种数据可以用标点符号开头，但不用于定义变量名或元素名。例如，下述四个数据均属于 NMTOKEN 型：

" text"

_card1

a.name.token

.a-perfectly-valid.name.token

(4) id 型。专门用于定义 WML 元素名称的数据类型。例如<card id=" card1" />中就使用 id 指定当前卡片的名称为 card1。

在这四种类型中，CDATA 型用起来比较灵活，它可以使变量或数据免于语法检查。这是因为，CDATA 内的数据内容都会被当做文本来处理，从而可以避开 WML 的语法检查，直接作为文本显示出来。具体用法是，以" <！［CDATA［" 开头，"]] >" 结尾，中间包含的数据均按 CDATA 型处理。例如：

＜！［CDATA［this is <b> a test］］＞

其显示结果为：this is <b> a test。

5. WML 数据值性质

除了 NMTOKEN 型数据外，WML 其他三种类型的数据都必须以文本形式即加上引号进行定义。事实上，WML 数据值在性质上可以是长度（Length）、宏变量（Vdata）、流（Flow）、内行（Inline）、布局（Layout）、文本（Text）、超链（Href）、布尔值（Boolean）、数值（Number）或增强方式（Emphasis），下面就介绍一下它们的规则及使用方法。

(1) 长度（Length）。WML 编程中使用的长度主要用于表示屏幕像素的多少或所占屏幕水平、垂直空间的百分比。比如，"50" 意为 50 个像素，"50%" 意为屏幕水平或垂直空间长度的 50%。长度属于 CDATA 型数据，常用 "%length" 表示。

例如，下例中的 hspace 与 vspace 都属于%length 性质的数据：

<img src=" bitmaps/moon.wbmp" hspace=" 1" vspace=" 1" />

<img src=" bitmaps/moon.wbmp" hspace=" 2%" vspace=" 2%" />

(2) 宏变量（Vdata）。主要用于表示包含变量名的字符串，仅用于属性值。它属于 CDATA 型数据，常用 "%vdata" 表示。例如，<card id=" card1" title=" $ (showme)" >一句中的 "$ (showme)" 就属于%vdata 型性质的数据。

(3) 文本（Text）。用于表示包含一定格式的文本实体，属于 PCDATA 型数据，常用 "%text" 表示。例如，下例中包含有运行时显示为普通格式的文本，以及加黑显示的文本：

A line with plain text.

<em>

<strong>

A line with strong emphasis.

</strong>

</em>

(4) 流 (Flow)、内行 (Inline) 和布局 (Layout)。流 (Flow) 用于表示"卡片级"(card-level) 的信息，内行 (Inline) 用于表示"文本级"(text-level) 的信息，布局 (Layout) 用于表示与文本布局有关的信息，如换行符等。一般来说，内行型 (%inline) 的可能是文本型 (%text)，也可能是布局型 (%layout) 的，通常是程序中的纯文本或处理的变量；而流型 (%flow) 的则可能包括内行型 (%inline)、图像 (img)、锚 (anchor) 及表格 (table) 等卡片级的所有元素。比如，下面的例程中就有换行符、文本等性质的内容，也即数据。

<em>

An emphasized line.

<big>

A big and emphasized line.

</big>

</em>

A line with no text formatting.

(5) 超链 (Href)。主要用于表示相对的或绝对的统一资源定位符 URI (Uniform Resource Identifier)，以及 URL 地址、文件名、文件路径等。超链 (Href) 属于宏变量，即%vdata 型性质的数据，常用"%href"表示。例如，下述例程中的超链接、文件路径及文件名、卡片名、图像的 SRC 属性文件名等均属于%href 型性质的数据：

<go href=" http：//wapforum.org/" />

<go href=" file：///d：\dir\file.wml" />

<go href=" app.wml" />

<card onenterforward=" #card2" />

<img src=" earth.wbmp" />

(6) 布尔值 (Boolean)。用于表示"真"(true) 或"假"(false) 的逻辑值，常用"%boolean" 表示。下列程序中就使用了%boolean 型性质的数据：

<card newcontext=" true" />

<do optional=" true" type=" accept" />

(7) 数值 (Number)。用于表示大于或等于零的整数，常用"%number"表示，属于 NMTOKEN 型的数据。例如，下例中的整数均属于%number 型性质的数据：

<select tabindex=" 2" />

<input name=" setvar" size=" 4" maxlength=" 20" tabindex=" 3" />

(8)增强方式(Emphasis)。这类性质的数据包含了 WML 编程中用于定义文本格式的各种标签,如<em>、<strong>、<b>、<i>、<u>、<big>、<small>等,常用"%emph"表示。这些标签可以定义文本以黑体、斜体、下划线等格式显示。下例中就包含了几个%emph 型性质的数据:

<em>

An emphasized line.

<big>

A big and emphasized line.

</big>

</em>

6. 卡片与卡片组

WML 文档的信息是通过卡片(Card)集和卡片组(Deck)集的形式进行组织的。一个 Deck 是一个或多个 Card 的集合。当客户终端发出请求之后,WML 即从网络上把 Deck 发送到客户的浏览器,Deck 是服务器发送信息的最小单位。用户浏览器收到 Deck 后,可以浏览其中包含的所有 Card。Card 用于表示或描述一个或多个用户交互单位,例如,Card 可以是一个选择菜单、一屏文本或一个文本选项。逻辑上来讲,用户通过浏览器浏览时,浏览到的就是一个一个的 Card,无论是选择项目、跳转内容或阅读文本,面对的都是 Card。图 3-5 给出了卡片组(Deck)和卡片(Card)的相互关系示意图。

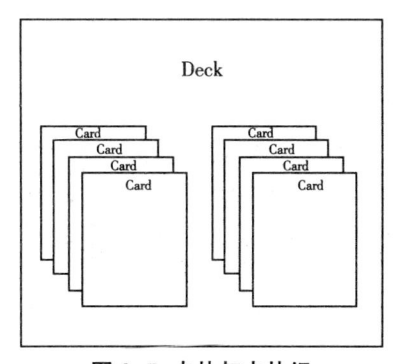

图 3-5 卡片与卡片组

7. 卡片组模板

同一卡片组通常会含有许多卡片,这些卡片的定义、属性或格式等通常大同小异。如果逐一定义各个卡片,显然是十分麻烦的。为此,WML 提供了卡片组模板的功能,模板内定义了一系列标准和参数,可以应用到同一卡片组的所有卡片中去，从而能够大大地提高编程的效率。

8. WML 与 URL、程序段锚点

WWW（World Wide Web）是各种信息和设备的网络，为保证全球范围内的交互，人们制定了三种规范：①统一资源定位器 URL（Uniform Resource Locators），提供所有网络资源的标准命名方式和定位方式；②标准协议，如 HTTP 协议等，提供 WWW 资源的传输方式；③标准内容类型，如 HTML、WML，提供 WWW 资源的内容形式及标准。WML 沿用了这些规范，并扩大了 URL 使用的范围。在 WML 中，不仅超链接、文件路径及文件名可以作为 URL 处理，卡片名、宏变量名及各种内部资源名等也可作为 URL 处理。为此，WML 改进了 HTML 命名资源位置的方式，采用程序段锚点（Fragment Anchor）的形式来处理 WML 程序中某段程序的定位。程序段锚点根据文档 URL 规则进行定义，并按照程序段标识符前加井字号（#）的方式书写。使用程序段锚点，WML 程序可以在同一卡片组中定位不同的卡片。如果在程序中不指定程序段，那么程序中引用的 URL 名称则指整个卡片组，而且卡片组的名称同时也是本卡片组内的第一个卡片的名称。

例如，<go href=" #Next_Card" />一句中的 go 元素就包含了一个 URL 地址，该地址指定了同一卡片组中的另一个卡片。该 URL 地址就包含了程序段标识符（#），" #Next_Card" 就是一个程序段锚点。

WML 还改进了相对 URL 地址的用法。通过类似于相对路径的定位方式，实现相对 URL 地址的处理。其格式为"/目录名/子目录名/…/文件名"，例如 "/options/foo.wml" 就是一个相对 URL 地址。

9. 浏览器操作历史

为了在浏览器端管理 WML 程序的执行，WML 使用 "浏览器前后关系（Browser Context）" 的功能来保存 WML 程序执行的状态及各种参数、变量等，这样可以记录浏览器端用户的操作情况。同时，WML 还提供了一个简单的导航历史模型，以 URL 地址的形式记录了用户浏览时的各种操作，并把这些 URL 地址放入历史堆栈。通过该堆栈，用户即可实现历史浏览的回溯及其他操作。目前，WML 在用户浏览器端提供了三种针对历史堆栈的操作：重置、推进和取出。

第二节 IPv4 和 IPv6

一、什么是 IPv4

IPv4 是互联网协议（Internet Protocol，IP）的第四版，也是第一个被广泛使用，构成现今互联网技术的基石的协议。其地址为 32 位编码，可提供的 IP 地址为 40 多亿个，而且由美国掌握绝对控制权，目前已经分配完了 70%，全球将面临严重的 IP 地址枯竭的危机。

IPv4 的不足主要体现在以下几个方面：

1. 地址空间的不足

IP 地址为 32 位长，经常以 4 个两位十六进制数字表示，也常常以 4 个 0~255 的数字表示，数字间以小数点间隔。每个 IP 主机地址包括两部分：网络地址，用于指出该主机属于哪一个网络（属于同一个网络的主机使用同样的网络地址）；主机地址，它唯一地定义了网络上的主机。

这种安排一方面是 IP 协议的长处所在，另一方面也导致了地址危机的产生。由于 IPv4 的地址空间可能具有多于 40 亿个的地址，有人可能会认为 Internet 很容易容纳数以亿计的主机，至少几年内仍可以应付连续的倍增。但是，这只适用于 IP 地址以顺序化分布的情况，即第一台主机的地址为 1，第二台主机的地址为 2，依此类推。通过使用分级地址格式，即每台主机首先依据它所连接的网络进行标识，IP 可支持简单的选路协议，主机只需要了解彼此的 IP 地址，就可以将数据从一台主机上转移至另一台主机。这种分级地址把地址分配的工作交给了每个网络的管理者，从而不再需要中央授权机构为 Internet 上的每台主机指派地址。而到网络外的数据依据网络地址进行选路，在数据到达目的主机所连接的路由器之前无须了解主机地址。

通过中央授权机构顺序化地为每台主机指派地址可能会使地址指派更加高效，但是这几乎使所有其他的网络功能不可行。例如，选路将实质上不可行，因为这将要求每个中间路由器去查询中央数据库以确定向何处转发包，而且每个路由器都需要最新的 Internet 拓扑图获知向何处转发包。每一次主机的地址变动都将导致中央数据库的更新，因为需在其中修改或删除该主机的表项。

IP 地址被分为五类，只有三类用于 IP 网络，这三类地址一度被认为足以应付将来的网络互联。A 类地址只有 126 个，用于那些最大的实体，如政府机关，因为它们连接着最多的主机：理论上最多可达1.06亿台主机。B类地址大约16000个，用于大型机构，如大学和大公司，理论上可支持超过65000台主机。C类网络超过200万个，每个网络上的主机数量不超过255个，用于使用IP网络的其他机构。

更小的公司，可能只有几台主机，它们对于C类地址的使用效率很低；而大型机构在寻找B类地址时却发现越来越难；那些幸运地获得A类地址的少数公司很少能够高效地使用它们的1.06亿个主机地址。这导致了在过去几年中一直使用的网络地址指派规程陷入了困境，在试图更有效地分发地址空间的同时，还要注意保存现有的未指派地址。与此同时，一些解决地址危机的办法开始得以广泛使用，其中包括无类域间选路（CIDR）、网络地址翻译和使用非选路网络地址。

2. 对现有路由技术的支持不够

由于历史的原因，今天的IP地址空间的拓扑结构都只有两层或者三层，这在路由选择上来看是非常糟糕的。各级路由器中路由表的数目过度增长，最终的结果是使路由器不堪重负，Internet的路由选择机制因此而崩溃。

当前，Internet发展的瓶颈已经不再是物理线路的速率，ATM技术，百兆/千兆以太网技术的出现使得物理线路的表现有了显著的改善，现在路由器的处理速度成为阻碍Internet发展的主要因素。而IPv4天生设计上的缺陷更大大加重了路由器的负担。

3. 无法提供多样的QoS

随着Internet的成功和发展，商家们已经把更多的注意力投向了Internet，他们意识到这其中蕴含着巨大的商机，今天乃至将来，有很多的业务应用都希望在互联网上进行。在这些业务中包括对时间和带宽要求很高的实时多媒体业务如语音、图像等，包括对安全性要求很高的电子商务业以及发展越来越迅猛的移动IP业务等。这些业务对网络QoS的要求各不相同。但是，IPv4的设计时没有引入QoS这样的概念，在设计上的不足使得它很难相应地提供丰富的、灵活的QoS选项。

虽然人们提出了一系列的技术例如：NAT、CIDR、VLSM、RSVP等来缓解这些问题，但这些方法都只是权宜之计，解决不了因地址不多及地址结构不合理而导致的地址短缺的根本问题。最终IPv6应运而生。

二、什么是IPv6

IPv6是Internet Protocol Version 6的缩写，其中Internet Protocol译为"互联网协议"。IPv6是下一版本的互联网协议，也可以说是下一代的互联网协议，它的提出最初是因为随着互联网的迅速发展，IPv4 定义的有限地址空间将被耗尽，地址空间的不足必将妨碍互联网的进一步发展。为了扩大地址空间，拟通过 IPv6 重新定义地址空间。IPv6 采用 128 位地址长度，几乎可以不受限制地提供地址。按保守方法估算 IPv6 实际可分配的地址，整个地球的每平方米面积上仍可分配 1000 多个地址。在 IPv6 的设计过程中除了一劳永逸地解决了地址短缺问题以外，还考虑了在 IPv4 中解决不好的其他问题，主要有端到端 IP 连接、服务质量（QoS）、安全性、多播、移动性、即插即用等。

（一）IPv6 的优点

（1）巨大的地址空间。IPv6 拥有 2128 位的地址空间，大到你永远也用不完。

（2）灵活的首部地址。IPv6 使用固定的包头，更利于路由器的工作。

（3）层次化的编址。IPv6 采用层次化的编址，能方便路由汇聚，减少路由表的条目。

（4）支持资源预留。IPv6 支持一种机制，允许对网络资源的预分配，它以此取代了 IPv4 的服务类型说明。更具体些，就是这些新的机制支持实时现象等应用，这些应用要求保证一定的带宽和时延。

（5）即插即用和重编址。IPv6 支持无状态的 DHCP 和无缝的重编制机制，更有利于网络的组建与管理。

（二）IPv6 地址表示法

IPv6 地址长度是 128 位，理论上，IPv6 地址一共有 2128 个，IPv6 使用冒号将其分割成 8 个 16 bit 的数组，每个数组表示成 4 位十六进制数。一般有四种文本表示形式：

（1）首选的格式。把 128 bit 划分成 8 段，每段为 16 bit，用十六进制表示，并使用冒号等间距分隔。例如：

F00D：4598：7304：3210：FEDC：BA98：7654：3210

（2）压缩格式。在某些 IPv6 的地址形式中，很可能地址包含了长串的"0"。为书写方便，可以允许"0"压缩，即一连串的 0 可用一对冒号来取代。例如，以下地址：

1080：0：0：0：8：8000：200C：417A

可以表示为：

1080::8：8000：200C：417A。

但要注意，为了避免出现地址表示得不清晰，一对冒号（::）在一个地址中只能出现一次。

(3) 内嵌 IPv4 的 IPv6 地址。当涉及 IPv4 和 IPv6 的混合环境时，有时使用地址表示形式：x：x：x：x：x：d.d.d.d，这里五个"x"分别代表地址中的 16bit，用十六进制表示，四个"d"分别代表地址中的 8 bit，用十进制表示。例如：

0：0：0：0：0：0：218.129.100.10

或者以压缩形式表示：

∷218.129.100.10

(4) "地址/前缀长度"表示法。表示形式是：IPv6 地址/前缀长度：其中"前缀长度"是一个十进制数，表示该地址的前多少位是地址前缀。例如：F00D：4598：7304：3210：FEDC：BA98：7654：3210，其地址前缀是 64 位，就可以表示为：F00D：4598：7304：3210：FEDC：BA98：7654：3210/64。

(三) IPv6 地址分类

IPv6 地址是独立接口的标识符，所有的 IPv6 地址都被分配到接口，而非节点。RFE2373 中定义了三种 IPv6 地址类型：单播地址（Unicast）、多播地址（Multicast）、任播地址（Anycast）。

1. 单播地址（Unicast）

单播地址是点对点通信时使用的地址，此地址仅标识一个接口，网络负责把对单播地址发送的数据报送到该接口上。

单播地址有以下几种形式：全球单播地址（Global Unicast Address）、未指定地址（Unspecified Address）、环回地址（Loopback Address）等。

一般的全球单播地址的格式如表 3-2 所示。

表 3-2 全球单播地址的格式

X 位	Y 位	128-X-Y 位
全球路由前缀	子网 ID	接口 ID

(1) 全球路由前缀（Global Routing Prefix），典型的分层结构，根据 RIP 和 ISP 来组织，用来分配给站点（Site），站点是子网/链路的集合。

(2) 子网 ID（SubnetID），站点内子网的标识符，由站点的管理员分层地构建。

(3) 接口 ID（InterfaceID），用来标识链路上的接口。在同一子网内是唯一的。

除了 000 开头的单播地址以外，所有的全球单播地址都要有 64 位长度的接口 ID，即 X+Y=64。

未指定地址（Unspecified Address）被定义为 0：0：0：0：0：0：0：0。该地址不能分配给任何节点。

环回地址（Loopback Address）被定义为 0：0：0：0：0：0：0：1。环回地址就相当于接口本身。该地址不分配给任何物理接口。

2. 多播地址（Multicast）

多播地址标识一组接口（一般属于不同节点）。当数据报的目的地址是多播地址时，网络尽量将其发送到该组的所有接口上。信源利用多播功能只须生成一次报文即可将其分发给多个接收者。多播地址以 11111111 即 ff 开头。多播地址格式如表 3-3 所示。

表 3-3 多播地址的格式

8 位	4 位	4 位	112 位
11111111	标识字段	范围字段	

（1）标识字段，4 位，目前只使用了最后一位；0 表示 Internet 地址分配机构指定的已知的多播地址，1 表示临时使用的多播地址。该字段的前 3 位保留，必须被初始化为 0。

（2）范围字段，4 位，用于指示多播组是只包含同一本地网络、同一站点、同一机构中的节点，还是全球地址空间内的任何节点。

0：保留

1：接口本地范围（Interfaee——Localscope）

2：链路本地范围（Link——Localscope）

3：保留

4：管理本地范围（Admin——Localscope）

5：站点本地范围（Site——Localscope）

s：机构本地范围（Organization——Localscope）

14：全球范围（Globalscope）

15：保留

3. 任播地址 (Anyeast)

任播地址标识一组接口，它与多播的区别在于发送数据报的方法。向任播地址发送的数据报并未被分发给组内的所有成员，而是发往该地址标识的"最近的"那个接口。

任播地址从单播地址空间中分配，使用单播地址的任何格式。因而，从语法上看,任播地址与单播地址没有区别。当一个单播地址被分配给多于一个的接口时,就将其转化为任播地址。被分配具有任播地址的节点必须得到明确的配置,从而知道它是一个任播地址。

三、IPv4、IPv6 与移动 IP

(一) 基于 IPv4 的移动 IP

基于 IPv4 的移动 IP 定义三种功能实体:移动节点(Mobile Node)、归属代理(Home Agent)和外埠代理(Foreign Agent)。归属代理和外埠代理又统称为移动代理。移动 IP 技术的基本通信流程如下:

(1)远程通信实体通过标准 IP 路由机制,向移动节点发出一个 IP 数据包。

(2)移动节点的归属代理截获该数据包,将该包的目标地址与自己移动绑定表中移动节点的归属地址比较,若与其中任一地址相同,继续下一步,否则丢弃。

(3)归属代理用封装机制将该数据包封装,采用隧道操作发给移动节点的转发地址。

(4)移动节点的拜访地代理收到该包后,去其包封装,采用空中信道发给移动节点。

(5)移动节点收到数据后,用标准 IP 路由机制与远程通信实体建立连接。

在移动 IP 协议中,每个移动节点在"归属链路"上都有一个唯一的"归属地址"。与移动节点通信的节点称为"通信节点",通信节点可以是移动的,也可以是静止的。与移动节点通信时,通信节点总是把数据包发送到移动节点的归属地址,而不考虑移动节点的当前位置情况。

在归属链路上,每个移动节点必须有一个"归属代理",用于维护自己的当前位置信息。这个位置由"转交地址"确定,移动节点的归属地址与当前转交地址的联合称为"移动绑定"(简称"绑定")。每当移动节点得到新的转交地址时,必须生成新的绑定,向归属代理注册,以使归属代理及时了解移动节点的当前位置信息。一个归属代理可同时为多个移动节点提供服务。

当移动节点连接在归属链路上(即链路的网络前缀与移动节点位置地址的网络前缀相等)时,移动节点就和固定节点或路由器一样工作,不必运用任何其他移动 IP 功能。当移动节点连接在外埠链路上时,通常使用"代理发现"协议发现一个"外埠代理",然后将此外埠代理的 IP 地址作为自己的转交地址,并通过注册规程通知归属代理。当有发往移动节点归属地址的数据包时,归属代理便截取该包,并根据注册的转交地址,通过隧道将数据包传送给移动节点;由移动节点发出的数据包则可直接选路到目的节点上,无须隧道技术。

为了支持移动分组数据业务，移动 IP 应解决代理发现、注册和隧道封装三项技术：

（1）代理发现。移动 IP 通过扩展现有的"ICMP 路由器发现"机制来实现代理发现。代理发现机制检测移动节点是否从一个网络移动到另一个网络，并检测它是否返回归属链路。当移动节点移动到一个新的外埠链路时，代理发现机制也能帮助它发现合适的外埠代理。

（2）注册。移动节点发现自己的网络接入点从一条链路切换到另一链路时，就要进行注册。另外，由于注册信息有一定的生存时间，所以移动节点在没有发生移动时也要注册。移动 IP 的注册功能是：移动节点可得到外埠链路上外埠代理的路由服务；可将其转交地址通知归属代理；可使要过期的注册重新生效。另外，移动节点在回到归属链路时，需要进行反注册。

（3）隧道封装。隧道封装技术在移动 IP 中非常重要。移动 IP 使用 IP 封装、最小封装和通用路由封装（GRE）三种隧道技术。

（二）移动 IP 协议的发展：IPv6

随着人们对移动通信业务的需求日益迫切，用户的入网注册、路由选择、安全防护以及对移动用户的支持，已使 IPv4 协议的局限性暴露出来，并成为 IPv6 产生和发展的必要趋势。

移动 IPv6 技术是在 IPv4 的基础上发展起来的。它定义了移动节点、通信节点和归属代理三种操作实体。由于 IPv6 地址空间巨大，而且每台路由器都要求实现路由器搜索，所以不再有外埠代理的概念。四种新的 IPv6 目的地选项包括绑定更新、绑定认可、绑定请求和归属地址。为了实现"动态归属代理地址发现"机制，IPv6 定义了两种 ICMP 消息类型：归属代理地址发现请求消息和归属代理地址发现应答消息。另外，还定义了两种"邻居发现"选项：宣告消息间隔和归属代理信息选项。

在移动 IPv6 技术中，在与外埠链路连接的移动节点上，可同时采用隧道和源路由技术传送数据包。另外，移动 IPv6 的高层功能也包括代理搜索、注册和选路。

移动 IPv6 通过 ICMPv6 路由器搜索，确定它的转交地址。移动节点不仅将转交地址告诉归属代理，而且还告诉各通信伙伴，以使它们发出的数据包可与移动 IPv6 中一样路由，实现路由优化，而不全是三边路由。移动 IPv6 选路报头以及 AH、ESP 等基于 SKIP 和基于 ISAKMP/Oakley 的穿越防火墙方案，不但简化了移动节点的路由选择，还保证了路由优化的安全性。

本章案例

使用文本编辑器编写 WML 程序的简单案例

```
<?xml version=" 1.0" ?>
<! DOCTYPE wml PUBLIC " -//WAPFORUM//DTD WML 1.1//EN"
" http://www.wapforum.org/DTD/wml_1.1.xml" >
<wml>
<card id=" HELLO"  title=" HELLO" >
Hello world!
</card>
</wml>
```

资料来源：计算机报，2010-03-27。

问题讨论：

1. 请分析该段 WML 语言的基本结构。
2. 请自己编写该段程序，展现该段程序显示结果。

本章小结

首先，介绍了 WAP 协议的概念与组成，同时分析了 WAP 协议层的组成及相关内容，分析了 WAP 的工作原理，并在与 Internet 系统架构比较的基础上，讲解了 WAP 系统的网络架构。分析了 WAP 的应用优势与劣势，介绍了 WAP 应用现状，并对 WAP 应用的未来做了简单预测。通过实例讲解了 WML 程序的编辑和测试方法。然后，通过大量 WML 小程序，分析了 WML 程序的结构及一般组成，讲解了 WML 语言的基本知识，包括 WML 的元素、标签、字符集、编码方式、变量、数据类型、卡片、卡片组等。这些内容比较零碎，涉及的基本概念比较多，但这些概念对读者理解 WML 程序的特点及掌握 WML 编程的基本思路是十分重要的。

其次，本章还介绍讲解了 IPv4 与 IPv6 的概念、原理、特点与应用，并简单介绍了基于 IPv4 与 IPv6 的移动 IP 的特点、技术原理与发展趋势等。

最后，通过一些具体的案例来加深、巩固大家对无线通信协议的认识与理解。

本章复习题

1. 简述 WAP 协议结构的内容及其主要作用。
2. WAP 协议为什么使用 WML 而不是 HTML？
3. 与 IPv4 相比，IPv6 的优势有哪些？
4. 试说明 WAP 网页编制语言 WML 的内容。

第四章 计算机网络通信技术与 Internet 技术

学习目的

知识要求 通过本章的学习，掌握：

- 计算机网络的定义、功能及分类
- OSI 参考模型和 TCP/IP 体系结构及各自特点
- Internet 的概念及所提供的服务

技能要求 通过本章的学习，能够：

- 正确划分网络的类型及其适用范围
- 正确描述 OSI 和 TCP/IP 模型中每层在网络中的具体作用
- 熟练使用 Internet 所提供的服务

学习指导

1. 本章内容包括：计算机网络的定义、功能及发展；OSI 参考模型和 TCP/IP 参考模型；Internet 的概念及所提供的服务。

2. 学习方法：阅读材料，掌握重点概念，把握概念之间的内在关系；尽量结合实际情况加深理解；对计算机网络通信技术与 Internet 技术进行深入的学习。

3. 建议学时：4 学时。

移动商务技术

引导案例

铁路网上订票进程历经11年，网上订票为旅客朋友提供了购票的新途径

一、首铁在线试点夭折

2000年，北京铁路分局"认定"的北京首铁在线电子商务有限公司成立，开通"首铁在线"网站，提供火车票查询、预订等多项服务。据媒体2005年报道，"首铁在线"是铁路局提供的网上订票服务网站，注册会员收取一定的手续费才能享受到提前6天预订火车票的服务，会员服务费2~24元不等。

当年"五一"期间，因为网上购票人员过多，"首铁在线"服务器出现故障，许多客户无法网上订票。当年春运高峰时，网站也曾瘫痪过。2008年，"首铁在线"放弃火车票余额查询、网络订票、电话订票功能，只有部分信息查询服务。多名曾在首铁在线订票的网友说，遇到春运等特殊时期，在网上经常订不到，平时紧俏线路也很难订，还不如在窗口买票靠谱。

二、网上代购火车票众多

近年来，网上的"火车票"代购网站已有多个，基本实行"车票票面价+快递费/单+车票代售费5元/张+在线支付费用1%"的收费方式，市场空间不小。但因无官方授权，这些网站如何获得票源尚不得而知。

三、铁道部表态揭面纱

2010年7月28日，铁道部运输局综合部主任李军表示，"不久的将来，就可以在中国实现网络订票。"这是继电话订票在多处试点之后，铁道部首次公开明确表示将发展网络订火车票。

2010年8月，铁道部运输局综合部主任李军说，铁路网络订票项目进入了实质性推进阶段，技术方案基本确定，相关准备工作进展顺利。网上订票系统已进入调试阶段，相关商务合作也在推进中，争取早日开通。铁道部运输局副局长苏顺虎说，目前，铁道部正跟5家银行研究支付平台问题。网络订票不仅仅针对高铁，所有的铁路客票都可以在网络上销售。在技术上，铁路部门会制定功能更加齐全的方案。但在具体实施中，可能会在某条线路或某条高铁进行试点，然后逐步推开。铁路系统也会出电子票，像民航机票一样，从计算机打印出来就可以直接去坐车。

现在已经可以通过中国铁路客户服务中心（www.12306.cn）进行网络购票，记录下了中国铁路发展史上的浓重一笔。

资料来源：信息报，2010-08-06。

> **问题：**
> 1. 简单举例日常生活中对 Internet 的使用。
> 2. 通过以上案例，分析 Internet 对当今社会的影响。

第一节 计算机网络基础

一、计算机网络的发展和定义

从计算机技术与通信技术的结合发展至今，成为深入人们工作生活的 Internet，主要经历了以下几个阶段。

（一）早期的计算机网络

1951年，美国麻省理工学院林肯实验室就开始为美国空军设计称为 SAGE 的半自动地面防空系统，这个系统最终于 1963 年建成。这是人类为计算机与通信技术的结合迈出的第一步。最早应用于民用的计算机通信技术是美国航空公司与 IBM 公司在 20 世纪 50 年代初联合研究的，在 60 年代初投入使用的飞机订票系统 SABRE-I，其地理范围从美国本土延伸到欧洲、澳洲和亚洲的日本。在 1968 年投入运行的美国通用电气公司的信息服务系统，从美国本土延伸至欧洲、大洋洲和日本，是当时世界上最大的商用数据处理网络，它具有交互式处理和批处理能力，并巧妙地利用不同地域的时差达到资源的充分利用。

在这一类早期的计算机通信网络中，已经使用了一些诸如多点通信线路、终端集中器以及前端处理机等现代通信技术和理念来提高通信线路的利用率、减轻主机负担。这些技术的使用对计算机网络的发展有着深远影响。

（二）现代计算机网络的发展

在 20 世纪 60 年代中期，大型主机资源远程共享的需求日趋明显。以程控交换为特征的电信技术对这种需求提供了很好的实现手段。1969 年美国国防部高级研究计划局（DARPA）建立了 ARPAnet 实验网。ARPAnet 最初只有 4 个节点，以电话线路作为主干通信网络，两年后，建成了 15 个节点并进入了工作阶段。随后，ARPAnet 的规模不断扩大。到了 20 世纪 70 年代后期，ARPAnet 的网络节点超过 60 个，主机 100 多台，地理范围跨越了美洲大陆，联通了美国东部和西部的许多大学和研究机构，而且通过通信卫星与夏威夷和欧洲地区的计算机网络通信连接。

ARPAnet被认为是具有现代意义的计算机网络的开端。ARPAnet具备了现代计算机网络的一些基本特征：资源共享；分散控制；分组交换；采用专门的通信控制处理机；使用分层的网络协议。

（三）计算机网络标准化阶段

计算机网络经过20世纪六七十年代的前期发展，组网的技术、方法和理论逐渐走向成熟，这促使了网络产品的发展，各大计算机公司纷纷制定自己的网络技术标准。

1974年，IBM公司率先推出了自己的系统网络体系结构（System Network Architecture，SNA），为用户提供了完整网络通信产品；1975年，DEC公司公布了数字网络体系结构（Digital Network Architecture，DNA）；1976年，UNIVAC公布了分布体系结构（Distributed Communication Architecture）。这些网络技术标准只对各自公司自己的产品有效，遵从某一种标准的、能够互联的网络通信产品，只能与遵从同一标准的网络通信产品连接。这意味着网络通信产品的用户一旦选用了一家公司的产品，它们就必须一直使用这家公司的产品，因为用户无法把另外一家公司的网络通信产品与已经使用的网络通信产品相连接，它们无法工作。这种网络技术标准各自为政的状况给用户带来了极大的不便，也不利于多厂商之间的公平竞争。

1977年，国际标准化组织（ISO）决定开始着手定制开放系统互连参考模型OSI/RM，作为网络通信技术的国际标准，OSI参考模型规定了可以互连的计算机系统之间的通信协议，遵从OSI协议的网络通信产品都称为"开放系统"。时至今日，几乎所有的网络产品都是开放系统，不遵从国际标准的产品因无法与其产品兼容而失去了生存空间。这种统一的、标准化产品互相竞争的市场进一步促进了网络技术的发展。

（四）微型计算机局域网的发展时期

20世纪80年代初期，微型计算机的出现彻底改变了计算机在人们心中的形象。轻巧、简单、易用的微型计算机走进了办公室和家中，在人们的整个社会的生活都产生了深刻的影响。

1972年，Xerox公司发明了以太网，以太网与微型计算机的结合使局域网大规模地出现，并促进了相关技术的迅速发展。在一个公司的内部，微型计算机和智能设备通过以太网互相连接起来，为局域网中的用户提供自动化的办公环境和信息共享平台。

1980年2月，IEEE组织了802委员会来制定局域网标准。局域网与广域网的发展道路截然不同，局域网产品的厂商从一开始就遵循标准化、互相兼容的方式展开竞争。用户在组建自己的局域网时根据需要选择不同厂商，使用更适合自己需要的局域网产品。

（五）计算机网络在中国的发展

中国的互联网发展起源于20世纪80年代末，1987年9月20日，钱天白教授通过意大利公用分组交换网ITAPAC在北京发送了我国第一封电子邮件"Across the Great Wall We Can Reach Every Corner In the World"，与德国卡尔斯鲁厄大学通信，揭开中国人使用Internet的序幕。

铁道部是最早着手建设专用计算机广域网的部门，并在1980年开始进行计算机互连实验。1989年11月我国第一个公用分组交换网（CNPAC）建成运行。在20世纪80年代后期，公安、银行、军队以及其他一些部门也相继建立了各自的专用计算机广域网，对迅速传递数据信息起了重要作用。从20世纪80年代起，国内的许多单位相继安装了局域网，对各行各业的管理现代化和办公自动化已起了积极的作用。

1994年4月20日，我国使用64kb/s专线正式连入了Internet，国际上正式承认为接入互联网的国家。同年5月，中国科学院高能物理研究所设立了我国的第一个万维网服务器。同年9月，中国公用计算机互联网CHINANET正式启动。到目前为止，我国陆续建造了基于互联网技术并可以和互联网互联的10个全国范围的功用计算机网络。它们是：中国公用计算机互联网CHINANET、中国网通互联网CNCNET、中国教育和科研计算机网CERNET、中国科学技术网CSTNET、中国联通互联网UNINET、中国移动互联网CMNET、中国国际经济贸易互联网CIETNET、中国长城互联网CGWNET、中国卫星集团互联网CSNET、中国铁通互联网CRNET。

（六）计算机网络的定义

计算机网络就是将位于不同地理位置的计算机和专用外部设备用通信线路互联成一个规模庞大、功能强劲的计算机应用系统，在这个计算机应用系统中，计算机之间可以方便地互相传递信息，共享硬件、软件、数据信息等资源。

计算机网络也可以定义为按照网络协议（语法、语义、同步），以共享资源和传递信息为主要目的，将地理上分散且功能独立的计算机通过通信线路互联起来构成的集合体。

在网络操作系统、网络管理软件及网络通信协议的管理和协调下，实现资源共享和信息传递的计算机系统。

计算机网络最简单的定义是：一些相互连接的、自治的计算机的集合。

两台计算机之间如果能互相交换信息则称为互联。计算机的互联可以使用铜缆、双绞线、光纤等有线传输介质，也可以通过微波、卫星等无线传输介质实现。

以 Internet 为代表的计算机网络是发展最为迅速、应用最为广泛的，它无时无刻不在影响着当今社会的政治、经济和文化，改变着人们的生活方式、工作方式和思维方式。

二、计算机网络的功能

计算机网络的功能主要体现在以下几个方面：

（一）数据通信功能

数据通信功能是计算机网络最基本的功能，计算机与计算机、计算机与终端之间通过计算机网络可以进行快速的数据通信。通信的内容可以是文字信息、新闻消息、资讯信息、报纸版面，也可以是图片资料、影音媒体等。

用户通过数据通信可以在网络上传送电子邮件、发布新闻消息、进行远程电子购物、电子金融贸易、远程电子教育等。同时，利用这一功能，人们还可实现将分散在各地区的单位或部门用计算机网络联系起来，进行统一的调配、控制和管理。

（二）资源共享功能

资源共享是在数据通信基础上实现的，是将计算机网络中的数据资源、软件资源以及硬件资源共享。这些资源可以是计算机处理能力、数据、应用程序、硬盘、打印机等。这里的"共享"就是网络中的用户都能够部分或全部地享受这些资源。

例如：互联网中的用户，可以通过网络下载音乐、视频，观看图文信息；某单位的网络中的计算机可以共享打印机等硬件资源，使得不具备这些硬件设备的计算机也可以使用。尤其是对一些昂贵的设备，如大型机、高分辨率打印机、大容量外存实行资源共享，通过资源共享功能，可以大大地减少设备投入的开支并使设备便于集中管理。对软件和数据资源的共享，可允许网上用户远程访问各种类型的数据库及得到网络文件传送服务，可以进行远程终端仿真和远程文件传送服务，极大地方便了用户的使用并提高了工作效率。

（三）分布处理功能

分布处理功能是通过网络上多台计算机来共同完成一件较大的任务。对解决复杂问题来讲，多台计算机联合使用能构成高性能的计算机体系，这种协同工作、并行处理要比单独购置高性能的大型计算机便宜得多。

当网络中的某台计算机负担过重时，或此计算机正在处理某项工作时，网络可将新任务转交给空闲的计算机来完成，这样处理能均衡各计算机的负载，提高处理问题的实时性；对大型综合性问题，可将问题各部分交给不同的计算机分头处理，充分利用网络资源，扩大计算机的处理能力，增强实用性。

三、计算机网络的分类

计算机网络有很多种不同的分类方法，可以按不同覆盖范围分类，也可以按不同的使用者分类，还可以按不同的拓扑结构分类。

（一）不同覆盖范围分类

根据计算机网络的覆盖范围的大小可以将计算机网络分为广域网、城域网和局域网。

1. 广域网 WAN（Wide Area Network）

广域网的覆盖范围通常为几十到几千千米，因而有时也称为远程网（Long Haul Network）。广域网是互联网的核心部分，其任务是通过长距离（例如，跨越不同的国家）传输主机所发送的数据。连接广域网各节点交换机的链路一般是高速链路，具有较大的通信容量。

2. 城域网 MAN（Metropolitan Area Network）

城域网的覆盖范围一般是一个城市，可跨越几个街区甚至整个城市，其作用距离为 5~50km。城域网一般被一个或几个单位所拥有，也可以是一种公用设施，用来连接若干个局域。目前很多城域网都使用的是以太网技术，因此也常把城域网并入局域网的范围讨论。

3. 局域网 LAN（Local Area Network）

局域网一般由微型计算机或工作站通过高速通信线路连接（速率通常在 10Mb/s 以上），在地理上则局限在小范围内（1km 左右）。一个学校或企业最初往往只拥有一个局域网。随着后来的不断扩充，学校和企业都拥有了若干互联的局域网（通常称为校园网或企业网）。

（二）不同使用者分类

根据网络使用者的不同，可以将计算机网络划分为公用网和专用网。

1. 公用网（Public Network）

公用网是指电信公司（国有或私有）出资建造的大型网络。"公用"的意思是指所有愿意按电信公司规定交纳费用的人都可以使用这种网络。因此，公用网也可称为公众网。

2. 专用网络（Private Network）

专用网络是某个部门为本单位的特殊业务需求而建造的网络。这种网络不向本单位以外的人提供服务。例如，军队、铁路、电力等系统具有本系统专用网。

专用网和公用网都可以提供多种服务，如计算机间的数据通信、资源共享，只是分别工作在专用计算机网络和公用计算机网络中。

（三）不同拓扑结构分类

计算机网络拓扑（Computer Network Topology）就是组成计算机网络的设备的分布情况以及它们之间的连接状态。将这些分布情况和连接状态呈现在图上，就成了计算机网络拓扑图，图中一般需要标明设备的位置、名称及设备间的连接介质。

计算机网络可以按不同的拓扑结构分为总线型结构、星型结构、环型结构和混合拓扑型结构、蜂窝网络等。

1. 总线型结构

总线结构就是网络中的所有设备都直接与总线相连，物理媒体由网络中的所有设备共享。在 LAN 中，所有的节点都是平等的。

2. 星型结构

星型结构是一种便于集中控制的拓扑结构，因为节点之间的通信必须经过中心节点，由于这一特点，也带来了易于维护和安全等优点，节点设备因为故障而停机时不会影响其他节点间的通信。但中心节点必须具备极高的可靠性，因为一旦中心节点损坏，则会导致整个网络瘫痪。

3. 环型结构

环型结构在 LAN 中使用较为广泛。在环型结构中，传输媒体从一个节点连接另一个节点，直到将所有节点连接成环型。这种结构消除了节点间通信对中心节点的依赖。

4. 混合拓扑型结构

混合拓扑型结构是由星型结构或环型结构和总线型结构结合在一起的网络结构，这样的拓扑结构更能满足较大网络的拓展，既解决了星型网络在传输距离上的局限，又解决了总线网络在连接用户数量上的限制。

5. 蜂窝网络

蜂窝网络是一种无线局网中常用的结构。它以无线传输介质（微波、卫星、红外灯）点到点和多点传输为特征的无线网，适用于城市网、校园网、企业网等。

蜂窝网络通常由三部分组成：移动站，基站子系统，网络子系统。移动站是网络终端设备，比如我们常用的手机；基站子系统是移动基站（大铁塔）、无线收发设备、专用网络（一般是光纤）、无数的数字设备等，基站子系统可看做是无线网络与有线网络之间的转换器。我国常见的蜂窝网络类型有：GSM 网络、CDMA 网络、3G 网络等。

四、网络互联技术

计算机网络就是为了实现计算机之间的资源共享，因此网络提供资源的多少决定了一个通过网络的价值。计算机网络的规模有大有小，规模越大就可以覆盖越多的计算机，提供的网络资源也就越丰富，网络的价值也就越高。不同的局域网之间相互隔绝的信息孤岛已经不能够满足人们的需求，因此不同网络的互联也就势在必行，网络互联技术也就迅速地发展起来。

（一）网络互联技术的概念

网络互联技术是通过使用网络互联设备，将两个或两个以上具有独立自治能力的计算机通过网络互联起来。网络互联的核心是网络之间的物理连接和网间互联的协议。

网络的物理连接是由传输介质和网络互联设备来共同实现的，是为网络之间提供一条传输数据的物理链路。网间互联设备的选择直接关系到互联网性能的好坏。

网络互联包括同构网络的互联和异构网络的互联。同构网络互联是在网络互联中，将类型相同（指网络拓扑结构或使用协议相同）的网络互联起来；异构网络互联是将类型不同的网络互联起来。从网络互联的范围来看，可以是局域网与局域网互联；局域网与广域网互联，还可以是局域网之间经由广域网互联。

（二）网络互联目的

人们在使用计算机网络时，为了能够更广泛地实现资源共享和信息交流，以容纳更多的用户和提升网络的价值，出现了能将分布于不同地域，属于不同机构或企业的网络互联起来的技术，这就是网络互联技术。网络互联技术主要为实现以下目的：

（1）扩展网络的覆盖范围。在局域网中，计算机之间的通信距离会受到传输介质、通信设备等诸多因素的影响，则网络的覆盖范围也就受到了限制。通过使用网络互联技术，可以扩展通信距离进而扩大了网络的覆盖范围。

（2）形成规模更大的网络。为了适应不同工作环境，网络中所使用通信技术、传输介质和通信协议也是不同的，单一的计算机网络所能连接的计算机总数量是受到限制的。通过使用网络互联技术，能够增加网络中计算机的总数量，达到扩展网络规模的目的。

（3）提高网络使用性能。对计算机网络使用得越广泛、计算机网络的范围越大、计算机网络中的资源越丰富就意味着人们对计算机网络的数据传输速率要求越高，要求响应的时间越短，能够使用服务越多，通过对网络互联的使用，可大大提升网络的整体功能。

（三）网络互联设备

网络互联的形式是多种多样的，因此采用的互联方法、协议和所使用的网络互联设备也各有不同。按照网络连接设备所工作的网络层次，可以将网络互联设备分为中继器、网桥、路由器和网关四种类型。尽管这四类网络互联设备之间存在某些差异，但它们也具有相似的功能。这些网络互联设备都提供了网络间物理和链路的连接控制；提供了不同网络之间数据的路由和转发；提供了不同类型网络相互兼容的功能。

（1）中继器。中继器（Repeater）是一种工作在物理层上的局域网之间的互联设备，它是最简单的网络互联设备。在计算机网络中，由于信号在传输介质中存在损耗，信号的功率会逐渐衰减，衰减到一定程度时将造成信号失真，因此会导致接收错误。中继器就是为解决这一问题而设计的，它完成物理线路的连接，对衰减的信号进行放大，保持与原数据相同。

（2）网桥。网桥（Bridge）是一种工作在数据链路层上，对数据帧进行存储转发的网络互联设备，用来连接相似类型的局域网，并对网络数据的流通进行管理。网桥不仅能扩展网络的距离或范围，而且可提高网络的性能、可靠性和安全性。

（3）路由器。路由器（Router）是连接互联网中各局域网和广域网，实现网络层服务的网络互联设备。在Internet中，路由器是一个主动的、智能的网络互联设备，它根据信道的情况自动选择和设定路由，以最佳路径，按前后顺序发送信号。为Internet提供了各种各样、各种速率的链路和子网接口，并参与网络管理，提供对资源的动态控制，支持工程和维护活动。

（4）网关。网关（Gateway）又称网间连接器、协议转换器，是传输层及以上各层次实现网络互联的设备，是最复杂的网络互联设备。网关是一种充当不同网络之间协议转换的计算机系统或设备。用于两个高层协议类型不同的网络之间互联，它可以实现广域网的互联，也可以实现局域网的互联。

第二节　网络体系结构与通信协议

在计算机科学领域中，广泛地使用了一种高度结构化方法，将内部状态和算法细节隐藏的抽象封装起来。在计算机网络的设计与实现中，也采用了这种方法。计算机网络使用了分层的体系结构，这种网络体系结构极大地简化了网

络的设计和实现。

一、网络体系结构的基本概念

在计算机网络中，为了使两台计算机能够进行信息交换，除必须具备一条传输数据的链路外，还应该完成一些相关的工作。

（1）在通信前，发起通信的计算机必须发出一些信令，来建立用于数据通信的通路，保证数据能在这条通路上正确发送和接收。

（2）在通信过程中，要告诉网络如何识别接收数据的计算机。

（3）发起通信的计算机必须查明接收的计算机是否已开机，并已经连接到网络中。

（4）发起通信的计算机必须弄清楚，接收方计算机是否已经做好文件的接收和存储的准备工作。

（5）若发送和接收的计算机双方文件格式不兼容，则至少其中的一台计算机应完成文件格式的转换。

（6）对网络中出现的各种差错和意外，应具备可靠的措施保证通信双方的计算机最终能够收到正确的文件。

由此可见，相互通信的两台计算机系统必须高度协调才行，这是相当复杂的。在计算机网络的设计与实现中，为了降低网络设计的复杂性，绝大多数的网络由相互叠加的层次结构实现。早在 ARPAnet 的设计中，就提出了分层的方法，这种"分层"的方法可以将庞大而复杂的问题转化为若干较小的局部问题，这样较小的局部问题就比较易于研究和处理。1974 年，IBM 公司公布了系统网络体系结构 SNA（IBM Systems Network Architecture），这个著名的网络标准就是按照分层的方法制定的。现在使用 IBM 大型机构建的专用网络仍在使用 SNA。随后，其他一些公司也相继推出了自己公司的网络体系结构。

在分层的网络体系结构中，每一层（Layer）都建立在其下一层的基础之上。不同的网络，其网络层次的数目、各层次的名字、内容和功能也各不相同。每一层都为上一层提供特定的服务，在同一台计算机上，每一对相邻的网络层次之间通过接口定义了第 N 层向第 N+1 层提供了服务和操作。在一台计算机上的第 N 层与另一台计算机上的第 N 层对话时，对话中的规则和约定称为网络的第 N 层协议。协议（Protocol）是指通信双方关于如何进行通信的一种约定。在计算机间通信时，数据并不是从一台计算机的第 N 层直接传递到另一台计算机的第 N 层，而是每一层都将数据和控制信息传递给它的下一层，这样一层一层地传递到最底层，最底层负责实际通信。

在计算机网络体系结构中，下一层向上层提供的服务可以分为两类：面向连接的服务和无连接的服务。

（1）面向连接的服务：是基于电话系统模型的，当打电话与别人通话时，首先需要拿起话机，拨打对方的电话号码，接通后进行通话，通话结束后挂机。这是一种为了使用面向连接的网络服务，用户需要建立一个连接，保持连接，最后释放链接。

（2）无连接的服务：是基于邮政系统的模型。每一条报文都携带了完整的目的地址，因此报文都可以独立地被发送到目的地址。

二、开放系统互连参考模型（OSI/RM）

开放系统互连参考模型（Open System Interconnection/Reference Model，OSI/RM）以国际标准化组织（International Standards Organization，ISO）的一份提案为基础，于1995年修订而成，简称OSI模型。

OSI模型共分7层，由下至上是：物理层、数据链路层、网络层、传输层、会话层、表示层、应用层，如图4-1所示。

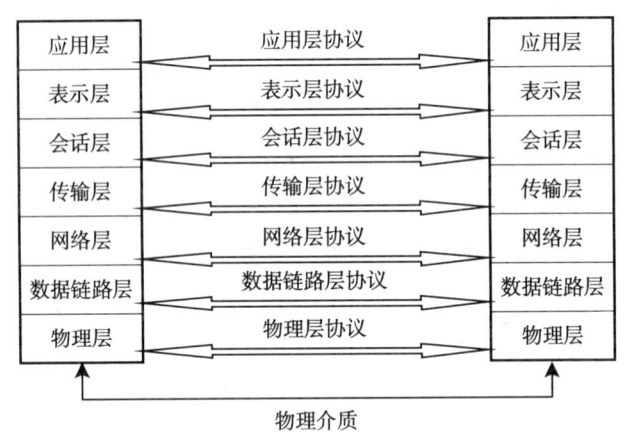

应用层	←应用层协议→	应用层
表示层	←表示层协议→	表示层
会话层	←会话层协议→	会话层
传输层	←传输层协议→	传输层
网络层	←网络层协议→	网络层
数据链路层	←数据链路层协议→	数据链路层
物理层	←物理层协议→	物理层

物理介质

图4-1 OSI参考模型

（一）物理层（Physical Layer）

物理层是OSI参考模型中最基础的一层，建立在传输介质基础之上，为终端设备提供数据通路，实现设备之间的物理接口。物理层的工作只是接收和发送比特流，不必考虑信息的具体意义和结构。

（二）数据链路层（Data Link Layer）

数据链路层是OSI参考模型的第二层，介于物理层和网络层之间。数据链路层在物理层服务的基础上向网络层提供服务，将源主机网络层数据可靠地传输到相邻节点的目的主机的网络层。数据链路必须具备一系列相应的功能才能提供这一服务，包括：如何将数据组成帧（数据链路层的传输单位）；如何控制帧在物理信道上的传输；如何进行差错控制；如何调节发送速率与接收方相匹配；管理两个节点之间数据链路通路的建立、维持和释放。

（三）网络层（Network Layer）

网络层是OSI参考模型的第三层，介于传输层和数据链路层之间，在数据链路层提供的服务基础上，进一步管理网络中的数据通信，将数据从源主机经过若干中间节点传送到目的主机，为传输层提供最基本的端到端的数据传送服务。

（四）传输层（Transport Layer）

传输层是OSI参考模型中最关键的一层，介于网络层和会话层之间，是唯一负责总体的数据传输和数据控制的一层。传输层提供端到端的交换数据的机制，为会话层、表示层和应用层提供可靠的传输服务。传输层是OSI七层模型的核心，是唯一负责总体数据传输和控制的一层。

（五）会话层（Session Layer）

通常把OSI参考模型中第五层以上的协议称为高层协议，会话层位于第五层，介于传输层与表示层之间，可使主机之间的应用建立会话、维持会话，并能使会话获得同步。会话层使用校验点，可以保证会话在通信失效时从校验点恢复通信。

（六）表示层（Presentation Layer）

表示层是OSI参考模型的第六层，介于应用层和会话层之间。早期的OSI参考模型中并没有这一层，不同的计算机体系结构使用的数据表示方法不同，例如，IBM主机使用EBCDIC编码，而大部分PC使用的是ASCII码。在这种情况下，就需要一种在两台计算机通信时为异种机通信的公共语言，表示层就可以提供这一功能。表示层规定了用户信息的表现方式，以便能进行互联操作。

（七）应用层（Application Layer）

应用层是OSI参考模型的最高层，这一层的协议直接为应用进程提供服务。相对于OSI参考模型的其他层来说，应用层需要的标准最多，但也是最不成熟的一层。应用服务的标准化开展了许多研究工作，ISO根据各种应用已制定了一些国际标准（IS）和国际标准草案（DIS），还有很多应用协议正在制定中。

三、TCP/IP 系统分层模型

TCP/IP（Transmission Control Protocol/Internet Protocol）的中文译名为传输控制协议/互联网互联协议，这个协议是 Internet 国际互联网络的基础，简单地说，就是由网络层的 IP 协议和传输层的 TCP 协议组成的。TCP/IP 体系结构定义了电子设备（如计算机）如何连入互联网，以及数据如何在它们之间传输的标准。TCP/IP 是一个四层的分层体系结构。高层为传输控制协议，它负责聚集信息或把文件拆分成更小的包；低层是网际协议，它处理每个包的地址部分，使这些数据包能正确地到达目的地。

TCP/IP 通信协议采用四层结构，每一抽象层建立在低一层提供的服务上，并且为高一层提供服务，在完成某一特定任务时，需要众多的协议协同工作，这些协议分布在参考模型的不同层中的，因此也称它们为一个协议栈。TCP/IP 的 4 层结构分别是网络接口层、网络层、传输层、应用层。OSI 参考模型与 TCP/IP 体系结构的比较如表 4-1 所示。

表 4-1 OSI 参考模型与 TCP/IP 体系结构的比较

OSI 参考模型	TCP/IP 体系结构
应用层	应用层 (TELNET、FTP、SMTP 等)
表示层	
会话层	
传输层	传输层（TCP 或 UDP）
网络层	网络层（IP、ICMP、ARP 等）
数据链路层	网络接口层
物理层	

OSI 参考模型与 TCP/IP 体系结构中各层中使用的协议如图 4-2 所示。

（一）应用层（Application Layer）

应用层是 TCP/IP 参考模型中的最高层，介于用户和传输层之间，直接为用户的应用进程提供服务，这里的进程就是用户正在运行的程序。当应用程序需要通过网络与其他程序通信时，数据会从网络相关的程序经应用层处理后被编码成标准协议特定的格式传送出去。

在互联网中应用层协议有很多，如支持万维网应用的 HTTP 协议，支持电子邮件的 SMTP 协议，支持文件传送的 FTP 协议，支持远程登录的 TELNET 协议等。

移动商务技术

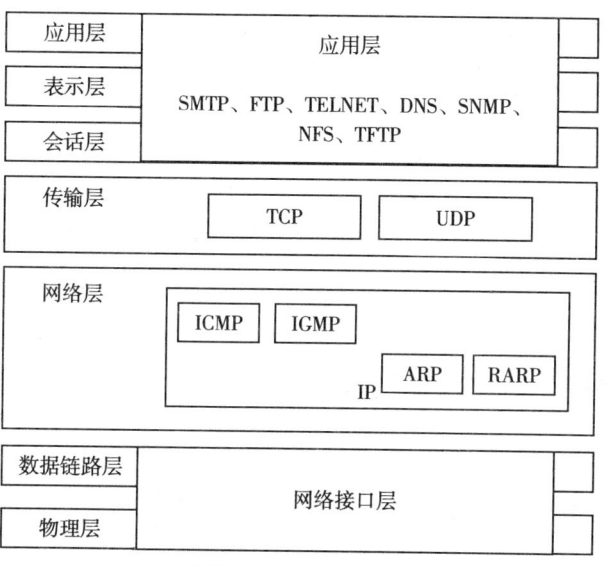

```
应用层        | 应用层
表示层        | SMTP、FTP、TELNET、DNS、SNMP、
会话层        | NFS、TFTP
传输层        | TCP    UDP
网络层        | ICMP  IGMP
             |       IP  ARP  RARP
数据链路层    | 网络接口层
物理层        |
```

图 4-2 OSI 参考模型与 TCP/IP 体系机构中各层中的协议

（二）传输层（Transport Layer）

传输层在 TCP/IP 体系结构中位于应用层的下一层，为应用层之间提供端到端的通信。传输层将要传送的数据流划分成分组，连同目的地址一起传送到网络层，以确保数据无差错地按序到达。一个主机可同时运行多个进程，因此传输层应具有复用和分用的功能。复用就是将多个应用层进程同时使用下面传输层的服务，分用则是传输层把收到的信息分别交付给上面的应用层中相应的进程。

传输层上的主要协议有：传输控制协议（Transmission Control Protocol，TCP）和用户数据报协议（User Datagram Protocol，UDP）。

（三）网络层（Network Layer）

网络层在 TCP/IP 体系结构中，位于传输层下一层，网络接口层的上一层，它接收来自传输层的请求，将带有目的地址的分组装到数据报中，填加好数据报头，通过路由算法来决定将数据报发送给主机还是中间的路由器，并从相应的网络接口发送出去。网络层还负责检验接收到的数据报是否正确，并决定是由本地接受还是路由至目的站。

Internet 是一个由大量的异构网络通过路由器连接起来的巨大互联网，互联网主要的网络层协议是无连接的网际协议（Internet Protocol，IP）和许多种路由选择协议，因此互联网的网络层也被称作 IP 层。

网络层协议包括：IP（Internet Protocol）协议、ICMP（Internet Control

Message Protocol）控制报文协议、ARP（Address Resolution Protocol）地址转换协议、RARP（Reverse ARP）反向地址转换协议。

（四）网络接口层

网络接口层与 OSI 参考模型中的物理层和数据链路层相对应，为 TCP/IP 与各种 LAN 和 WAN 之间提供接口。网络接口层在发送端将网络层的 IP 数据报封装成帧后发送到网络上，接收到数据帧的网络接口层将数据帧拆封，并检查数据帧中的 MAC 地址，如果该 MAC 地址是本机的 MAC 地址或是广播地址，则将数据上传到网络层，否则丢弃该帧。

四、网络通信协议的新发展

目前，我们广泛使用的是第二代互联网 IPv4 技术，它最大的局限性在于网络地址资源的数量有限，理论上 IPv4 可以有 1600 万个网络、40 亿台主机。随着 Internet 的迅猛发展，可用的网络地址和主机地址几近枯竭，因此下一代互联网 IPv6 技术的推广势在必行。

（一）下一代互联网 IPv6 协议

IPv6 所拥有的地址容量约是 IPv4 的 8×10^{28} 倍，达到了 2^{128} 个。这不但解决了网络地址资源数量的问题，也为除电脑外的其他设备接入互联网的数量限制上扫清了障碍。在不久的将来，IPv6 将取代 IPv4，拥有更多 IP 地址。

IPv6 并非十全十美、一劳永逸，不可能解决所有问题。IPv6 需要在发展中不断完善，过渡需要时间和成本。从长远看，IPv6 有利于互联网的持续和长久发展。目前，国际互联网组织已经决定成立两个专门工作组，制定相应的国际标准。

（二）第三代移动通信技术

第三代移动通信技术（3rd-Generation，3G），是支持高速数据传输的蜂窝移动通信技术。3G 服务能够同时传送声音及数据信息，速率一般在几百 kb/s 以上。未来的 3G 必将与社区网站进行结合，WAP 与 WEB 的结合是一种趋势。

3G 与 2G 的主要区别是在传输声音和数据的速度上的提升，它能够在全球范围内更好地实现无线漫游，并处理图像、音乐、视频流等多种媒体形式，提供包括网页浏览、电话会议、电子商务等多种信息服务，同时也要考虑与已有第二代系统的良好兼容性。

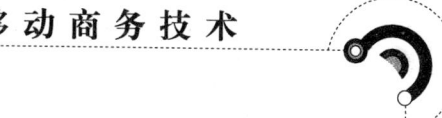

第三节 Internet 概述

Internet 是世界上最大的互联网络，是通过若干主机构成子网，再由许多子网互联而成的一个巨大的逻辑网。Internet 是基于一些共同的协议，以相互交流信息资源为目的的一个信息资源和资源共享的集合。

一、由计算机网络到 Internet

20 世纪 50 年代，自计算机诞生以来，人们就意识到不同计算机的用户需要通过通信网络进行常规的通信，这促进了分散网络、排队论和分组交换的研究。1960 年美国国防部国防前沿研究项目署（ARPA）创建了 ARPAnet。1973 年 ARPAnet 扩展成为互联网，接入了第一批的英国和挪威计算机。

1974 年美国国防部国防前沿研究项目署的鲍勃·凯恩和斯坦福的温登·泽夫提出了 TCP/IP 协议，定义了在电脑网络之间传送报文的方法。1983 年 1 月 1 日，ARPAnet 将网络核心协议由 NCP 转换为 TCP/IP 协议。

1986 年，美国国家科学基金会（National Science Foundation，NSF）创建了大学之间互联的骨干网络 NSFnet，这是互联网历史上重要的一步。在 1994 年，NSFnet 转为商业运营。1995 年随着互联网的商业开放，互联网中成功接入了比较重要的其他诸如 Usenet、Bitnet 和 X.25 等多种商用网络。

20 世纪 90 年代，整个互联网络向公众开放。1991 年 8 月，蒂姆·伯纳斯·李在瑞士创立了 HTML、HTTP 和欧洲粒子物理研究所（CERN）的最初几个网页，随后的两年他开始宣扬万维网（World Wide Web）项目。在 1993 年，Mosaic 网页浏览器版本 1.0 出现了。

1996 年"Internet"一词广泛流传，代表整个万维网。历经十几年，互联网成功地容纳了大多数原有的计算机网络。互联网无疑取得了成功，最初，互联网代表那些使用 IP 协议架设而成的网络，而今天，它则用来泛指各种类型的网络，不再局限于 IP 网络。

现在我们只需要连接到互联网的任何一个节点上，就意味着我们的计算机已经连入 Internet 网上了，就可以根据需要享受 Internet 提供的服务，使用 Internet 的资源。在全球范围内，有超过几亿人在使用 Internet，并且它的用户数还在以等比级数上升。

二、Internet 资源和服务

Internet 为全球的互联网用户提供了丰富资源和服务，这些资源和服务主要有 WWW 服务、DNS 服务、URL 服务、电子邮件服务、FTP 服务、远程登录服务等。

（一）WWW 服务

WWW（World Wide Web）由被称作万维网，是一个基于超文本（Hypertext）方式的信息检索服务工具，是集文本、声音、图像、视频等多媒体信息于一身的全球信息资源网络，是 Internet 上的重要组成部分。

WWW 的网页文件是超文本标记语言 HTML（Hyper Text Markup Language）编写的，并运行在超文本传输协议 HTTP（Hype Text Transmission Protocol）的支持下。超文本中除了包含文本、图形、声音、图像和视频等信息外，还含了指向其他超文本的链接，这种链接称为超链接（Hyper Links）。

（二）DNS 服务

DNS 是计算机域名系统（Domain Name System）的缩写，最早由保罗·莫卡派乔斯（Paul Mockapetris）提出。在 Internet 中，通过使用域名系统来便于人们寻找计算机和服务。在使用 TCP/IP 的网络中，域名与 IP 地址之间存在一对一或多对一的关系，由于机器之间只能识别 IP 地址，所以就需要将域名与 IP 地址之间进行转换，这一转换工作就是域名解析。域名解析需要由专门的域名解析服务器来完成，DNS 就是进行域名解析的服务器。当 Internet 用户在应用程序中输入 DNS 名称时，DNS 服务可以将此域名解析为与之相关的其他信息，如 IP 地址。因此在上网时输入的网址是通过域名解析系统解析找到的。

（三）URL 服务

URL 是统一资源定位符（Uniform/Universal Resource Locator）的缩写，也就是我们常说的网址。是用于完整地描述 Internet 上网页和其他资源的地址的一种标识方法。

Internet 上的每一个网页都具有一个唯一的名称标识，通常称之为 URL 地址，这种地址可以是本地磁盘，也可以是局域网上的某一台计算机，更多的是 Internet 上的站点。

URL 由协议类型、主机名、端口号和路径四部分构成。

（四）电子邮件服务（E-mail）

电子邮件的使用是人类通信方式的一场革命，电子邮件既可以像电话一样迅速，又不需要双方同时在线。电子邮件（E-mail）是一种以电子手段提供信息交换的通信方式。它是 Internet 上使用最广泛的一种服务。用户只要能接入

Internet，具有能收发电子邮件的软件和 E-mail 地址，就可以与对方便捷地、快速地、经济地交换电子邮件。电子邮件可以一对一地发送，也可以向多个用户发送同一封邮件，还可以将收到的邮件转发给其他用户。电子邮件中除文本信息外，还可包含声音、图像、应用程序等各类计算机文件。用户还可以以邮件的方式在网上订阅电子杂志、获取所需文件、参与有关的公告和讨论组，甚至还可浏览 WWW 资源。

邮件服务器常用的协议有简单邮件转输协议（Simple Mail Transfer Protocol，SMTP）和邮局协议（Post Office Protocol，POP）。

（五）Usenet 服务

Usenet 是一个由众多趣味相投的用户共同组织起来的各种专题讨论组的集合。通常也将之称为全球性的电子公告板系统（BBS）。Usenet 用于发布公告、新闻、评论及各种文章供网上用户使用和讨论。讨论内容按不同的专题分类组织，每一类为一个专题组，称为新闻组，其内部还可以分出更多的子专题。

Usenet 的每个新闻都由一个区分类型的标记引导，每个新闻组围绕一个主题，如 Comp（计算机方面的内容）、News（Usenet 本身的新闻与信息）、Rec（体育、艺术及娱乐活动）、Sci（科学技术）、Soc（社会问题）、Talk（讨论交流）、Misc（其他杂项话题）、Biz（商业方面问题）等。

（六）文件传输服务（FTP）

文件传输协议（File Transfer Protocol，FTP）是 Internet 上文件传输的基础，文件传输服务是基于该协议的一种服务。文件传输服务允许 Internet 上的用户将一台计算机上的文件传输到另一台上，能够传送的文件包括文本文件、二进制的可执行文件、声音文件、图像文件、数据压缩文件等。

运行 FTP 服务的许多站点都开放匿名服务，在这些匿名服务器上不需要专门的用户名和口令就可以登录服务器。当用户连接匿名 FTP 服务器时，都可以使用"anonymous"（匿名）作为用户名、以自己的 E-mail 地址作为认证密码。登录成功后，用户便可以从匿名服务器上下载文件。匿名服务器的标准目录为 pub，用户通常可以访问该目录下所有子目录中的文件。若考虑到安全问题，大多数匿名服务器不允许用户上传文件。

（七）远程登录 Telnet

Telnet 协议是 TCP/IP 协议簇中的一员，是 Internet 远程登录服务的标准协议。它最初由 ARPAnet 开发，现在主要用于 Internet 会话。Telnet 的主要功能是为用户提供了在本地计算机上访问远程主机的服务，允许用户登录进入远程主机系统。

在使用远程登录服务时，本地计算机上必须启动一个客户端应用程序，通过 Internet 连接到指定名字的远程计算机。连接成功后，本地计算机就可以像一台终端一样，直接访问远程计算机系统的资源。远程登录软件允许用户直接与远程计算机交互，通过键盘或鼠标的操作，客户端应用程序将操作信息发送给远程计算机，再通过服务器将结果返回给用户。用户退出远程登录后，用户的键盘、显示控制权又回到本地计算机。一般的 Windows 用户可以通过 Telnet 客户程序使用远程登录服务。

三、Internet 的运行管理

（一）网络操作系统

网络操作系统（Network Operating System，NOS）是网络的心脏，为了方便网络上的计算机有效地共享网络资源，为网络用户提供所需的各种服务的软件和有关规定的集合，采用了网络操作系统。网络操作系统是向网络计算机提供服务的特殊的操作系统。

网络操作系统在计算机操作系统下工作，使计算机操作系统增加了网络操作所需要的能力。20 世纪 90 年代初，网络操作系统的功能还十分简单，只提供了基本的数据通信和资源共享服务，随着网络操作系统的迅速发展，到了 20 世纪 90 年代末，网络操作系统的功能已相当丰富，性能也有大幅度提高，因而对环境的要求也有所提高。

目前主要存在以下几类网络操作系统：

1. Windows 网络操作系统

Windows 网络操作系统是全球最大的软件开发商——Microsoft（微软）公司开发的。它在网络操作系统中具有非常强劲的力量。这类操作系统配置在整个局域网配置中是最常见的，但由于它对服务器的硬件要求较高，且稳定性能不是很高，所以微软的网络操作系统一般只是用在中低档服务器中。

微软的网络操作系统主要有：Windows NT 4.0 Serve、Windows 2000 Server/ Advance Server 以及 Windows 2003 Server/ Advance Server 等。

2. NetWare 网络操作系统

NetWare 网络操作系统虽然远不如早几年那么风光，在局域网中早已失去了当年雄霸一方的气势，但是 NetWare 操作系统仍以对网络硬件的要求较低而受到一些设备比较落后的中小型企业，特别是学校的青睐。且因为它兼容 DOS 命令，其应用环境与 DOS 相似，经过长时间的发展，具有相当丰富的应用软件支持，技术完善、可靠。

目前常用的 NetWare 网络操作系统有 3.11、3.12、4.10 、V4.11、V5.0 等中英文版本，NetWare 服务器对无盘工作站和游戏的支持较好，常用于教学网

和游戏厅。目前这种操作系统有的市场占有率呈下降趋势，这部分的市场主要被 Windows 网络操作系统和 Linux 系统瓜分了。

3. Unix 系统

Unix 是 AT&T 和 SCO 公司推出的，支持网络文件系统服务，提供数据等应用，是功能强大的网络操作系统。这种网络操作系统稳定和安全性能非常好，由于它多采用命令方式进行操作的，不容易掌握，因此小型局域网基本不使用 Unix 作为网络操作系统。Unix 一般用于大型的网站或大型的企事业局域网中。Unix 网络操作系统历史悠久，其良好的网络管理功能已为广大网络用户所接受。

目前常用的 Unix 系统版本主要有：Unix SUR4.0、HP-UX 11.0、SUN 的 Solaris8.0 等。

4. Linux 操作系统

Linux 是一种新型的网络操作系统，它的最大特点就是源代码开放，可以免费得到许多应用程序。目前也有中文版本的 Linux，如 REDHAT（红帽子）、红旗 Linux、Ubuntu（乌版图）等。

Linux 的安全性和稳定性方面在国内得到了用户的充分肯定，它与 Unix 有许多类似之处。这类操作系统目前仍主要应用于中、高档服务器中。

总的来说，对特定计算环境的支持使得每一个操作系统都有适合于自己的工作场合，这就是系统对特定计算环境的支持。因此，对于不同的网络应用，需要我们有目的地选择合适的网络操作系统。

（二）简单网络管理协议

简单网络管理协议（SNMP）是由 Internet 工程任务组织（IETF）为了解决 Internet 上的路由器管理问题而提出的。简单网络管理协议是专门设计用于 IP 网络管理网络节点（服务器、工作站、路由器、交换机及 HUBS 等）的一种应用层标准协议。网络管理员通过简单网络管理协议管理网络效能，发现并解决网络问题，规划网络的增长。简单网络管理协议管理的网络由三个关键组件构成：网络管理系统、被管理设备和代理。SNMP 的体系结构由主代理、子代理和管理站组成。

SNMP 被设计成一种与平台、协议无关的、实现简单有效的网络管理协议。因此 SNMP 被业界广泛接受，几乎所有制造网络设备的厂商都在其产品中提供 SNMP。SNMP 包括 SNMPv1、SNMPv2 和 SNMPv3 三个版本。第 1 版和第 2 版没有太大差距，但 SNMPv2 是增强版本，包含了其他协议操作。与前两种相比，SNMPv3 则包含更多安全和远程配置。

四、Internet 的应用

Internet 的典型应用有访问远程信息、交互式娱乐和电子商务应用等。

(一) 访问远程信息

访问远程信息可以有多种方式，通过浏览 Web 页面可以获得远程信息，信息可以是包罗万象的，包括艺术、商务、烹饪、政府、健康、历史、爱好、娱乐、科学、运动、旅游等。

(二) 即时消息应用

即时消息应用是一种从 Unix 系统上的 Talk 程序演变来的，允许人们之间互相实时地进行通信。在一对一的即时消息应用的基础上，出现了可以多人参与的聊天室应用。在聊天室中，一群人可以同时输入消息，并且聊天室里的所有人都可以看到这些消息。

(三) 交互式娱乐

交互式娱乐一种非常受欢迎的网络应用，互联网娱乐业是一个巨大的、处于快速增长的行业。交互式娱乐的杀手级应用是视频点播。再过 10 年左右，你可能可以随意选择任何一部电影，或者任何一个国家的电视节目，这些节目就会立即显示在屏幕上。

(四) 电子商务应用

电子商务是一类非常流行的网络应用。它是在全球各地广泛的商业贸易活动中，在互联网开放的网络环境下，基于浏览器/服务器（B/S）应用方式，买卖双方不谋面地进行各种商贸活动，实现消费者的网上购物、商户之间的网上交易和在线电子支付以及各种商务活动、交易活动、金融活动和相关的综合服务活动的一种新型的商业运营模式。

本章案例

企业网络模型

目前，我国的企业网络建设经过了单机应用阶段，正处于 Internet 应用热潮中，接下来将组建一个通用的企业网络。图 4-3 展示了一个通用企业网络模型。

在通用企业网络模型中，企业外网位于防火墙外与 Internet 直接相连，防火墙将 Internet 上的网络用户挡在墙外，使其不能进入企业内部。外网服务器为 Internet 提供企业对外的交流渠道。

图 4-3 通用企业网络模型

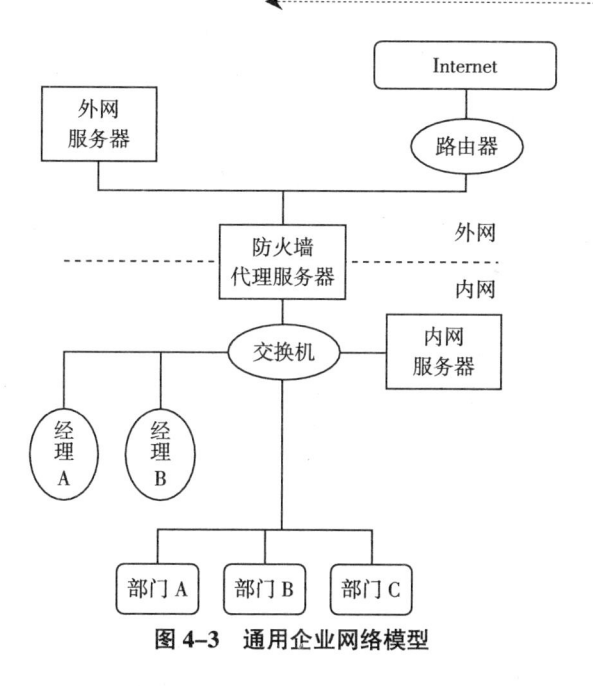

企业内网在防火墙内，通过核心交换机与企业各部门、企业内部服务器相连为企业内部提供应用服务与数据支持。企业与异地的子公司还可以通过 VPN 相连，实现数据的共享与信息的传递。

资料来源：电脑报，2011-09-25.

问题讨论：

1. 为什么要在企业的外网与内网之间使用防火墙？
2. 简述交换机在网络中的主要功能？
3. 简述路由器在网络中的主要功能？

本章小结

计算机网络可以被用来提供大量的服务，既可以为公司提供服务，也可以为个人提供服务。对于公司而言，使用共享服务器的个人计算机网络通常允许内部人员访问公司信息。通常这种网络采用客户/服务器模式，员工桌面上的客户工作站可以访问放在单独机房中功能强大的服务器；对于个人用户而言，通过网络可以访问各种各样的信息，以及很多娱乐资源。

计算机网络大致可以分为 LAN、MAN、WAN 和无线网。每一种网络都有自己的特点、技术、使用环境。LAN一般覆盖在一个建筑物。MAN一般覆盖一个城市，比如有线电视系统，越来越多的人通过这个网络访问Internet。WAN通常覆盖一个国家或一个洲。无线网的使用也越来越广泛了。

　　计算机网络技术使用的协议，一般分为面向连接的服务和非连接的服务。通常这些协议不是基于OSI参考模型就是基于TCP/IP体系结构。这两种模型都有网络层、传输层和应用层，但它们的具体细节设计不同。虽然网络模型不同，但都需要考虑多路复用、流控制、差错控制等问题。

　　互联网是成千上万网络的集合，其核心是TCP/IP协议族，IP是TCP/IP体系结构的核心。在TCP/IP协议族的基础上，互联网为用户提供了各种各样的服务，基于这些服务，用户可以使用丰富的互联网应用。

本章复习题

1. 简述OSI/RM参考模型，以及各层在网络中的功能。
2. 简述TCP/IP体系结构，以及各层在网络中的功能。
3. 常用的网络操作系统有哪几类，都有哪些特点？
4. Internet提供了哪些服务？
5. Internet有哪些用途？

第五章 EDI 增值网络技术

学习目的

知识要求 通过本章的学习，掌握：

- EDI 的概念、主要特点和影响
- EDI 的标准及标准的发展
- EDI 的工作流程

技能要求 通过本章的学习，能够：

- 熟悉 EDI 应用系统
- 熟悉传统和 Internet 下 EDI 的应用
- 掌握基于增值网和 Internet 的 EDI 发展

学习指导

1. 本章内容包括：EDI 的概念、特点及应用。

2. 学习方法：尽量结合实际情况加深理解；对增值网络技术进行深入的学习。

3. 建议学时：4 学时。

引导案例

汽车制造行业的 EDI 实施

汽车制造行业可能是全世界最早大规模实施 EDI 的行业。主要的原因就是汽车制造行业集成装配的生产特征要求零部件的供应要准确和适时，EDI 的运用正好能够满足这个要求。早在 20 世纪 80 年代，英国的汽车制造行业就开始规划 EDI 的实施，例如 Motornet、INS 和 Istel 等就是英国较早开展 EDI 业务的行业 EDI 服务提供商。目前，在欧洲的至少 20 家汽车制造商中，几乎所有的制造商都已经实施了适时管理控制的 EDI。

当初，该行业在规划 EDI 应用时所确定的实施目标是：

EDI 的通信联系要基于一对多的模式；

企业端的 EDI 要易于使用和管理；

必须避免技术的复杂性给用户带来的麻烦；

要有严格的安全措施，防止非授权者侵入；

提供无差错的数据交换；

要求与各种品牌和类型的电脑硬件设备兼容；

适用于该行业所有的用户或供应商；

使用一个共同的传输方式；

达到节省成本的目的；

针对每个报文种类要使用一个共同的数据格式；

向数据的发出者提供数据接收者对数据接收的确认。

在该行业 EDI 的实施初期，虽然不同的企业从中获得了不同程度好处，然而总的来讲，EDI 的实施为企业普遍带来了以下好处：

（1）支持企业适时库存管理控制，具体是：

按日交付货物的安排成为可能；

使货物的运输情况得到了跟踪；

能够对迟交货物的情况事先甄别，从而在很大程度上减少了风险。

（2）无论是采用卡车，集装箱，还是托盘运输，使货物接收程序简化，时间缩短。

（3）减少了企业的运营成本，具体表现在以下几个方面：

使用无纸的单证传输方式，无须人工处理和实物邮寄；

提供了可以用电脑自动处理的数据，无须人工重复录入；

消除了纸张单据的储存和提取。

(4)提高了企业的运营效率，具体表现在：

使单据的交付速度更快；

对单据的交付进行自动确认；

使企业收款速度加快；

保证了数据的准确性，避免了出现错误；

建立了更为规范的企业运作环境；

提高了数据的准确性和可靠性，从而增加了数据和信息的价值；

提高了业务人员的工作效率，因为他们不再为固定的工作程序耗费精力，在处理特殊情况方面可以花更多的时间。

汽车制造行业的EDI/电子商务系统主要体现在供应链的管理上，相互独立的零部件供应商、制造厂商，以及与它们相关的运输等企业之间的信息交往就成为EDI信息系统当中的主要角色。为了达到适时库存管理和控制，在汽车行业EDI系统主要是依靠以下两种报文系统来实现的：

(1)物料交付时间表（Material Release Schedule，MRS），这是汽车制造行业物料采购中随附在采购订单中的物料交付的时间安排表。为了达到适时库存管理控制的目的，MRS规定了每月当中，甚至于每天的物料供应时间表和相关的许多单据格式。

(2)提前通知货运单（Advanced Shipping Note，ASN），这是由供应商向汽车制造商和货运公司发送的货物运输的提前通知单。这个货运单发出有关货物在途的信息，并预期货物到达的时间，提供的信息包括货物的地点、数量，以及产品描述等。

汽车制造行业的EDI在英国的早期实施中初见成效，据测算，由于建立了适时库存管理系统，每生产一辆车平均节省成本200英镑。在单据方面，原来出具每张发票的成本为9.50英镑，而在实施EDI后下降到30便士。另外，随着条形码的使用，货物的运输信息与条形码自动比较，使货物的流转程序缩短，操作的错误和疏忽情况大大减少。

资料来源：百度文库，2011-10-06。

➡ 问题：

1. EDI对于汽车制造行业的重要性。
2. 简述EDI技术在汽车制造行业中的应用。
3. EDI的实施给企业带来了哪些好处？

第一节 EDI 的概念

EDI（Electronic Data Interchange，电子数据交换）是信息技术向商贸领域渗透并与国际商贸实务相结合的产物。相对于目前通用的电子商务，EDI 是一种大企业专有的"特权电子商务"，是由初期电子商务到现代电子商务的承前启后的重要阶段，是由"商务电子化"向"电子化商务"演变过程中产生质变的关键一环。

一、EDI 的历史

EDI 是源自 EBDE（Electronic Business Document Exchange，电子商业单据交换）。其最基本的商业意义在于由计算机自动生成商业单据，如订单、发票等，然后通过电信网络传输给商业伙伴。这里的商业伙伴是指广义上的商业伙伴，它包括任何公司、政府机构及其他商业或非商业机构，只要它们与企业保持经常性的带有结构性的数据交换。EDI 的好处包括：节省时间、节省费用、减少错误、减少库存、改善现金流动等。

由于实施 EDI 的基本目的就是通过第三方的增值服务，用电子数据交换代替商业纸面单证的交换，而这是建立在信息标准化的基础上，因此 EDI 的历史实际上就是商业数据的标准化和增值网络服务商的发展过程。

EDI 已经发展了 20 多年，其发展和演变的过程充分显示了商业领域对其重视程度。人们将 EDI 称为"无纸贸易"，将电子转账称为"无纸付款"，这足以看出 EDI 对商业运作的影响。

在 EDI 的发展历史中，真正推进 EDI 发展的是那些独立的 EDI 网络增值服务商。特别是 20 世纪 80 年代以来，西方各国电信政策逐步放宽，私营网络增值服务商的出现使 EDI 走向了商业化的发展。

二、EDI 的概念

自从计算机技术开始使用以来，人们就一直探索用电子手段来代替传统的纸面信息记录和信息传输方式。EDI 就是模拟传统的商务单据流转过程，对整个贸易过程进行简化的技术手段。由于 EDI 应用的领域不同，EDI 技术的实施所达到的目的不同，所以 EDI 的定义也很难统一。这里列举一些权威人士和权威机构对 EDI 的定义供大家参考。

美国国家标准局 EDI 标准委员会对 EDI 的解释是："EDI 指的是在相互独立的组织机构之间所进行的标准格式、非模糊的具有商业或战略意义的信息的传输。"

联合国 EDIFACT 培训指南认为："EDI 指的是最少的人工干预下，在贸易伙伴的计算机应用系统之间标准格式数据的交换。"

从上面的定义中，可以将 EDI 归纳为以下五点：
（1）EDI 是计算机系统之间所进行的电子信息传输；
（2）EDI 是标准格式和结构化电子数据的交换；
（3）EDI 是由发送者和接收者达成一致的标准和结构；
（4）EDI 有计算机自动读取而无须人工干预；
（5）EDI 是为了满足商业用途。

EDI 应用计算机代替人工处理交易信息，大大提高了数据的处理速度和准确性。然而，为使商业运作各方的计算机能够处理这些交易信息，各方的信息必须按照事先规定的统一进行格式化，才能被各方计算机识别和处理。因此，可以将 EDI 的概念概括为：EDI 是参加商业运作的双方或多方按照协议，对具有一定结构的标准商业信息，通过数据通信网络在参与方计算机之间所进行传输和自动处理。

EDI 通信网有两种形式：直接连接和增值网络，前一种方式只有在贸易伙伴数量较少的情况下使用。随着贸易伙伴数目的增多，当多家企业直接用电脑通信时，会出现由于计算机不同、通信协议相异以及工作时间不易配合等问题，造成相当大的困难。为了克服这些问题，许多应用 EDI 的公司逐渐采用第三方网络公司进行通信，即增值网络方式。它类似于邮局，为发送者与接收者维护邮箱，并提供存储转发、记忆保管、通信协议转换、格式转换、安全管理等功能。

第二节　EDI 的主要特点和影响

一、EDI 的主要特点

EDI 主要具有以下六个特点：
（1）EDI 的使用对象是具有固定格式的业务信息和具有经常性业务联系的单位，EDI 传输的是企业间的报文，是企业间信息交流的一种方式。

（2）EDI 所传送的资料是一般业务资料，如发票、订单等，而不是指一般性的通知。

（3）EDI 传输的报文是格式化的，是符合国际标准的，例如联合国 EDIFACF 标准格式，这是计算机能够自动处理报文的基本前提。

（4）EDI 使用的数据通信网络一般是增值网、专用网。

（5）数据传输由收送双方的计算机系统直接传送、交换资料，不需要人工介入操作。

（6）EDI 与传真或电子邮件的区别：传真与电子邮件，需要人工的阅读判断处理才能进入计算机系统。人工将资料重复输入计算机系统中，既浪费人力资源，也容易发生错误，而 EDI 不需要再将有关资料人工重复输入系统。

二、EDI 的影响

EDI 的电子传输的核心内容是商业信息和商业单证，如订单、发票、付款通知、付款凭证、交货凭证等。由于 EDI 在商业领域的大量使用，越来越多的商业单证由计算机应用程序来生成。因此，EDI 变成了电脑应用程序之间所进行的信息交换。EDI 所支持的电子转账（EFT）和电子支付系统的广泛应用使支票和其他的传统纸面付款凭证将会大量减少。同时，EDI 不仅大大简化了纸面单据的处理，节省了纸张，而且将使银行的运作出现转型。网上银行的转账将是未来的必然趋势。

EDI 对商业领域的另一个重要影响反映在 EDI 使商业伙伴之间的关系更加密切，从而使企业销售人员的角色会发生一些微妙的变化。例如，网上在线订单系统和网上在线客户信息系统将会对拥有庞大对外销售的行业产生重要影响。EDI 会使企业的营销功能变得越来越重要，而推销功能退居其次。EDI 无疑会促使未来商业伙伴之间的运作方式发生根本性的转变。

所以，EDI 是未来世界经济发展中的一个重要的基础设施。因为它不仅是一种新的通信技术和传递方式，而且也是联系国际生产和国际商务活动的重要桥梁。

目前，人们更多的是从商业角度而不是从技术角度去考虑 EDI 的发展，因为商业领域是 EDI 的动力源泉，也是 EDI 广泛应用的场所。从 EDI 在各国的发展趋势看，EDI 在商业领域中的应用和发展将会给国际商务活动乃至全球的社会活动带来一场结构性的革命。

第三节　EDI 的工作过程

EDI 首先要求将这些商业文件标准化，形成结构化的、可被计算机识别和处理的数据格式，借助数字通信网络，将商业文件传输到贸易伙伴的计算机内，图 5-1 为一个 EDI 系统模型。

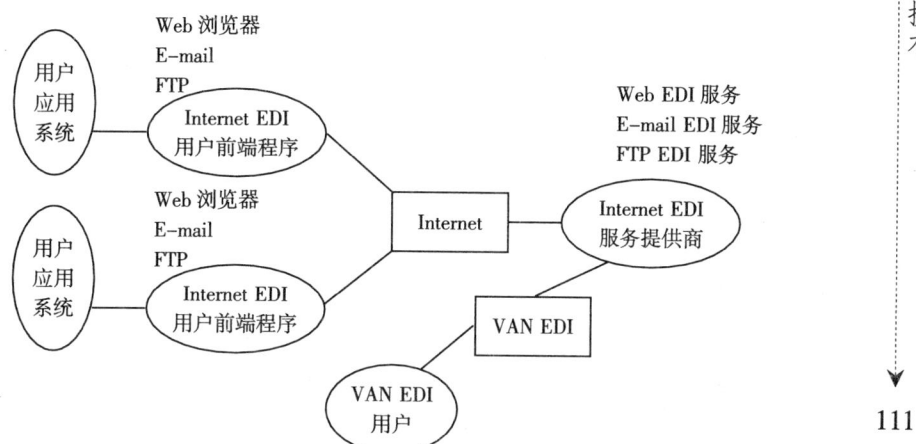

图 5-1　EDI 系统参考模型

EDI 发送方的用户通过 EDI 应用程序提交一个 EDI 报文，该报文经过 EDI 解释器被翻译为标准格式报文，通过通信网络传到另外的 EDI 解释器，该解释器将标准格式报文翻译为 EDI 接收方的用户所能接收的报文格式，通过 EDI 应用程序显示 EDI 报文。

EDI 的工作流程如下：

（1）发送方将要发送的数据从信息系统数据库提出，转换成平面文件（亦称中间文件）。

（2）将平面文件翻译为标准 EDI 报文，并组成 EDI 信件。接收方从 EDI 信箱收取信件。

（3）将 EDI 信件拆开并翻译成为平面文件。

（4）将平面文件转换并送到接收方信息系统中进行处理。

以上的 EDI 工作流程可用以下七个步骤来详细地描述：

(1) 发送方生成原始报文。数据的发送方（出口企业）在自己的计算机应用系统中对来自数据库或输入的数据进行数据的编辑处理，生成原始单据格式的报文。

(2) 发送数据映射。发送方（出口企业）使用 EDI 映射软件，将原始数据格式转换为中间文件。中间文件是用户端格式文件与 EDI 标准报文之间的接口文件，它的应用使 EDI 中心和用户可直接进行数据转换。

(3) 进行数据翻译。发送方（出口企业）应用翻译软件，将中间文件转换为 EDI 标准格式报文。

(4) 发送方对报文加封。发送方（出口企业）的计算机应用系统自动在报文外层加上通信交换信封。

(5) 发送 EDI 报文。发送方（出口企业）通过通信软件将标准格式文件发送到增值服务网或直接传给对方。

(6) 接收方收到 EDI 报文后进行数据翻译。接收方应用翻译软件将 EDI 标准格式报文转换成中间文件，最后生成接收方计算机应用系统能够处理的文件格式。

(7) 接收方应用系统进行数据处理。接收方对收到的报文使用计算机应用系统进行收阅处理。

第四节　EDI 的分类

一、EDI 应用系统

EDI 由计算机硬件及专用软件组成的计算机应用系统、通信网络和 EDI 的标准化三个基本要素组成。这三个要素相互衔接、相互依存，构成 EDI 的基本框架。计算机应用系统是实现 EDI 的前提条件，通信网络是实现 EDI 的基础，EDI 的标准化是实现 EDI 的关键。

（一）通信网络

在传统的商务活动中，贸易单证票据的传递常由邮政系统或专业传递公司完成。使用 EDI 技术使得我们在商务活动中能够用电子的手段来生成、处理和传递各类贸易单证。电子通信网络是 EDI 系统必不可少的组成部分之一。

从 EDI 所依托的计算机网络通信技术的发展演变看，最初是点对点方式，随后是增值网络（VAN）的方式，进而是电子邮件（E-mail）方式，当今则演变为 Internet 模式。这一变化趋势使得 EDI 的推广应用范围变得更加广阔。

Internet 模式的 EDI 是指利用先进的国际互联网、服务器等电子系统和电子商业软件运作的全部商业活动，包括利用电子邮件提供的通信手段在网上进行的交易。Internet 模式的 EDI 大大方便了那些中小型企业，它们不用购买和维护 EDI 软件，不用进行 EDI 单证和应用程序接口 API（Application Programming Interface）开发，只需利用浏览软件即可应用，而有关表格制作和单证翻译等工作由 EDI 中心或商业伙伴完成。

（二）EDI 标准

在 EDI 技术构成中，标准起着核心的作用。EDI 技术标准可分成两大类：一类是表示信息含义的语言，称为 EDI 语言标准，主要用于描述结构化信息；另一类是载运信息语言的规则，称为通信标准。它的作用是负责将数据从一台计算机传输到另一台计算机。一般来说，EDI 语言对其载体所使用的通信标准并无限制，但对语言标准却有严格的限定。

EDI 语言标准目前广泛应用的有两大系列：国际标准的 EDIFACT 和美国的 ANSIX.R。目前，EDIFACT 标准作为联合国与国际标准化组织联合制定的国际标准正在被越来越多的国家所接受。

二、EDI 的组成

EDI 系统由两部分组成：一部分是 EDI 服务系统，面向社会团体、个人提供 EDI 服务，供相关用户群使用；另一部分是 EDI 应用系统，完成 EDI 报文的收发、翻译和面向最终的具体应用业务。

对于大型团体，其 EDI 相关的数据量大，可以建立自己的 EDI 业务处理中心，可以通过多种方式（如电话线直接和用户端的 PC 相连，或通过增值网络）和用户的 PC 或 EDI 服务器相连。例如某零售商根据各种货品的销售情况向供应商订货，有大量的订单发往各个供应商，可以建立带邮箱的 EDI 服务系统，把货品的销售以及订货情况发送至相应的邮箱，由供应商通过联机信箱取得相应的信息，其 EDI 系统兼有服务和用户系统的双重能力。

三、EDI 服务中心

EDI 交换服务属于增值服务的范畴，提供的服务因系统的规模与内容不同而千差万别。一般而言，EDI 服务中心应由以下四部分组成：

（1）公用 EDI 服务手段：提供基于 MHS 的邮箱服务，基于联合国 EDI-FACT 报文的成组交换，支持 EDIFACT 报文的翻译、验证、核查跟踪（Audi Trail）等功能，允许用户在不同阶段进行报文的翻译。

(2) 通信接口：用户可通过点对点或 VAN 的方式连接到中心，中心则提供多种存取方式的接口。

(3) 公共业务服务：提供公共业务服务，代办用户委托的 EDI 业务，用户可以通过 FAX、柜台服务，进行现有纸面单证的 EDI 处理；协助用户向 EDI 化平稳地过渡。

(4) EDI 最终用户系统：提供最终用户系统的 EDI 应用系统解决方案，供用户选择用。

（一）EDI 服务中心功能

(1) 邮箱管理。如信件的收发管理，信件的分送管理等功能。

(2) 回执响应功能。返回信件被收件人收取，或未在制定时间内取走等回应通知。

(3) 分类区件。由使用者选择，可依照信件的种类及送件人的 ID 等分类方式取件。

(4) 断点重发功能（Checkpoint and Restatt）。用户可以重复操作的能力。

(5) 编制管理报表。如送件人清单、收件清单及回执清单等。客户的基本信息管理及客户关系管理。

(6) 检查信件的正确性。如检查 EDI 交换、EDIM 的格式的正确性等。

(7) EDI 的翻译功能。如不同标准的转换等。

(8) 安全控制能力。如对多重密码的修改，使用者存取记录，防止多次不正确的系统登录及跟踪核查对系统的安全造成的威胁。

(9) 灾害恢复功能。在灾害发生时，自动保存现行系统数据，启动备份系统，使系统的损失最小。

(10) 可支持中文传输功能。可支持包括 ISO10646 通用多 8 位编码字符集的信息传输。

（二）EDI 服务中心的基本结构及各部分功能

EDI 服务中心的硬件包括主机硬件平台、存储设备、备份存储设备、通信接口、外部设备等几部分；软件包括系统软件、MHS、服务应用软件。

(1) 服务应用软件。包括：EDI 报文的检查，报文匹配，EDI 翻译器，计费/会计软件，用户资料数据库，报表工具，测试工具，系统的管理维护等。

(2) MHS。完成基于 X.400/X.435 的电子邮箱管理、回执响应、分类取件、断电重发等 EDI 服务系统基本的功能。X.435 定义的 EDI 用户代理 EDIUA 以特定的方式使用报文传输系统（EDI TS）和报文存储器（EDI MS），为用户提供各种 EDI 报文服务，可构造、生成并接收 EDI 报文（EDIM）、通知（EDIN）。EDI MS 用以存放 EDIUA 收到的 EDI 报文。EDI MS 将 EDI 的信封、报头和报体分别映射到 EDI MS 信息实体的不同特征域，以提供查询、检测报文服务。EDI MS 还提供自动转发 EDI 报文和自动转发 EDI 报文和自动回送 EDI 通知等服务。

（3）X.435MHS 提供了 EDI 的 14 项（1988 年版）安全保密措施。X.509 规定了非对称密钥的管理，在 X.519 规定了安全证书。EDI 除借用上述安全服务外，根据 EDI 的特殊要求，在 X.435 中还强化了部分安全服务，并可使用对称（DMS）和非对称（RSA）两种密码算法加密或鉴别。

（4）跟踪核查。对 EDIM 的跟踪核查，记录事件如 EDIM 头信息、处理时间等，及时发现 EDI 系统中的有害事件或隐患。跟踪核查信息一般要存储若干年供参考。

（5）运行存储。运行存储分为两个层次：一个是常规性存储；另一个是备份性存储。常规性存储满足运行过程中的信件、邮箱的存储；备份性存储用于存储历史邮件及核查数据，以备法律、仲裁查证等需要，一般存留期为 10 年左右。

（6）网络管理。监查网络的性能，及时了解用户的数目，网络出现问题时及时预警，诊断网络错误，指出网络与连接的故障点，在必要时备份系统。

（7）系统管理。对系统的状态进行管理，提供目前用户数、峰值时间用户数、连接失败率、平均用户联机时间、数据流量、交换文件数据存储量等，以及在系统运行中实施访问控制，中断或开启高峰时的网络连接等。

（8）帮助系统。在需要时，提供各种形式的帮助，可以是联机的、FAX 或语音的、E-mail、多种语言等形式。

（9）通信接口。与通信网络的接口，执行呼叫、自动签发、地址转换、错误纠正和记录传送等。

（10）备份功能。EDI 服务系统要提供长期的数据存储。存储的内容包括法定的存储信息（如 EDIM 及跟踪核查数据、参照、管理以及法律性数据和用户要求保存的 EDI 数据等）。存储设备可采用磁带机、磁盘阵列、专用磁盘存储设备等，同时提供对存储数据的查询提取能力。

（11）计费和会计系统。计费系统要求能够根据运营者的要求，提供按时、按次优惠计费等计费手段，变更计费方式，合理调整运营策略，避开高峰拥塞。会计系统应对用户的账户进行处理，输出各种凭证、统计信息。用户数据库、用户管理系统应对用户的信息进行管理。

（12）信息服务系统。公布网上公告、广告等信息。

（13）统计。交换数量等指标进行统计，掌握系统运行状况。

（14）报表。生成各种报告和表格。

(15) 演示/培训。提供培训、示范、宣传的手段。

(三) 其他的功能要求

除上述 EDI 服务系统必须具备的功能外，一个 EDI 运营服务系统建立还应该考虑如下问题：

(1) 中心应选用联合国 EDIFACT 国际标准、国家及地区标准。

(2) 允许翻译过程在最终用户端或在 EDI 服务中心端，数据的合法性检查在两端进行。

(3) 对系统高可用性的考虑，允许系统管理员在不关闭网络或服务器联机状态下完成日常的维护工作，包括数据备份/恢复、文件移动等。

(4) 信息的处理速度的要求。在信息交换的高峰期，要求系统必须具备 EDIACT 信息的速度和容量，除了 EDI 信息在网上的交换或留在 VAN 信箱中的事件外，系统必须具备足够的相应速度，EDI 系统建立之初，必须对这一指标提出指标要求。

(5) 关键的系统要分布于不同的硬件平台上，MHS 运行存储器、跟踪核查功能以及传输有效性检查，作业的管理等功能，最好的方式是由不同的主机服务器、软件完成。系统应合理地采用分布式的结构，以减轻服务器的工作负荷，分割系统的错误，提高系统的可靠性。

(6) 系统应提供必要的开发及测试手段。系统在运营过程中的修改是不可避免的，系统应提供必要的开发和测试的接口。

(7) 提供 EDI 最终用户程序试验、测试功能。向用户反馈其 EDIM 是否有效，对其 EDIM 进行校验。

(8) 紧急情况处理。提供位于不同位置的处理中心，以防地震、火灾等毁灭性灾害发生而造成的服务中断。可根据资金运营要求在适合的时候建立这一类的异地备份服务中心。

(9) 访问安全性和可靠性，提供先进的用户权限和访问控制机制。网络服务应提供数据热备份功能，都支持复制功能。只要一个服务器不可用了，客户可以自动地切换到一个相应的复制服务器上。

(10) 高扩展性的系统。通过把文件状态信息及数据复制到客户系统，减少了源自客户的数据请求，从而减轻了服务器的负荷。

(11) 可互操作性。提供与多种 VAN 服务进行互操作的网关，保证用户透过其他 VAN，其他 EDI 服务的连接，使系统真正成为信息系统之间的桥梁，连接各个"信息孤岛"。

第五节 EDI 的应用范围

一、传统的 EDI 应用

在 Internet 普遍投入使用之前，EDI 通信采用的是专用的增值网络 VAN。VAN（Value Added Network）不是一种新型的通信网，而是在现有通信网络的基础上，增加 EDI 服务功能（如协议的更改、检错及纠错等）的计算机网络。

VAN 是目前普遍采用的 EDI 应用模式，它可使不同计算机之间实现数据传输、数据文件转移及远程数据库访问等，克服了"点对点"（Point to Point）直接专用方式弊端。基于 VAN 的 EDI 服务安全可靠，贸易伙伴管理交易与确认仲裁技术成熟，在国际贸易、海关通关、交通运输、政府招标、公用事业中应用广泛。但传统 VAN 本身存在很大缺陷，如贸易伙伴可能选择不同 VAN，而 VAN 之间因竞争不愿互联，而且基于 VAN 的 EDI 操作复杂，服务成本非常高昂，众多 VAN 按传输的比特数收费，中小企业 SME（Small-to-Medium Enterprises）不可轻易实现，因而限制 EDI 技术的推广应用。同时传统 VAN 有一致命问题，即其实现了计算机网络下层的联系，相当于 ISO 的物理层、数据链路层及网络层。而 EDI 往往发生于异种计算机的应用软件之间，因此 EDI 软件与 VAN 联系较松散，效率较低。VAN 的中心业务仅将信息从一地传送至另一地，只限于数据交换，因此单纯的 EDI 远远不够。唯有制作图文并茂的电子信息，才可获得事半功倍的商业效应。对传统 VAN 进行图像传输及变换，无论技术或成本均无法实现。

二、Internet 下的 EDI 应用

随着计算机技术的迅速发展，网络化的和分布式的系统使以往物理上相距遥远的计算机资源一下子被大量的潜在用户所共享，而克服了以实际物理形式（如纸张）存放的信息在处理和分发传送时的速度缓慢，使更多的信息更快地被派上用场。随着 Internet 和 Intranet 的越来越广泛应用，其商务应用更是越来越被人们看好，相信企业间利用 Internet 进行商务信息共享、电子商务处理等业务必将日益普遍。电子商务最重要的特征就是以前用普通方式存储处理的商务凭据（如纸面单证、合约）和商务信息（如书面文件）使用电子方式进行存储、交易、处理和证实（如数字签名）。电子化的信息（包括传真、Videotex、

电子邮件等）将逐渐取代以往的纸面信息，创造日常生活和商业的"新秩序"。

EDI 发展趋势是要形成全球 EDI 环境，要做到这一点，必须采用统一标准的网络通信环境，而互联网正是具有这种特点的分布式国际互联网，因此下面将着重讨论 Internet 上的 EDI 商务应用传输技术。

互联网上的 EDI 商务应用传输技术和问题随着 Internet 的不断发展，许多 EDI 厂商和 VAN 厂商已开始修改它们的战略，提供与 Internet 的连接，以求继续生存下去。波士顿 Aberdeen 集团公司的一位分析家 Tin Sloane 说："许多公司最终将把 EDI 移到 Internet 上，这个问题不是什么假设或会不会发生的问题，而只是一个时间问题。"两个最大的 EDI 厂商——GE 信息服务公司和 Harbinger 公司已宣布对 Internet 的支持。有些公司把 Internet 看做可用于 EDI 业务处理方面的一种未来平台。

下面着重讨论 Internet 上 EDI 的几种传输技术及其优缺点：

1. Sendmail 的 EDI 传输技术

SMTP/MIME Sendmail 是一个通用的、可灵活配置邮件的路由工具。它用在 Internet 上从大到小、从复杂到简单的多种路由场合中，因此许多商务应用中都使用 Sendmail 来传输 EDI 报文，无论是标准化有格式的还是自由格式的 EDI 报文。Sendmail 实际是一种 MTA（报文传输代理）程序，MTA 类似于一个邮局，它接收用户发出的邮件并投递到网络上其他机器的 MTA 中，或者将发往用户的邮件投递到用户的信箱。其他的 MTA 软件还有 MMDF、Smail 2.x 和 Zmailer 等。几乎所有的 Unix 系统都使用 Sendmail 作为它的 MTA。使用 Sendmail 和 SMTP 技术在 Internet 上传输 EDI 报文，具有投资少、见效快的特点。

然而，使用 Sendmail 与 SMTP/MIME 方式传输 EDI 报文具有几个致命的弱点。①Unix 系统本身安全性就很不完善，Sendmail 在这方面更差，如几年前曾使全美多个大型政府及科研网络几乎陷于瘫痪的莫里斯蠕虫病毒就是以 Sendmail 为突破口的；②EDI 报文按照这种方式在 Internet 上传输时无法保证报文的真实性；③EDI 报文的这种传输方式无法保证商务活动中信息传输的延迟要求。

2. FTP 的 EDI 传输技术

FTP 成为 Internet 上 EDI 报文传输的一种有效手段。使用 FTP 传输 EDI 报文的基本思想：进行商务交易的贸易双方知道自己何时需要提供 EDI 报文或者何时获取它们。报文提供方将 EDI 报文放在一个文件库中，并给允许获取这些报文的用户授权。报文接收方通过向发送方传送自己的用户标识和口令，建立起双方间的文件传送会话，便可使用有关命令下载所需的 EDI 信息。文件库的形式一般为文件系统中的一个子树，或仅限于一个子目录。交易的双方都可以建立自己的 EDI 信息文件库，并分别授予双方读文件的权限。

考虑到安全因素，一般情况下要设置目录和文件的读写模式来防止双方用户在自己的文件库中写入文件。还有一种方式是交易双方的 EDI 报文放在双方都信任的第三方（如 EDI 服务中心）的文件库中，由该第三方授予交易双方合适的权限。与上一种传输方式相比，FTP 能在一定程度上保证商务信息达到传输延迟的要求。用户与文件库所在的机器建立起端到端的连接后，EDI 不会在任何中间站点上暂时延迟，而是直接传输到客户的机器中。另外，FTP 可以高速地传输文件。FTP 传输方式的缺点是交易的过程是提供信息和读取信息的两个独立的过程，因此交易双方必须配合默契，才能保证交易的顺利进行。

3. Newsgroup 的 EDI 传输技术

Newsgroup（新闻组）是起源于 Usenet 的讨论组。现在 Internet 上的任何用户都可免费使用 Usenet 的所有特性。局域网中必须存在一台运行新闻服务器程序的计算机，它充当服务于网络上每个用户的中央新闻库的角色。实际的新闻文章都是由 Newsserver（新闻服务器）存储和管理的。用户的 Newsreader（新闻阅读器）程序充当服务器的客户端。新闻服务器之间使用 NNTP（网络新闻传输协议）通信。用户的新文章会在每次连接时从一个新闻服务器传向另一个新闻服务器。用户可以选择适合自己的新闻组中的文章并作出反应（如给文章的作者写信或发送 E-mail），也可以 Post（张贴）自己的文章到新闻组中。因此，从事商务活动者可以建立与商务有关的新闻组，允许用户在其中张贴自由格式或标准格式的 EDI 信息如产品需求、产品供给、投标信息等。这种 EDI 传输方式具有一个非常突出的特点：安装方便，易于管理。只要是 Internet 的用户，就可使用这些新闻组阅读器访问这些商务信息，并采取相应的商业活动。因此这种传输方式具有良好的开放性。

但是在商业领域，许多商业信息不应公开，这里存在商业机密的问题。一种解决方法就是将加密技术和新闻组技术结合起来用于此领域。

4. MHS 的 EDI 传输技术

MHS（报文处理系统）是一个基于 ISO OSI 标准进行信息交换的标准。虽然 MHS 的主要目的在于交换个人间报文，即基于其上的 IPMS（个人间报文系统），但 MHS 服务同样用于交换事务公文或其他公文，基于 MHS 上的 EDI 系统亦用来交换 EDI 报文。

X.400 标准越来越为欧洲和美国政府所接受，实际上，我国在早期连入 Internet 的一些尝试中已有不少邮件路由器的功能是基于 X.400 实现的。例如上海的 CRN 在 1990 年通过拨号 X.25 分组网与德国 GMD 合作实现了基于

X.400MHS 的邮件转发；北京清华大学 TUnet 在 1990 年与加拿大 UBC 合作实现的邮件转发同样基于 X.400MHS 标准。X.400 标准比 SMTP 复杂得多，同样也全面得多。

特别重要的是，X.400 标准中规定了一系列安全服务，这对贸易交易中的 EDI 传输意义重大。这些安全服务只是在 1988 年版本的 MHS 中才有的。

随着计算机的普及和计算机网络的不断发展，EDI 的应用也必将得到推广。如何在 Internet 上有效、高速、安全、低消费地传输 EDI 报文已成为人们密切关注的一个焦点。以上讨论的四种 Internet 上传输 EDI 报文的技术各有所长，但是距离人们的希望目标还存在一定的差距，特别表现在 EDI 报文的安全传输方面。我们相信，在不久的将来，随着加密技术和传输技术的不断完善及两者的有机结合，Internet 上 EDI 的商务应用将会得到极大的普及。

第六节　EDI 的发展

一、EDI 标准的发展

EDI 的推动，"标准"扮演着非常重要的角色，而 EDI 标准的发展，也伴随着 EDI 的应用而发展。EDI 的应用开始于 30 多年前，美国运输行业为解决使用大量纸张单据工作的困扰而提出 EDI 的观念。最初 EDI 的应用是通过专用格式作为数据交换的依据，是企业针对个别需求订立的文件格式，只可使用于交易的特定两方所认可的应用系统之间。随着 EDI 跨行业的应用，EDI 标准也逐渐发展成为统一的国际标准。可以将 EDI 标准的发展分为以下几个阶段：

1. 产业标准阶段（1970~1980 年）

此阶段开始于 20 世纪 70 年代，美国几家运输行业的公司联合起来，成立了运输数据协调委员会（TDCC）。该委员会目的是开发一种传输运输业文件的共同语言或标准。1975 年公布了它的第一个标准。继 TDCC 之后，其他行业也陆续开发了它们自己行业的 EDI 标准，如杂货行业的标准（UCS），仓储行业的标准（WINS）等行业标准。

2. 国家标准阶段（1980~1985 年）

产业标准应用成熟后，企业界发现，维持日常交易运作的对象，并不局限在单一产业的对象，为此，国家性标准由此诞生。1979 年，美国国家标准学会（ANSI）授权 ANSI X12 委员会依据 TDCC 的标准，开始开发、建立跨行业且具

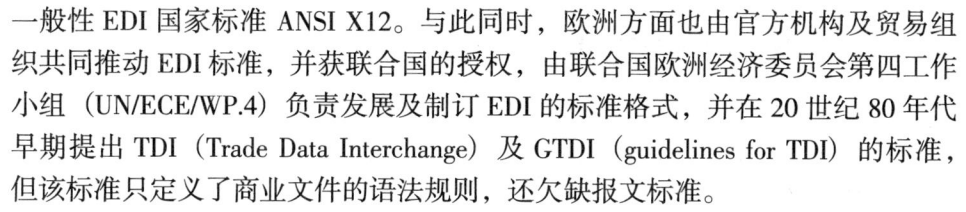

一般性 EDI 国家标准 ANSI X12。与此同时，欧洲方面也由官方机构及贸易组织共同推动 EDI 标准，并获联合国的授权，由联合国欧洲经济委员会第四工作小组（UN/ECE/WP.4）负责发展及制订 EDI 的标准格式，并在 20 世纪 80 年代早期提出 TDI（Trade Data Interchange）及 GTDI（guidelines for TDI）的标准，但该标准只定义了商业文件的语法规则，还欠缺报文标准。

3. 国际通用标准阶段（1985 年至今）

在欧、美两大区域的 EDI 标准制订、试行几年后，1985 年两大标准——北美 ANSI X12 与欧洲 GTDI 开始广泛接触与合作，进行国际间 EDI 通用标准的研究发展。联合国欧洲经济委员会负责国际贸易程序简化的工作小组（UN/ECE/WP.4）承办了国际性 EDI 标准制订的任务，并于 1986 年正式以 UN/EDI-FACT（United Nations/Electronic Data Interchange for Administration，Commerce and Transport）作为国际性 EDI 通用的标准。同时，ANSI X12 于 1992 年决定在其第四版标准制订后，不再继续发展维护，全力与联合国 EDIFACT 结合，因此预计 1997 年之后，全世界将趋于统一的 EDI 标准。

UN/EDIFACT 标准发展至今，使用的范围愈益扩大，内容日趋成熟，目前在全球已成立六大区域的委员会，推动 EDIFACT 标准相关事务，此六大组织为泛美（Pan American）、西欧（Western European）、中欧及东欧（Central & Eastern European）、澳新（Australia/ New Zealand）、非洲（African）和亚洲（Asia）。

UN/EDIFACT 标准是相对成熟的标准，由于 EDI 是将商业往来文件转换成标准格式传输，因此除了现有的报文标准外，也不断应新的需求而有新的报文标准的发展与制订。

二、基于增值网的 EDI 发展

所谓增值网（Value Added Network，VAN），是指可提供额外服务（如协议的更改，检错及纠错等）的计算机网络系统。VAN 是目前普遍采用的 EDI 应用模式，它可使不同计算机之间实现数据传输、数据文件转移及远程数据库访问等，克服了"点对点"（Point to Point）直接专用方式的弊端。基于 VAN 的 EDI 服务安全可靠，贸易伙伴管理交易与确认仲裁技术成熟，在国际贸易、海关通关、交通运输、政府招标、公用事业中应用广泛。VAN 的中心业务仅将信息从一地传送至另一地，只限于数据交换，因此单纯的 EDI 远远不够。唯有制作图文并茂的电子信息，才可获得事半功倍的商业效应。对传统 VAN 进行图像传输及变换，无论技术或成本均无法实现。

三、基于 Internet 的 EDI 发展

基于 Internet 的 EDI 包括 Internet Mail，Standard IC，Wed-EDI，XMLEDI。其中 Wed-EDI 是目前最流行的方式。

（一） Internet Mail

Internet Mail 是最早将 EDI 引入 Internet 的方式。它用 ISP 取代传统 EDI 对 VAN 的依赖，以实现商业数据与信息的电子交换。利用 Internet Mail 传输 EDI 单证，采用 Internet 邮件协议 SMTP 扩展 MIME（Multipurpose Internet Mail Extensions）。其中，应用系统产生并读取商业单证，此单证以内部格式（平台文件）存储；翻译模块负责实现用户应用系统内部格式数据和标准格式 EDI 单证之间的转换；封装/拆封模块依据 MIME 标准，将 EDI 单证封装 Internet/MIME EDI 报文，或从 Internet/MIME EDI 报文中提取 EDI 单证；安全模块根据用户安全要求，进行相应安全处理。

（二） Standard IC（Standard Implementation Conventions，标准执行协定）

使用 EDI 过程中，不同行业或企业常根据自身需要对标准进行选择，IC 即指经过选择的消息版本，因而出现多个 IC 版本。开发 IC 费用高昂，且各版本间消息不能相互处理。Standard IC 是一种特殊的跨行业针对特定应用的国际标准，着重解决 Internet EDI 的多版本 IC 问题。此标准不同以往的专业、行业、国家及国际标准，使用简单，无过多选择项，令 EDI 可在 Internet 环境下方便使用。

（三） Wed-EDI

Wed-EDI 是目前最为流行的 EDI 与 Internet 融合方式，使用 Web 作为 EDI 单证的接口。其目标是允许中小型企业只需通过浏览器和 Internet 连接执行 EDI 交换，此解决方案对 SME 是可行的。

（四） XMLEDI

1996 年 11 月，波士顿 SGML 世界年会，新一代数据描述语言可扩展标示语言 XML Extensible Markup Language 公布于世。XML 是一开放式网络标准，在数据标记、显示风格及超文本链接方面功能强大，可简化互联网与企业网的数据交换。XML 应用所引发的 Web 革命促生新一代的 Internet EDI。

XMLEDI 着重解决 EDI 最主要的映射问题。XMLEDI 引入模板（Template）概念，模板描述的不是消息的数据，而是消息的结构及如何解释消息，能做到无须编程实现消息的映射。用户很容易将文件属性映射至数据结构或对象分级结构中，使在客户端浏览器与数据库间来回传输文件非常可靠，从而解决了 EDI 的最主要问题，即映射于用户计算机上。软件代理 Agent 用最佳模式解释

模板与处理信息，若用户应用程序实现了 XMLEDI，则代理可自动完成映射，并产生正确消息。

XML 使 Web 数据结构更易添加数字签名，同时更易对文档或文档一部分进行加密。W3C（World Wide Web Consortium）数字签名倡议从事的正是 XML 的安全和认证研究。

XMLEDI 是对称的 EDI，本身具互操作性，无论大或中小企业均能从中获益。首先是 XML 的结构化和文件类型定义 DTD（Document Type Definition）规范的特点所致；其次是 XML 的多重链接可进一步指定目标找到后的动作。

XML 是新一代的互联网信息描述语言，它开放性好，灵活性高，功能强大，并由于允许任何用户根据需要定义用于标识数据的标记（TAG），以及用于解释由此产生的数据的结构和含义的模板（DTD)，极适宜于对结构化的业务数据进行描述与解释，因此得到业界的广泛支持，普遍应用于电子商务领域。XMLEDI 就是将 XML 与 EDI 概念相结合而产生的一项新的 EDI 应用技术，它的核心是用 XML 替代 EDIFACT 语法法则，并将 EDIFACT 基础数据及报文分别映射为 TAG 和 DTD，从而使 EDIFACT 纳入 XML 语境，并使由此产生的业务信息既可用支持 XML 的公共的浏览器浏览，又可由支持 XML 的计算机应用处理，因而更易于 EDI 的实施，为中小企业参与 EDI 创造了良好的条件。

XML 的诞生为电子数据交换提供了新的思路，EDI 的缺陷正是 XML 应用所长，XML 充分利用了现有的网络资源，通过定制 DTD/Schema 可以方便灵活地体现新的商业规则，无论从技术还是成本上，XML 都更容易流行。不过为了保护企业在 EDI 上的巨大投资，传统的 EDI 也没有被彻底废除，而是与 XML 相结合，形成了 XMLEDI，使电子商务、电子数据交换、互联网的发展空间更为广阔。

本章案例

副食品流通行业的 EDI 实施

美国副食品流通行业也是比较早实施 EDI 的行业，而且是比较成功的典范。副食品流通行业的最基本的特点就是产品种类非常繁多，价值并不一定很大，这样就造成了人工业务操作和单证的缮制工作非常耗时，而且成本相对较高。

Althur D.Little 在 1980 年曾受美国副食品流通行业的委托专门对该行业的 EDI 实施情况进行了全面的调查和评估。

EDI系统的实施为美国副食品流通行业带来的好处包括直接和间接两个方面：

一、直接好处

EDI所带来的直接好处主要表现在人工业务操作方面，如订单、发票和相关单据的处理，不但节省了人力，而且节省了费用，业务操作效率提高。具体表现在以下几个方面：

（1）节省了通信费用。例如向中介机构或生产厂家电话订货，或者向分销商或中介机构邮寄发票等的费用。

（2）节省了翻译和文本转换成本。这项费用节省的是企业从外部单据的格式转换成企业内部单据的格式所需要的费用。

（3）节省了录入成本。录入成本指的是将纸面信息录入到电脑中的费用。

（4）节省了审核成本。这项费用主要指的是将相关纸面单据由人工所进行的审核费用，例如将企业的发票与经销商的采购订单进行核对和比较的成本。

（5）减少了业务操作的差错。特别是在纸面单据的流转过程中，翻译和文本转换中的差错在EDI的业务流程中得到了避免。

关于上述费用的节省，其具体的评估方法是将业务操作的时间、业务操作的费用、通信费用和人工成本等因素折合成相应的成本，然后对比EDI实施前与实施后的不同结果。上述成本考虑到了诸多因素，如业务操作人员（包括记账人员、文件处理和保管人员、录入人员、秘书等）的正常工资支出、福利待遇、平均办公费用；每位业务操作人员所占用的办公室租赁面积所折合的费用支出；通信成本包括秘书和业务人员与外部的联系费用、电话传真费用、邮寄费用等。

经过测算，EDI系统的报文接收者要比数据的发送者得到更多的益处。例如，在订单处理的过程中，经销商是信息的发送者，他所获得的费用节省主要是通信成本，如电话、邮寄等成本。而贸易中介机构所获取的收益是多方面的，如翻译、转换、录入、向厂商传输订单等的成本。为了能够测算出该行业的成本节省的情况，需要使用整个行业的交易额和单据在不同经营主体之间流转数量。

根据以上的费用测算，美国副食品流通行业如果全部实施EDI，至少可以节省1.53亿美元的操作费用。由于不同经营主体之间的信息流转方式和数量不同，EDI为经销商、中间商（只占全行业大约一半交易量）和生产厂家分别节省的费用是5700万、3500万和6100万美元。

通过实施EDI可以减少业务操作差错：如销售的差错（减少24.48%）、客户服务的差错（减少11.57%）、普通办公的差错（减少9.37%）、账单差错（减少 13%)、库存处理—产品差错（减少 15.38%）、库存处理—数量差错（减少 16.37%）以及其他方面的差错（减少 15.85%）。

二、间接好处

虽然实施 EDI 的直接好处很重要，但是所带来的间接好处也足以成为该行业实施 EDI 的主要动力。

（1）节省了发票内容调整的手续和费用。通过调查显示，在业务中，50%的发票都需要内容的调整。其中：80%的调整是出于价格差异的原因；10%是由于索赔的原因；10%是由于发货数量与经销商收到的货物数量不相符合。除此之外，经销商经常要求厂家对有关产品进行促销，在厂家向经销商出具的发票价格上经常要调整，因此，在 EDI 系统中加入了发票自动调整程序。这一程序使电脑可以自动处理 80%的价格调整情况。这大大简化了业务和财务的操作程序，也节省了相应的许多费用和不必要的麻烦。

（2）减少了库存水平。鉴于 EDI 的实施使副食品流通行业的信息交流更加及时准确，因而可以使整体库存水平下降。该 EDI 系统还可以自动跟踪货物的供给情况，自动探测短缺货物，并自动下订单。EDI 的实施使库存水平减少到最少，同时并没有降低整体服务水平。

（3）节省了销售人员对经销商的访问次数和成本。通常情况下，厂家的销售人员要定期访问经销商，主要的目的就是介绍新产品，做促销活动，有些访问是为了发票价格和金额问题，还有的是谈判价格的调整，以及收取货款等。EDI 的实施使这一业务访问的流程得到了简化。经过调查，在该行业，厂家的销售人员平均每 3~4 周就要对经销商进行访问。由于 EDI 系统的自动处理功能，使得访问的次数可以有效地下降，从而也减少了各种费用开支，节省了销售人员的大量时间。

其他的间接好处还有减少了库存风险、缩短了订单的处理时间、改善了内部业系统，节省了处理订单、货款的人工成本等。

资料来源：育龙网，2008-07-17.

➡ **问题讨论：**

1. EDI 对副食品流通行业的影响。
2. EDI 在我国国际贸易中的作用。
3. EDI 应用技术为什么在贸易中会出现一系列问题？

本章小结

EDI 是 Electronic Data Interchange 的缩写，译为电子数据交换，有时也译为"无纸贸易"，中国香港译为电子资料联通。国际标准化组织将 EDI 定义为一种电子传输方法，用这种方法，首先将商业或行政事务处理中的报文数据按照一个公认的标准，形成结构化的事务处理的报文数据格式，进而将这些结构化的报文数据经由网络，从计算机传输到计算机。电子商务的最早应用是从 EDI 电子商务系统开始的。EDI 是根据商定的交易或报文数据的结构标准实施商业或行政交易从计算机到计算机的电子传输。它由数据标准、计算机硬件与软件和通信网络三大要素组成。EDI 系统运作根据技术特点可以分为点对点方式和以清算所为中介的方式，根据不同发展特点和通信网络不同，可以将 EDI 的运作分为封闭式 EDI、开放式 EDI、交互式 EDI 和基于 Internet 的 EDI。EDI 的应用将对国际贸易产生巨大影响。EDI 使用的关键问题是数据标准问题。企业实施 EDI 系统必须进行实施规划，分析系统的成本效益，并结合企业的业务流程综合考虑。

本章复习题

1. EDI 的工作需要考虑的三点内容。
2. 基于增值网 EDI 的发展。
3. Sendmail 的 EDI 传输技术及其优缺点。
4. XML 对 EDI 的影响。
5. 结合案例谈谈你对 EDI 的理解。

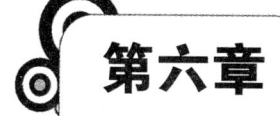

第六章 移动中间件技术

学习目的

知识要求 通过本章的学习，掌握：

- 中间件概念及特征
- 移动商务及移动中间件概念及特征
- 移动中间件的分类

技能要求 通过本章的学习，能够：

- 熟悉中间件系统和实现方式
- 掌握移动中间件技术

学习指导

1. 本章内容包括：中间件、移动商务、移动中间件。
2. 学习方法：阅读文章，掌握重点概念，把握概念之间的内在关系；尽量结合实际情况加深理解；树立对移动中间件的正确了解。
3. 建议学时：2学时。

移动商务技术

引导案例

Gartner 称：IBM 连续十年占据中间件软件市场榜首

IBM 公司近日宣布，在 Gartner 公司根据 2010 年全球收入总额评出的应用程序基础设施和中间件软件细分市场份额排行榜中，IBM 公司再次荣登榜首。

该报告称，IBM 公司以 32.6%的市场份额位居软件供应商之首，其市场占有率扩大到比其最接近的竞争对手超出将近一倍。据 Gartner 称，IBM 在 2010 年收入总额增长了 14.4%，差不多是整个市场增长率的两倍。Gartner 的报告显示，全球应用程序基础设施和中间件软件市场增长了 7.3%，达到 176 亿美元。

10 年来，行业分析家一直将 IBM 评为全世界应用程序基础设施和中间件软件市场的最大份额占有者。根据 Gartner 公司报告，除了整体上领先市场之外，IBM 在一些关键的细分市场均占有最大市场份额，它的增长速度超过了 IT 市场的整体增长速度：

例如，Gartner 指出，业务流程管理套件细分市场在 2010 年增长了 9.2%。IBM 以 24.7%的市场份额被评为业务流程管理软件的最大供应商。业务流程管理软件可以帮助众多公司开发和实施有效的流程，使他们的业务变得更加敏捷并促进业务的提高。

Gartner 报告称，IBM 继续在其他增长领域和关键领域居于首位，其中包括消息中间件市场、事务处理监督器市场以及企业服务总线套件和集成应用程序的综合市场。IBM 在中间件市场份额方面继续占据领先地位，这是 IBM 公司强劲增长的一个关键原因。

"最新的 Gartner 报告反映出 IBM 在业务集成中间件市场占有率方面的领先地位继续得到加强"，IBM 软件集团中间件业务高级副总裁 Robert LeBlanc 说。"加快关键的业务流程以及提高这些流程的底层基础设施的灵活性，是当今企业的重要优先事项，而 IBM 具备的核心优势可以帮助客户满足这些需求。"

资料来源：畅享网，2011-03-08。

➡ 问题：

1. 什么是中间件？
2. 为什么中间件技术在市场中的份额逐年增加？
3. 中间件在移动领域的应用如何？

第一节　移动中间件技术的内涵

一、中间件技术

具体地说，中间件（Middleware）屏蔽了底层操作系统的复杂性，使程序开发人员面对一个简单而统一的开发环境，减少程序设计的复杂性，将注意力集中在自己的业务上，不必再因为程序在不同系统软件上的移植而重复工作，从而大大减少了技术上的负担。中间件带给应用系统的，不只是开发的简便、开发周期的缩短，也减少了系统的维护、运行和管理的工作量，还减少了计算机总体费用的投入。

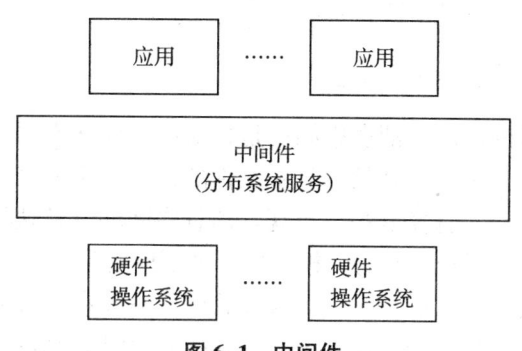

图 6-1　中间件

如图 6-1 所示，中间件是位于平台（硬件和操作系统）和应用之间的通用服务，这些服务具有标准的程序接口和协议。针对不同的操作系统和硬件平台，它们可以有符合接口和协议规范的多种实现。

也许很难给中间件一个严格的定义，但中间件应具有如下的一些特点：

（1）满足大量应用的需要。
（2）运行于多种硬件和 OS 平台。
（3）支持分布计算，提供跨网络、硬件和 OS 平台的透明性的应用或服务的交互。
（4）支持标准的协议。
（5）支持标准的接口。

由于中间件需要屏蔽分布环境中异构的操作系统和网络协议，它必须能够提供分布环境下的通信服务，将这种通信服务称之为平台。基于目的和实现机制的不同，将中间件主要分为以下几类：

（1）远程过程调用（Remote Procedure Call）。
（2）面向消息的中间件（Message-Oriented Middleware）。
（3）对象请求代理（Object Request Brokers）。

它们可向上提供不同形式的通信服务，包括同步、排队、订阅发布、广播等，在这些基本的通信平台之上，可构筑各种框架，为应用程序提供不同领域内的服务，如事务处理监控器、分布数据访问、对象事务管理器 OTM 等。平台为上层应用屏蔽了异构平台的差异，而其上的框架又定义了相应领域内的应用系统结构、标准的服务组件等，用户只需告诉框架所关心的事件，然后提供处理这些事件的代码。当事件发生时，框架则会调用用户的代码。用户代码不用调用框架，用户程序也不必关心框架结构、执行流程以及对系统级 API 的调用等，所有这些由框架负责完成。因此，基于中间件开发的应用具有良好的可扩充性、易管理性、高可用性和可移植性。

二、中间件技术的发展趋势

根据有关组织的预测，消息中间件是目前中间件技术的发展热点，如果也把交易中间件看成是一类特殊的消息中间件的话，那么消息中间件在目前的市场上占据主导地位，而且发展势头迅猛。消息中间件以其独特的优势为各种分布式应用的开发注入了强大动力，极大地推动了应用系统集成的发展。

对象中间件技术也发展迅速，各大硬软件厂商都在积极参与有关标准的制定和产品开发工作，像 IBM、HP、DEC、AT&T、ICL、Microsoft 等都制定了相应的战略。许多对象中间件的专门厂商也相继诞生，未来的对象中间件市场会出现群雄逐鹿的局面。

中间件的另一个发展动向是向 Internet 的延伸，Internet/Intranet 技术早已在全球范围内广泛采用，但由于其自身的技术特点，在构造许多大型企业级应用时仍显不足，如并发控制、负载均衡、可靠传输、数据路由等，因而仍然存在供中间件发展的中间地带。

总之，中间件技术作为软件行业新崛起的一个崭新的分支，正在全球范围内迅猛发展。根据 IDC 组织的估计，2002 年，全球的中间件市场达到 70 亿美元。中间件技术的发展，也将把分布式应用地带到一个新的境界。下面介绍几种流行中间件产品。

（一）IBM MQSeries

IBM MQSeries 是 IBM 的消息处理中间件。MQSeries 提供一个具有工业标准、安全、可靠的消息传输系统。

它的功能是控制和管理一个集成的系统，使得组成这个系统的多个分支应用（模块）之间通过传递消息完成整个工作流程。MQSeries 基本由一个信息传输系统和一个应用程序接口组成，其资源是消息和队列。

MQSeries 的关键功能之一是确保信息可靠传输，即使在网络通信不可靠或出现异常时也能保证信息的传输。MQSeries 的异步消息处理技术能够保证当网络或者通信应用程序本身处于"忙"状态或发生故障时，系统之间的信息不会丢失，也不会阻塞。

（二）东方通科技 TongLINK/Q

TongLINK/Q 是面向消息的中间件。TongLINK/Q 的主要功能是为在不同的网络协议、不同的操作系统和不同的应用程序之间提供可靠的消息传送。

（1）高效、可靠、灵活的传输功能。通过预建连接、多路复用、流量控制、压缩传输、断点重传、传输优先级管理、服务（类）驱动等机制来保证实现。

（2）事件代理机制。事件代理机制提供了一种异步应用开发模型，用户只需要定义一个事件及怎么处理，TongLINK/Q 便会自动完成操作。利用事件代理机制，可以实现事件订阅与发布，实现策略管理。

（3）会话管理。TongLINK/Q 通过一个简单的会话标识来描述一种复杂的通信关系，实现了更高层次、更抽象的通信服务。

（4）良好的易用性和可管理性。TongLINK/Q 实现了实时监控和管理，提供了日志机制、动态配置、远程管理功能，并提供多层次安全管理，支持多种开发工具。

（三）BEA Tuxedo 交易中间件

BEA Tuxedo 是目前最成功的中间件产品，它有以下特点：

（1）高速数据甬道机制，减少客户机与主机和数据库的连接，降低整个系统的负担。

（2）提供名字服务和数据依赖路由机制，提高系统设计的灵活性。

（3）提供七种客户机/服务器通信方式，使应用开发灵活、方便。

（4）提供多个层面的系统负载均衡机制，能最有效地运用系统资源。

（5）提供服务优先级机制，区分服务的不同级别，使重要服务得到最快的响应。

（6）提供网络通信压缩和加密机制，使通信性能和安全性大大提高。

（7）提供动态伸缩机制，方便应用系统的扩充和维护。

（8）提供故障恢复等机制，保证应用的高可用性。

（9）提供多个层面的安全机制，保证应用的安全性。

（10）支持 XA 协议，保证涉及多场地、异构数据源交易和数据的一致性。

（11）提供多个层面的应用管理机制，使应用管理方便容易。

（12）提供网络调度功能，实现网络资源的充分利用并支持通信失败的自动恢复。

（13）与其他多种系统互联，保护用户投资。

（14）支持异构系统数据格式的透明转换，方便系统扩展。

（15）支持包括声音、图像在内的多种数据类型，不同编程语言数据格式的区别由 Tuxedo 自动转换（如 C 和 COBOL），其中 FML 类型更支持网上只传输有效数据和可改变的多种数据类型组合等功能。

（16）提供域的划分与管理功能，使超大规模应用成为可能。

（17）提供 DES（Data Entry System）功能，支持字符界面的开发。

（18）支持国际化，可用中文显示诊断和系统消息。

BEA Tuxedo 一个特色功能是能够保证对电子商务应用系统的不间断访问。它可以对系统组件进行持续的监视，查看是否有应用系统、交易、网络及硬件的故障。一旦出现故障，BEA Tuxedo 会从逻辑上把故障组件排除，然后进行必要的恢复性步骤。

BEA Tuxedo 的另一个特色是提供多个层面的负载均衡。

三、移动商务与移动中间件

（一）移动商务

一般可认为，移动商务是那些依托移动通信网络，以及实用手机、掌上电脑、笔记本电脑等移动通信终端和设备相似的特征实现电子商务，但是移动商务不是电子商务的简单延伸。概括地说，移动商务的主要特点体现为位置相关性、紧急性和随时随地的访问。

移动商务是商务活动参与主体可以在任何时间、任何地点实时获取和采集商业信息的一类电子商务模式，移动商务活动以应用移动通信技术和使用移动终端进行信息交互为特性。由于移动通信的实时性，移动商务的用户可以通过移动通信在第一时间准确地与对象进行沟通，与商务信息数据中心进行交互，使用户摆脱固定的设备和网络环境的束缚最大限度地驰骋于自由的商务空间，如图 6-2 所示。

与传统的商务活动相比，移动商务具有如下几个特点：

（1）更具开放性、包容性。移动商务因为接入方式无线化，使得任何人都更容易进入网络世界，从而使网络范围延伸更广阔、更开放；同时，使网络虚

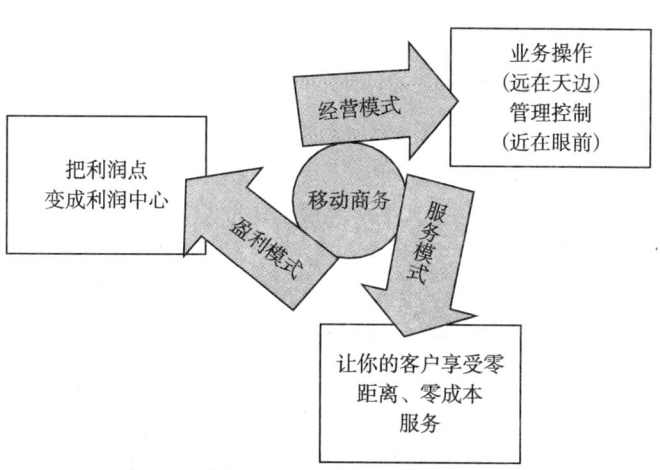

图 6-2 移动商务模式

拟功能更带有现实性，因而更具有包容性。

（2）具有无处不在、随时随地的特点。移动商务的最大特点是"自由"和"个性化"。传统商务已经使人们感受到了网络所带来的便利和快乐，但它的局限在于它必须有线接入，而移动电子商务则可以弥补传统电子商务的这种缺憾，可以让人们随时随地结账、订票或者购物，感受独特的商务体验。

（3）潜在用户规模大。我国的移动电话用户已接近 4 亿，是全球之最。显然，从电脑和移动电话的普及程度来看，移动电话远远超过了电脑。

（4）能较好确认用户身份。对传统的电子商务而言，用户的消费信用问题一直是影响其发展的一大问题，而移动电子商务在这方面显然拥有一定的优势。这是因为手机号码具有唯一性，手机 SIM 卡片上存储的用户信息可以确定一个用户的身份，而随着手机实名制的推行，这种身份确认将越来越容易。对于移动商务而言，这就有了信用认证的基础。

（5）定制化服务。由于移动电话具有比 PC 更高的可连通性与可定位性，因此移动商务的生产者可以更好地发挥主动性，为不同顾客提供定制化的服务。例如，开展依赖于包含大量活跃客户和潜在客户信息的数据库的个性化短信息服务活动，以及利用无线服务提供商提供的人口统计信息和基于移动用户位置的信息，商家可以通过具有个性化的短信息服务活动进行更有针对性的广告宣传，从而满足客户的需求。

（6）移动电子商务易于推广使用。移动通信所具有的灵活、便捷的特点，决定了移动电子商务更适合大众化的个人消费领域，比如：自动支付系统，包括自动售货机、停车场计时器等；半自动支付系统，包括商店的收银柜机、出租车计费器等；日常费用收缴系统，包括水、电、煤气等费用的收缴等；移动互联网接入支付系统，包括登录商家的 WAP 站点购物等。

（7）移动电子商务领域更易于技术创新。移动电子商务领域因涉及 IT、无线通信、无线接入、软件等技术，并且商务方式更具多元化、复杂化，因而在此领域内很容易产生新的技术。随着中国 3G 网络的兴起与应用，这些新兴技术将转化成更好的产品或服务。所以，移动电子商务领域将是下一个技术创新的高产地。

移动商务（M-Bussiness）已经成为 21 世纪增长最快的市场。固定网络 WWW 的广泛使用和流行，增加了信息的数量体积、内容丰富性和可得到性。这些信息除了通过文字和图形方式外，大部分都利用声音和视频。在移动通信和移动计算方面的增长使移动网络能够提供多媒体信息服务。然而当前的广域无线网还不能实现完全支持多媒体应用的充足宽带。2002 年，全球 70%的无线用户通过移动电话接入 Internet 进行数据应用。就美国而言，50%的 Internet 点击将由无线装置完成，40%的无限用户将直接通过其移动装置接入 Internet。2003 年，美国移动商务的收入达 30 亿美元。目前，无线和 Internet 已经融合形成无线 Internet 的世界。

（二）什么是移动中间件

移动中间件技术是伴随着网络技术、通信技术、嵌入式操作系统和中间件技术的发展和融合而出现的新兴技术，是当前移动数据业务、3G 业务以及广大智能终端增值业务的关键共性技术。移动中间件为使包括计算机、笔记本电脑、手机、掌上电脑、电话、家电、汽车等在内的广大终端具有增值应用能力带来了革命性的推动力量。它使广大终端具有了越来越强的智能处理能力，在彻底改变传统以计算机为主的计算体系的基础上，全面提升终端价值，创造更多的终端增值应用。移动中间件技术重点研究的内容包括接入管理、多协议接入网关、认证服务、连接管理、同步/异步数据传递服务、安全管理、内容服务管理等。

随着社会信息化进程的加快和各种无线接入技术的迅速发展，移动计算机网络得到突飞猛进的发展。同时，利用移动计算机网络开展分布式处理正在萌芽，而这一业务的实施需要使用互操作技术，移动中间件在此背景下应运而生。

第二节　移动中间件技术的分类

按照 IDC 组织的分类方法，移动中间件可分为六类：
（1）终端仿真/屏幕转换。
（2）数据访问中间件（UDA）。
（3）远程过程调用中间件（RPC）。
（4）消息中间件（MOM）。
（5）交易中间件（TPM）。
（6）对象中间件。

然而在实际应用中，一般将中间件分为两大类：一类是底层中间件，用于支撑单个应用系统或解决一类问题，包括交易中间件、应用服务器、消息中间件、数据访问中间件等；另一类是高层中间件，更多地用于系统整合，包括企业应用集成中间件、工作流中间件、门户中间件等，它们通常会与多个应用系统打交道，在系统中层次较高，并大多基于前一类的底层中间件运行。

一、屏幕仿真/屏幕转换中间件

终端机的字符界面转换为图形界面，用以实现客户机图形用户接口与已有的字符接口方式的服务器应用程序之间的互操作；应用于早期的大型机系统，现在已很少使用。

二、数据访问中间件

此类中间件可以使开发人员在需要时调用位于远端服务器上的过程，屏蔽了在调用过程中的通信细节。一个应用程序使用 RPC 来远程执行一个位于不同地址空间里的过程，在效果上看和执行本地调用相同。

数据访问中间件是为了建立数据应用资源互操作的模式，对异构环境下的数据库实现连接或文件系统实现连接的中间件；在分布式系统中，重要的数据都集中存放在数据服务器中，它们可以是关系型的、复合文档型、具有各种存放格式的多媒体型，或者是经过加密或压缩存放的，这类中间件将为在网络上虚拟缓冲存取、格式转换、解压等带来方便。

数据访问中间件的目的是通过为异构环境中的服务和资源提供统一的观察结果，简化用户界面。中间件位于计算机硬件和操作系统之上，是一种独立的、支持应用软件开发和运行的系统软件，它能够使应用软件相对独立于计算机硬件、操作系统平台和数据库管理系统等基础环境，为大型分布式应用搭起一个标准的平台，并把大型分散的系统技术组合在一起，实现大型应用软件系统的集成。目前市场上的数据访问中间件大都价格昂贵，通用性较强，但数据访问的实时性较差，无法满足异地、多节点群实时交互的要求。通过协议的形式将数据存储、访问和表示分开，在中间件的实现过程中，采用多线程、线程池和数据库连接池等技术，可以较好地解决实时性的问题。

三、远程过程调用中间件

此类中间件是专门针对联机交易系统而设计的。联机交易系统需要处理大量并发进程，而处理并发涉及操作系统，文件系统，编程语言，数据通信，数据库系统，系统管理，应用软件等。而交易中间件根据分布式交易处理的标准及参考模型，对资源管理、交易管理和应用进行了实现，从而使得基于交易中间件开发应用程序更为简单。交易中间件基本上只适用于联机交易系统，是一种较为专用的中间件。远程过程调用中间件通过远程过程调用机制，是程序员编写客户方的应用，需要时可以调用位于远端服务器上的过程。

随着企业网的产生，开发商必须编制可在各种计算机和网络通信协议中都能运行的程序。现在人们正努力使得远程过程调用独立，这意味着开发商就不用考虑底层的网络和网络上数据传输所用的协议，下面介绍 RPC 在开放式软件基金（OSF）的分布式计算环境（DCC）中实现的相关方法。RPC 工作于多种分布式计算环境。

RPC 工具提供了一种编程语言和编译器，它们的使用可被看做是本地过程的可运行于客户机和服务器上的模块开发分布式应用程序。运行时设施（Run-timefacility）使得分布式应用程序能在多机种异构系统上运行，这样使得底层体系结构和运输协议对于应用程序是透明的。

程序员用接口定义语言（IDL）建立接口定义（Interface Definition）。IDL 是程序员用来设计远程运行的过程的工具。IDL 编译器把 IDL 接口定义转换成与客户机和服务器相连的占位程序（Stub）。客户机上的占位程序可加入到服务器的过程，而服务器上的占位程序也可加入到客户机过程。位于客户机服务器的 RPC 运行时，设施与占位程序合作，来提供 RPC 操作。

异构环境中使用 RPC 的一个问题在于，不同的机器有不同的数据表示，OSFRPC 通过具有调用机器的基本数据表示的特征调用来解决这个问题。当收到调用时，若根据特征知道两台机器数据表示不同的话，接收器就进行数据转换。

RPC 运行时，设施提供把客户机请求传送给服务器和在网上发送和接收响应的功能。DCERPC 运行时，设施也和网络上其他 DCE 服务相互作用，这些 DCE 服务有命名、安全和定时服务。运行时，设施有下列特征：

（1）可在多种网络上运行。开发者无须为每个网络编写特定的应用程序。

（2）提供客户机或服务器或网络上的故障恢复。它支持文件系统、数据库和其他传输可变长数据的服务。

（3）提供独立于任何一个目录服务的基于名字定位服务器的方法。

（4）提供安全工具的接口，以防 RPC 通信遭受破坏。安全服务保证机密信息的保密性和提供鉴别来保护通信完备性。

（5）支持网上并发或并行处理的多线程调度，一个应用程序能同时执行多个操作。

（6）多供应商提供的系统环境的可移植性和相互操作性。

四、消息中间件

此类中间件是指利用高效、可靠的消息传递机制进行平台无关的数据交流，并基于数据通信来进行分布式系统的集成。通过提供消息传递和消息排队模型，它可以在分布式环境下扩展进程间的通信。

消息中间件既可以支持同步方式，又支持异步方式。异步中间件比同步中间件具有更强的容错性，在系统故障时可以保证消息的正常传输。异步中间件技术分为两类：广播方式和发布/订阅方式。由于发布/订阅方式可以指定哪种类型的用户可以接收哪种类型的消息，更加有针对性，事实上已成为异步中间件的非正式标准。目前，主流的消息中间件产品有 IBM 的 MQSeries、BEA 的 MessageQ 和 Sun 的 JMS 等。

面向消息的中间件（MOM），提供了以松散耦合的灵活方式集成应用程序的一种机制。它们提供了基于存储和转发的应用程序之间的异步数据发送，即应用程序彼此不直接通信，而是与作为中介的 MOM 通信。MOM 提供了有保证的消息发送（至少是在尽可能地做到这一点），应用程序开发人员无须了解远程过程调用（PRC）和网络/通信协议的细节。

（一）消息中间件简介

消息中间件利用高效可靠的消息传递机制进行平台无关的数据交流，并基于数据通信来进行分布式系统的集成。通过提供消息传递和消息排队模型，它可以在分布式环境下扩展进程间的通信。

消息中间件适用于需要可靠的数据传送的分布式环境。在采用消息中间件机制的系统中，不同的对象之间通过传递消息来激活对方的事件，完成相应的操作。发送者将消息发送给消息服务器，消息服务器将消息存放在若干队列中，在合适的时候再将消息转发给接收者。消息中间件能在不同平台之间通信，它常被用来屏蔽掉各种平台及协议之间的特性，实现应用程序之间的协同，其优点在于能够在客户和服务器之间提供同步和异步的连接，并且在任何时刻都可以将消息进行传送或者存储转发，这也是它比远程过程调用更进一步的原因。

一方面，MOM 将消息路由给应用程序 B，这样消息就可以存在于完全不同的计算机上，MOM 负责处理网络通信。如果网络连接不可用，MOM 会存储消息，直到连接变得可用时，再将消息转发给应用程序 B。

另一方面，当应用程序 A 发送其消息时，应用程序 B 甚至可以不处于执行状态。MOM 将保留这个消息，直到应用程序 B 开始执行并试着检索消息为止。这防止了应用程序 A 因为等待应用程序 B 检索消息而出现阻塞。这种异步通信要求应用程序的设计与现在大多数应用程序不同，不过，对于时间无关或并行处理，它可能是一个极其有用的方法。

（二）消息中间件的传递模式

消息中间件一般有两种传递模型：点对点模型（PTP）和发布/订阅模型（Pub/Sub）。

1. 点对点模型（PTP）

点对点模型用于消息生产者和消息消费者之间点到点的通信。消息生产者将消息发送到由某个名字标识的特定消费者。这个名字实际上对应于消息服务中的一个队列（Queue），在消息传送给消费者之前它被存储在这个队列中。队列可以是持久的，以保证在消息服务出现故障时仍然能够传递消息。

2. 发布/订阅模型（Pub/Sub）

发布/订阅模型用称为主题（Topic）的内容分层结构代替了 PTP 模型中的唯一目的地，即发送应用程序发布自己的消息，指出消息描述的是有关分层结构中的一个主题的信息，希望接收这些消息的应用程序订阅了这个主题。订阅包含子主题的分层结构中的主题的订阅者可以接收该主题和其子主题发表的所有消息。

多个应用程序可以就一个主题发布和订阅消息，而应用程序对其他人仍然是匿名的。MOM 起着代理（Broker）的作用，将一个主题已发表的消息路由给该主题的所有订阅者。

五、交易中间件

交易中间件是在分布、异构环境下提供保证交易完整性和数据完整性的一种环境平台。在分布式事务处理系统中要处理大量事务，常常在系统中要同时做上万笔事务。在联机事务处理系统（OLTP）中，每笔事务常常要多台服务器上的程序顺序地协调完成，一旦中间发生某种故障时，不但要完成恢复工作，而且要自动切换系统，达到系统永不停机，实现高可靠性运行；同时要使大量事务在多台应用服务器能实时并发运行，并进行负载平衡的调度，实现昂贵的可靠性机和大型计算机系统同等的功能，为了实现这个目标，要求系统具有监视和调度整个系统的功能。根据 X/OPEN 的 DTP（Distributed Transaction Processing）模型规定，一个分布式交易处理系统应由事务处理、通信处理以及资源管理三部分组成。BEA 公司的 Tuxedo 便是最著名的一个交易中间件产品，东方通科技公司的 TongLINK/Q 和 TongEASY 实现了 DTP 参考模型规定，另外还有 IBM 公司的 TXSeriers 是应用广泛的一个交易中间件产品。

六、对象中间件

传统的对象技术通过封装、继承及多态提供了良好的代码重用功能。但这些对象只存在于一个程序中，外界并不知道它们的存在，也无法访问它们。对象中间件提供了一个标准的构建框架，能使不同厂家的软件通过不同的地址空间、网络和操作系统实现交互访问。对象中间件的目标是为软件用户及开发者提供一种应用级的即插即用的互操作性。目前主流的对象中间件有 OMG 的 CORBA，Microsoft 的 COM 以及 IBM 的 SOM，Sun 的 RMI 等。

对象中间件在分布、异构的网络计算环境中，可以将各种分布对象有机地结合在一起，完成系统的快速集成，实现对象重用，在这个方面遵循的标准是 CORBA。对象中间件将是未来的主流，目前产品如东方通的 TONG BROKER，INPRICE 公司的 Borland Application Server。

本章案例

Oracle 融合中间件补强移动开发平台

甲骨文公司在这一领域一直在努力。刚刚过去的 Oracle OpenWorld 大会中，甲骨文发布了下一版本的 Oracle Application Development Framework Mobile 预览，在许多业内专家看来，甲骨文正逐渐步入正轨。Oracle ADF Mobile 是融合中间件的一部分，它基于 JAVA 和 Oracle JDeveloper，能够使得移动应用拥有本地以及 Web 功能。Oracle ADF Mobile 的部分功能包括：

（1）应用开发。
（2）跨多个移动操作系统，包括 IOS。

（3）将 Oracle 应用移动化，并自动地利用智能手机的长处，如拍照、日历以及 GPS 等。

（4）同融合中间件以及 Oracle 应用的集成，将允许业务应用、流程以及数据扩展到移动用户。

（5）JDeveloper 开发者可以轻松地创建移动应用，无须学习新的编程语言以及开发框架。

以上的功能对于应用开发者来说极为重要，Oracle ADF Mobile 全部都能够实现这些功能。但是其中一点还没有突出，那就是安全性。开发者在构建移动应用的时候，需要将安全性放在首先考虑的位置。

在甲骨文一项最新的调查中显示，移动宽带使用率上升，大量的用户已经开始使用移动银行、移动购物并愿意分享自己所在的位置。但仅有32%的用户认为自己移动终端的信息是安全的，只有21%的用户表示通过手机进行支付的方式没有任何问题。

很明显，移动终端用户将安全性视为非常首要的考虑因素，Oracle 软件开发更不应该忽视这一点。调查的结果意味着软件开发者不仅要为用户提供方便易用的移动应用，还需要将用户的安全性以及个人隐私问题充分考虑进来。

资料来源：IT 信息服务平台-网界网，2009-01-14．

➡ 问题讨论：

1. Oracle Application Development Framework Mobile 是什么？
2. 移动开发平台有哪些？
3. 中间件在移动开发平台中的作用是什么？

本章小结

使用中间件是因为中间件屏蔽了底层操作系统的复杂性，使程序开发人员面对一个简单而统一的开发环境，减少程序设计的复杂性，将注意力集中在自己的业务上，不必再为程序在不同系统软件上的移植而重复工作，从而大大减少了技术上的负担。中间件带给应用系统的不只是开发的简便、开发周期的缩短，也减少了系统的维护、运行和管理的工作量，还减少了计算机总体费用的投入。

中间件能够屏蔽操作系统和网络协议的差异，为应用程序提供多种通信机制；并提供相应的平台以满足不同领域的需要。因此，中间件为应用程序提供了一个相对稳定的高层应用环境。然而，中间件服务也并非"万能药"。中间件所应遵循的一些原则离实际还有很大距离。多数流行的中间件服务使用专有的 API 和专有的协议，使得应用建立于单一厂家的产品，而来自不同厂家的实现很难互操作。有些中间件服务只提供一些平台的实现，从而限制了应用在异构系统之间的移植。网络管理员在这些中间件服务之上建立自己的应用还要承担相当大的风险，随着技术的发展它们往往还需重写它们的系统。尽管中间件服务提高了分布计算的抽象化程度，但网络管理员还需面临许多艰难的设计选择。总之，面临不同的问题，都需要网络管理人员保持冷静的头脑，作出合理的判断，使他们的网络系统更加稳定，充分发挥其功效，加快信息化建设的速度。

本章复习题

1. 中间件的发展趋势。
2. 简要介绍几种流行的中间件产品。
3. 移动商务为什么会成为新世纪增长最快的市场？
4. 移动中间件的应用。
5. 移动中间件的其他分类方法。

第七章 无线通信技术的应用

学习目的

知识要求 通过本章的学习，掌握：

- SMS、EMS、MMS 各自技术特点
- WAP 结构模型
- IVR 的系统结构及业务分类

技能要求 通过本章的学习，能够：

- 熟悉 SMS、EMS、MMS 之间的差异
- 说明呼叫中心的工作流程和 IVR 在系统中的作用
- 清楚 WAP2.0 对 WAP1.x 的优化和两者该如何使用
- 熟悉 IVR 系统结构各模块间的关系及其罗列
- 了解 WAP 对移动数据业务发展的影响

学习指导

1. 本章内容包括：SMS、EMS、MMS 各自技术特点，WAP 结构模型，IVR 的系统结构及业务分类。

2. 学习方法：阅读材料，掌握重点概念，把握概念之间的内在关系；尽量结合实际情况加深理解；树立对无线通信技术应用的正确了解。

3. 建议学时：3 学时。

移动商务技术

引导案例

佳木斯《消防手机报》受百姓热捧

为深入推进消防安全"五大"活动，进一步扩大消防宣传覆盖面和辐射率，黑龙江佳木斯市公安消防支队结合实际，积极协调移动通信公司，在全省首创《消防手机报》，将消防工作最新动态和消防安全知识通过手机彩信传播到各层面人群，带进千家万户，深受百姓热捧，在全市范围内掀起了消防宣传数字化"风暴"。

据介绍，这份《消防手机报》免费发送，每周一期。每期内容10帧，包含2000余文字和4~5幅图片，设置《消防要闻》、《重大火情》、《救援前线》、《消防提示》、《教你一招》等栏目，向用户介绍国内外重大火情，对久拖不改火灾隐患进行曝光，结合季节、地域特点宣传火灾预防、处置以及逃生自救常识。同时，依托《消防手机报》发送平台，佳木斯消防还建立火灾隐患举报和消防服务咨询中心，用户可随时随地发送短信举报身边的火灾隐患，咨询消防安全疑难问题，消防部门委派专人每天定时进行举报受理和问题答复。

据悉，《消防手机报》的创办，充分发挥了传播速度快、辐射层面广、群众喜闻乐见等诸多优势，内容简洁，图文并茂，阅读方便，深受广大群众喜爱。目前，该报已发送2次，接收用户5万余人次。

资料来源：搜狐网，2011-06-26.

➡ 问题：

1. 手机报应用了哪些移动通信技术？
2. 简述多媒体通信技术在当今社会的重要性。

第一节 移动信息应用平台

一、SMS——短信息服务

（一）什么是SMS

近两年来，移动通信迅猛发展的用户数及其完善的基础网络，为移动通信增值业务的发展提供了有利条件。在诸多增值业务中，短信息服务（Short Message Service，SMS）因其价格低廉、使用方便、信息传递准确及时、存储转发离线通信等优点而备受用户欢迎。

严格地说，在这种业务模式中，运营商只提供端到端的透明数据承载通道供移动终端传输其应用层消息，故初期所提供的短信息业务属于移动数据基本业务。后期移动运营商和 CP 及 SP 合作，利用短信的承载通道开展的点播业务、消息订阅等信息内容服务，开创了移动数据增值业务，这使得短信业务进入了一个高速发展的时期。目前，短信及其增值业务已成为移动运营商除语音业务外最主要的利润来源。

（二）SMS 的技术特点

1. 信息容量小

SMS 采用存储转发方式，其承载通道为控制信令通道，故消息容量不大。一条信息的最大长度为 140byte，即 140 个英文字符或者 70 个汉字，并且其信息表现形式单一。

2. 价格低廉

SMS 使用通信令通道作为 GSM 系统的传送信道。特别地，在移动单元打电话时，SMS 使用的是慢速随路控制信道 SACCH；若移动单元未分配任何一个传送信道，则使用独立专用的控制信道 SDCCH。从传输速率的角度考虑，这两种信道都是慢信道。由于不占用普通语音信道，具有带外传输的优势，因此 SMS 价格低廉，对用户极具吸引力。

3. 可靠性高

短消息发送的用户可以知道短消息是否已经到达接收端。由于短消息依靠了短消息中心（SMSC）的存储转发机制，当接收端用户关机或不在服务区时，SMSC 会暂时保存该短消息。接收端用户如果在规定时间（通常为 24 小时）内重新处于工作状态，SMSC 会立刻发送短消息给接收端用户，当发送成功时会返回发送端用户一个确认信息。

4. 两类业务

SMS 通常分为两种类型：Point To Point（点对点）和 Point To Omnipoint（点对多点）。点对点短消息业务是目前应用最广泛的短消息类型，又可以分为 MO（Mobile Originated）和 MT（Mobile Terminated）两类。

（1）MO 表示该短消息是从源 MS（Mobile Station）端通过 SMSC 发往短消息实体（SME）。SME 可以是其他移动终端，也可以是固网用户、Internet 上的 PC 等。MO 的业务流程分为无前转和有前转。

（2）MT 表示该短消息是从 SMSC 发往 MS。MT 的业务流程也分为无前转和有前转。

在 MS 端短消息或被接收或 MS 暂不可用时，SMSC 会保存这个短消息晚些时候再发，发送成功或失败都会返回 SMSC 一个通知。一个完整的短消息发送过程是由一次 MO 短消息和一次 MT 短消息来共同完成的。

点对多点类型的短消息又叫小区广播，在特定的地理区域内，SMSC 把具有通用性的短消息，如气象、交通等信息通过小区广播信道（CBCH）广播给当前位于该区域的用户，服务区内的用户如果处于空闲状态下就可收到该消息。点对多点类型的短消息不提供表示用户端都收到的确认信息。

(三) 我国 SMS 的现状

1. 短信市场进入成熟期

短信市场营销手段创新空间有限，而营销资源开发程度很高以及短信业务的高渗透率是短信市场进入成熟期的内在原因。市场规模增幅放缓，市场规范和监督力度加大以及市场竞争格局趋于稳定是短信市场进入成熟期的三大标志。

从用户角度来看，文本短信在用户当中的认知度和使用率仍然是最高的。基于纯文本方式的短信聊天和短信游戏是用户使用最频繁的短信服务。使用文本短信进行沟通已经成了许多用户的通信习惯。相比较而言，用户对彩信的认知度和使用率仍有待提高。

资费相对低廉、内容简介、操作简单等优势使纯文本短信得以不因为彩信的出现而丧失主流地位。

2. 企业短信市场有潜在市场规模

在目前的企业 IT 系统中，存在这"IT 手段不可达"的问题。短信在解决此问题上，有这两方面的优势。首先，手机和个人是对应和绑定的，短信可以起到 IT 系统外延的作用；其次，短信的高效率和低成本也是它在解决此类问题上的优势。企业短信市场已经启动，目前我国市场规模约为 1 亿元，潜在市场规模将达到 10 亿元。

3. 彩信市场开始放量增长

彩信市场的发展规律可以用收到终端普及率限制的扩散模型来描述，通过对终端市场的研究得出，在 2006 年初我国彩信终端普及率达到 25%，终端普及率对彩信市场的限制作用将开始减弱，彩信市场规模将放量上升。

总之，短信是移动运营商最在意的增值业务。尽管运营商在推广彩信业务上不遗余力，但传统的文本短信仍是运营商的一座还未发掘完的金矿。事实上，运营商推出的如"动感地带"这样的品牌大大刺激了运营商的短信业务增长，而这种增长又主要是文本短信的增长。尽管彩信增长迅速，但文本短信的主流地位在相当长时间内无法动摇。

二、EMS——增强型信息服务

（一）什么是 EMS

EMS 是 Enhanced Message Service 的缩写，意为增强型信息服务。

它将多个 SMS 通道联合使用，可发送 10 余倍与短信的信息，使短信业务从传送文本扩展到传送黑白图片、简单动画和铃声下载，但其承载的信息量还是极为有限的。EMS 实现方式和 SMS 一样，无须升级 SMS 的网络基础设施，只要扩展 SMS 中用户分组的数据首部（UDH）即可。

它比起 SMS 来，其优势是除了可以像 SMS 那样发送文本短信息之外，还可以发送简单的图像、声音和动画等信息。而它更大的优势是 EMS 仍然可以运行在原有 SMS 运行的 GSM 网络上，并且在发送途径和操作方法上也没有差别。该标准属于开放式的，所以任何对 EMS 感兴趣的第三方公司或个人都可以在此平台上开发应用软件和服务。

它可以把简单的铃声、图片，甚至动画和文字结合在起来，在支持 EMS 的手机之间互相发送。我们经常见到的如爱立信 T6 型手机、西门子 2118 型手机都支持 EMS。EMS 和 SMS 有相似之处，只是简单地改进而已、改掉了 SMS 单调的文字形式，带给我们更生动、更丰富多彩的短信息。以上这些都有利于 EMS 推广。不过，EMS 只是几个手机商自定的标准，各个品牌的手机之间发送 EMS 也不是很顺畅。所以导致了 EMS 不能整体取代 SMS 而成为新代的短信息。

EMS 作为向 MMS 过渡的桥梁，在短信息的形式上有了很大的扩展，支持铃声和图片。目前移动运营商的网络已经基本支持 EMS 服务，而且的确有许多内容提供商已经提供了 EMS 服务。但是作为 MMS 过渡的中间产品，EMS 似乎没有引起移动运营商的兴趣。移动运营商关注点目前已经落在 MMS 业务上，对于需要用户手机支持、短信息系统计费模式需要修改的 EMS 业务，并没有投入太多的热情，而是满足于目前 EMS 业务不温不火的现状。

EMS 采用开放的 ETSI 标准，属于 3GPP 范畴。它利用现有的短信息系统平台，通过多条 SMS 串接实现较大数据量的短消息应用。它支持端到端信息传送，即手机用户之间可以通过短信息发送和接收含有文字、简单图像、动画和声音的组合信息。它也是内容传送的载体，即可以将铃音、屏保、墙纸或定制图标等内容下载到手机上。

（二）EMS 的技术特点

EMS 完全利用 SMS 所采用的信令信道。其实现涉及以下两个关键机制：

（1）TP-UDH（User Data Header）：在短信息中可以包含二进制数据。二进制数据存放在 TP-UDH 中，位于文本数据的前面。

(2) 串接机制：允许 EMS 的发送和接收方可以自动地把多个消息串接成长消息，并在 IED 字段前三个字节中表示。其具体含义如下：

Octet 1：串接短消息参考数。该参考系数在每个被串接短消息中应该保持不变。

Octet 2：一个串接短消息中短消息的最大数目。0~255，从 1 开始，在每个串接中的各个短消息中保持不变。

Octet 3：当前短消息的顺序号。

(三) EMS 的运营实现

短消息中心：为支持增强型消息服务，短消息中心的软件基本不变，但个别参数需要设定。具体修改如下：TP-UDHI，比特 6 置 1，表示接收串接短消息。这样一来，短消息中心将不会拒绝串接短消息，透明传输 TP-DU，不修改消息内容。

短信网关：利用现有的协议，作最小改动。

CMPP 协议：CMPP 设三个参数，顺序号、相同短信顺序号和 TP-UDHI，如果 EMS 由多条 SMS 组成时，SP 就要同时填写上述的三个参数。对于同一 EMS，SP 填写的"顺序号"应该是相同的，而"相同短信顺序号"参数应填写这条 EMS 有多少条串接而成的总数量。

三、MMS——多媒体信息服务

(一) 什么是 MMS

自 2002 年以来，多媒体消息业务——MMS 就以很高的频率进入人们的视野，MMS 已经被业界公认为 GPRS 和 3G 市场启动与发展的关键推动力，它将非常有力地推动移动通信业务的发展。

MMS（Multimedia Messaging Service）意为多媒体短消息业务，即人们常说的彩信，是按照 3GPP 的标准（3GPP TS 23.140）和 WAP 论坛的标准（WAP-206 和 WAP-209）开发的新业务，最大的特色就是支持多媒体功能。多媒体短消息业务在 2.5G 或 3G 网络的支持下，以 WAP 无线应用协议为载体传送视频片段、图像、声音和文字，支持语音、Internet 浏览、E-mail、视频会议等多种高速数据业务，实现实时的手机端到端、手机端到 Internet 或 Internet 到手机终端的多媒体传送。

MMS 在概念上与 SMS 非常相似，可以认为是 SMS 向多媒体的演进。但与 SMS 不同的是，MMS 对于信息内容的大小或复杂性几乎没有任何限制。MMS 不但可以传输文字短消息，还可以传送图像、视频和音频。

（二）MMS 的基本业务

多媒体消息业务虽然在业务表现上类似于 SMS 业务，但在实际的实现方法上采用的是 WAP 事件的处理流程，由接收方主动从 MMSC 获取消息，因此在网络结构计费模式上与 SMS 不同。

（1）多媒体短消息的发送和接收。手机终端生成多媒体短消息后，可以向全网的所有合法用户发送，由多媒体短消息中心对多媒体短消息进行存储和处理，并负责在不同多媒体短消息中心之间的传递等操作。同时，接收方用户可以从多媒体短消息中心接收多媒体短消息。

（2）提供对非 MMS 终端的支持。由"非多媒体短消息支持系统"未完成，非 MMS 终端用户接收到 SMS 通知后，可以通过其他手段访问多媒体短消息，如 E-mail、WAP、WWW 等方式。

（3）支持多种承载方式。在网络承载方式上，现阶段 MMS 支持基于 CSD 或基于 GPRS 的承载方式，现在已支持基于 3G 的承载方式。

（三）MMS 的体系结构

多媒体短消息业务不依赖于具体的网络平台，无论是高速电路交换数据业务（High Speed Circuit Switched Data，HSCSD），还是 GPRS、EDGE、UMTS，都可以支持 MMS 业务，多媒体短消息可以集成已有的消息系统，不同网络之间的连接可以通过 IP 技术和相关的消息协议来完成，保证了不同无线网络对多媒体消息系统的兼容性。

多媒体消息系统包括 MMS 终端、MMSC（多媒体消息业务中心）、MMS 用户数据库、外部应用服务器、增值应用服务器以及非 MMS 终端支撑应用系统。此外，为配合提供多媒体消息服务，需要 WAP 网关，GSM/GPRS 网络资源等设备的支持，还要和现网的短消息中心，短消息网关系统，计费系统互联。多媒体短消息系统架构如图 7-1 所示。

（1）多媒体消息业务中心（Multimedia Messaging Service Center，MMSC）。MMSC 是整个多媒体消息系统的核心，包含 MMS 服务器和 MMS 中继的功能，对多媒体消息进行协议转换、内容适配、存储和调度，完成多媒体消息在不同多媒体设备之间的传递操作；同时，生成业务服务使用记录。作为原始计费的依据，其中，MMS 服务器负责存储和处理到来和离开方向上的多媒体短消息。

（2）MMS 终端 MMS 用户代理。MMS 终端通过 MMS 用户代理（MMS User Agent）得到多媒体消息服务。MMS 用户代理是应用层上的一个功能实体，位于 MMS 终端或者与 MMS 终端直接相连的外部设备上，提供用户浏览、编辑、处理多媒体消息等功能，以及发送、接收、删除等操作，支持 MIME。多媒体消息采用 MIME 格式表示，通过 MIME 中不同类型的定义，多媒体消息可包含

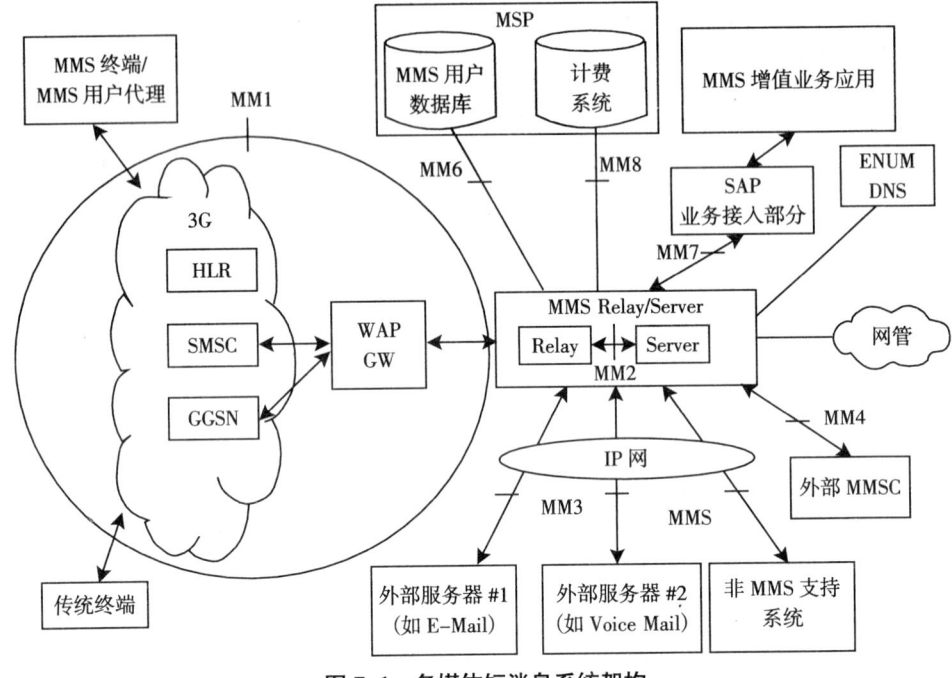

图 7-1 多媒体短消息系统架构

文本、图像、声音等数据。

（3）WAP 网关。MMS 不能在 SMS 的传输信道进行传送，因为 SMS 的传输信道对于传送多媒体来说太窄了。在协议层，MMS 使用 WAP 无线会话协议（WSP）作为传输协议，为了在 MMS 信息传输中使用 MAP 协议，需要一个 WAP 网关来连接 MMSC 和无线网络。

（4）MMS 用户数据库。MMSC 可以接入多个用户数据库、包括用户特征数据库、签约信息数据库、HLR 等，用户特征数据库存储签约用户爱好及终端类型以提供个性化的服务；签约信息数据库存储签约用户订制信息的菜单等，HLR 用于查找目标 MMS 用户当前所登录的 MMSC。

（5）外部应用服务器。多媒体消息中心支持与多种外部应用的连接，可以将一些已存在的消息系统扩展到多媒体消息应用上，例如 E-mail。

（6）增值应用服务器。基于多媒体消息平台的增值应用平台，支持增值应用开发，提供增值业务。

（7）非 MMS 支持系统。提供对非 MMS 终端手机用户使用多媒体消息服务的支持，例如采用 E-mail 系统实现。

（8）ENUM DNS。WAP 网关系统通过访问 ENUM DNS，实现查找发送方用户归属 MMSC 的路由功能，以及发送方归属的 MMSC 通过查询 ENUM DNS 获得接收方归属 MMSC 的域名。

在现阶段，若通过 GPRS 承载网络来实现 WAP 的 PUSH 功能，则需要根据用户的手机号来获得相对应的 IP 地址，然后再建立连接，这时就需要 MMS 中继器/服务器与 HLR 进行交互。但由于目前的终端的功能限制，所以采用短消息来作为 WAP 的 PUSH，通知承载层，通知经 WAP 网关发给 SMSC，并以 SMS 为承载发给 MMS 终端，然后 MMS 终端通过 WAP 从 MMSC 提取 MM 消息，这时只要通过手机号码就可以完成，所以不需要实现 MMS 接口。

四、SMS、EMS、MMS 的关系

SMS 这个术语最早在 20 世纪 80 年代初期出现，但一直到了 90 年代初才开始进入商用市场，并且一直到 1999 年，该业务才在世界各国迅速蔓延，并有持续爆炸性的增长趋势。可刚进入 21 世纪，人们又提出 EMS——Enhanced Message Service 增强短信业务，除文本之外，它可提供简单的图片和声音的短信服务，在 2001 年 6 月，几家手机巨头联合起来要统一 EMS 的标准，并且要生产具有这种功能的手机，可是因为没有 Nokia 的支持，不久就不了了之。那么手机业的龙头老大——Nokia 为什么不支持 EMS 呢？因为 Nokia 认为 MMS 时代将很快来临，没有必要再生出一个过渡性标准。

1. SMS 是最早的短信业务，是现在普及率最高的一种短信业务

目前 SMS 只是在手机内建立一段文字后再发送给朋友，简单方便易用，这种短信的长度被限定在 140 字节之内。SMS 以简单方便的使用功能受到大众的欢迎，却始终是属于第一代的无线数据服务，在内容和应用方面存在技术标准的限制。

2. EMS 增强了短信服务，是 SMS 增强版本，是 SMS 向 MMS 的跳板

EMS 的优势除了可以像 SMS 那样发送文本短信之外，还可发简单的图像、声音和动画等信息，仍然可以运行在原有 SMS 运行的网络上，发送途径和操作也没有差别。该标准属于开放式的，任何对 EMS 感兴趣的第三方公司或个人都可以在此平台上开发应用软件和服务。

EMS 是 SMS 的增强版本，也使用信令信道，通过短信中心存储和转发短信，实现原理也比较相似，无须对基础网络进行升级。从 SMS 向 EMS 的升级是透明的，实施 EMS 对现有的短信中心几乎没有任何影响。

EMS 对现有的短信中心所要做的最大修改是运营商计费系统，毕竟 EMS 和 SMS 属于不同类别的业务，一条 EMS 短信的容量可能是 SMS 的好几倍，在 EMS 中有些格式的字占用的空间也比 SMS 大得多，故定价策略不应采取"一

刀切"的方案。在这种情况下，短信中心就需要增加一些模块，记录相关的技术值并生成相应的呼叫详情记录。

3. MMS 意为多媒体短信业务

MMS 在概念上与 SMS 和 EMS 非常相似，可以理解为是 SMS 向多媒体的演进。但与 SMS 和 EMS 不同的是，MMS 对于信息内容的大小或复杂性几乎没有任何限制。MMS 不但可以传输文字短信，还可以传送图像、影像和音频，因此，MMS 带来最大的变化是各运营商可发展更多元化的移动通信服务。MMS 既可收发多媒体短信，还可以收发包含附件的邮件等。而从用户角度来看，多媒体应用将是吸引他们使用的关键。

从技术上来看，MMS 绝对不是像 SMS 那么简单的技术。说得简单一些，MMS 是封装在 WAP 协议之上的高层应用程序（注意：这里仅仅是协议的封装，并没有出现 WAP 浏览器本身），利用这种高层应用程序可以实现包括图像、音频信息、视频信息、数据以及文本等多媒体信息在内的信息传送。业内人士有的把它看做是电子邮件的替代品，有的把它看做是明信片的电子版，当然更多的是看做多媒体化的 SMS。就好像收音机到电视机的发展一样，多媒体短信与原有的普通短信比较，除了基本的文字信息以外，更配有丰富的彩色图片、声音、动画等多媒体的内容。通过 MMS，手机可以收发多媒体短信，包括文本、声音、图像、视频等，MMS 支持手机贺卡、手机图片、手机屏保、手机地图、商业卡片、卡通、交互式视频等多媒体业务。表 7-1 列出了 SMS、EMS 和 MMS 技术对比。

表 7-1　SMS、EMS、MMS 技术对比

	SMS	EMS	MMS
英文名称	Short Messaging Service	Enhanced Messaging Service	Multimedia Messaging Service
中文名称	短信息服务	增强型信息服务	多媒体信息业务
发送文本文字	支持	支持	支持
发送单色图片	不支持	支持	支持
发送彩色图片	不支持	不支持	支持
发送铃声	不支持	支持	支持
发送音频流	不支持	简单支持	支持
发送视频流	不支持	不支持	支持
发送动画	不支持	支持	支持
需要 2.5G 网络支持	不需要	不需要	需要

第二节 WAP 应用平台

移动通信和 Internet 是目前通信业界发展最快的两大领域。移动通信可让人们随时随地和他人进行通信；Internet 可让人们通过上网获得丰富多彩的信息。但是移动通信与有线接入 Internet 相比，一是移动数据终端相对于台式 PC 而言，存在 CPU 功能弱、内存少、电力供应有限、显示屏小、显示模式多样、键盘简单等特点；二是无线网络的带宽窄得多、延时大、误码率高、连接稳定性差。WAP 的出现将移动通信网与 Internet 联系在了一起。

一、WAP 的特点

过去，无线 Internet 接入一直受到手机设备和无线网络的限制。WAP 充分利用了诸如 XML、UDP 和 IP 等 Internet 标准，它的许多规程建立在 HTTP 和 TLS 等 Internet 标准之上，但进行了优化后，克服了原无线环境下低带宽、高延迟和连接稳定性差的弊病。

原来的 Internet 标准诸如 HTML、HTTP、TLS 和 TCP 用于移动网络是远远不能满足要求的，因为极大的文本数据信息需要传送。标准的 HTML 内容已不可能有效地显示在袖珍手机和寻呼机狭小的屏幕上。

WAP 采用二进制传输以更大地压缩数据，同时它的优化功能适于更长的等待时间（Long Latency）和低带宽。WAP 的会话系统可以处理间歇覆盖（Intermittent Coverage），同时可在无线传输的各种变化条件下进行操作。

WML 和 WML Script 用于制作 WAP 内容，这样可最大限度地利用小屏幕显示。WAP 的内容通过一个最新式的智能电话或其他通信器的两行文字的屏幕上显示出来，也可以转变为一个全图像屏幕显示。

轻巧的 WAP 规程栈式存储器的设计可使需要的带宽达到最小化，同时使能提供 WAP 内容的无线网络类型达到最多。它适用于多种网络，诸如全球移动通信系统 GSM900、GSM1800 和 GSM1900；过渡性标准（IS）-136；欧洲制式 DECT；时分多址接入；个人通信业务、高速寻呼（FLEX）和码分多址等。同时，它也支持所有的网络技术和承载业务，包括短信息业务（SMS）、非结构式辅助业务数据（USSD）、电路交换蜂窝移动数据（CSD-Circuit Switched Data）、蜂窝移动数字分组数据（CDPD）和通用分组无线业务（GPRS）。由于 WAP 建立在可升级的分层结构基础上，每一个分层可独立于其他分层而发展，这就使得在不需要对其他分层改变的情况下就可以引进其他承载业务或使用新的传输规程。

WAP 使得那些持有小型无线设备诸如可浏览 Internet 的移动电话和 PDA 等的用户也能实现移动上网以获取信息。WAP 顾及了那些设备所受的限制并考虑到了这些用户对于灵活性的要求。WAP 设备与 PC 相比，手持式 WAP 设备的局限性在于低分辨率的小显示屏，输入装置容量有限，重要的是没有提供定点装置，低功率 CPU，内存较少及能量较不稳定，网络带宽较窄且连接较不稳定；优势在于，与 HTML-C 相比，WAP 标准没有规定 WAP 设备应为何种形态。这对设备制造商极为有利，可使其能够生产出各种不同类型的设备以满足不同需要。在不久的将来，市场对 WAP 设备的要求会以浏览器的显示屏尺寸、输入装置及内存大小等不同为根据，从而促使 WAP 设备在新技术及解决方案上得以发展进步。

通过使用移动电话连上互联网将成为一种标准，而 WAP 就是实现这一标准的技术工具。如今，移动电话上网数量的增长速度要比 PC 上网数量的增长速度更快。这也就意味着不久以后，大多数新的移动电话都将配有 WAP 浏览器。持有 WAP 设备的无线用户可得到通过互联网提供的相关服务，网络页面的编制采用 HTML 格式。届时对许多甚而是绝大多数用户而言，WAP 设备将成为其获取这些服务的常用工具。

二、WAP 应用业务类型及其对移动业务发展的影响

WAP 技术已成为目前移动电话及其他终端访问无线信息服务的全球主要标准，也是实现现有移动数据及增值业务的技术基础，同时 WAP2.0 在协议上继续支持传统 WAP1.x 协议，并引入了 Internet 协议，如 XHTML、TCP/IP、HTTP1.1 以及 TLS，从业务功能上来说，WAP2.0 可以提供端到端的安全性，可以支持银行、证券、购物交易等对安全性有较高要求的业务类型。

（1）WAP 应用业务类型。当前业界提供的 WAP 业务主要包括 PULL 类和 PUSH 类。

PULL 业务是目前在 Internet 上使用最多的业务形式，首先由客户机发起请求，然后服务器将客户机所请求的内容发给客户机，WAP PULL 包含两个协议栈，WAP1.x 协议栈和 WAP2.0 协议栈，WAP 网关需要完成对两边的协议进行适配（如 WSP 与 HTTP 或 WP-HTTP 与 HTTP）、DNS 代理及内容缓存等功能。

以往移动用户都是采用 PULL（点播）方式来获取他们所需要的无线数据内容，现在采用 WAP PUSH 技术即可方便地实现相关内容的及时传送和用户的快捷获取（Single Click to Wap Content），WAP PUSH 技术可以把多种媒体格

式的数据整合为一个完整的 WAP 应用,从而产生了 MMS 等新的消息模式。对于移动用户而言,他们可以订阅他们所感兴趣的内容,也可以收到那些直接由内容提供商"推送"下来的有价值的消息,从而进一步养成移动数据消费习惯。同时,对于内容提供商或公司而言,他们可以把那些重要的或用户感兴趣的信息第一时间就推送给用户,从最大程度上避免了由于时间过长而导致无效信息的产生。

(2) WAP 对于移动数据业务发展的影响(略)。

(3) WAP 将有线通信网与移动通信网更加紧密地联系起来,由于 TCP/IP 的桥梁作用,有线通信网络目前正在实现融合,这意味着一旦用户口袋里的终端用 WAP 方式与有线网络进行通信时,将可以与其他信息网络通信。

(4) WAP 整合了移动通信网络资源,当客户选择不同的移动网络进行通信时,保护客户的消息习惯(在 Internet 世界就是点击习惯)就显得尤其重要。WAP 标准的制定独立于承载网络,不论用户使用什么网络,都有可能获得相同的信息。抛开网络承载能力的差异,对于用户来讲,由于服务的一致性导致网络的透明性,用户只需要单击。而 WAP 单纯比较不同体制的移动通信网络质量就显得意义不大,网络的差异将更多地表现在能否提供更好的服务,尤其是 WAP 业务,使不同体制的移动通信网络将长期共存。

(5) WAP 解决了移动通信信息源的问题,由于 WAP 定义的标准语言 WML 可以使得任何第三方独立于网络运营商开发对移动的数据应用,全社会将参与到信息加工、处理和发布的工作,另外已经存在的 HTML 内容也可以通过 WAP 网关/代理转换被移动用户接收。

(6) WAP 注重解决了移动中数据通信的安全性问题,由于 WAP2.0 采用了 WTLS 和 WIM (Wireless Identity Module, 无线身份识别模块技术),使得其支持多种鉴权方式(匿名访问、客户端鉴权和服务器端鉴权),安全会话控制和数字签名等多种安全措施,比 WAP1.x 能够提供更为完善和有效的端到端的安全机制,因此在认证支付、银行交易、博彩、移动购票、移动拍卖和股票交易等多个领域都有着越来越多的应用。

(7) WAP 将在 3G 业务过渡中起到重要作用,现在普遍在讨论 3G 的过渡问题,可以从三个层次上理解,即无线接入网络的过渡、核心网的过渡和业务的过渡。在这三个层次的过渡中,业务的过渡是最重要的。所谓 3G 业务过渡必须是在 2G、2.5G 和 3G 中共有的业务,在 2G、2.5G 中要先逐步培育出庞大的用户资源,然后在适当的时间、适当的地点再刺激引导更大的消费,使得引入 3G 网络更为经济和必要,现在 WAP 业务可以发挥这一作用。主要原因在于 WAP 是伸缩性很好的业务,在启动 3G 业务市场的时候,可以窄带传输,当宽带业务需求来临时，可以在 3G 网络上宽带传输，用户的消费习惯没有变，网络上积累的信息资源，WAP 设施投资也能得到充分的保护。

第三节　IVR 应用平台

一、IVR 的特点

（一）IVR 系统

目前，大多数成熟的 IVR 产品和应用中都采用"解释器+脚本"这样的实现方式来实现比较复杂的功能，解释器通过专用或标准的电话接口完成呼叫控制，应用流程使用脚本语言描述，脚本由解释器解释运行，而解释器根据脚本的内容，完成用户输入收集、语音播放、流程控制、访问数据库资源等功能。

但是由于各个厂家有各自的脚本定义，因而不同厂家的 IVR 平台开发出的应用系统即使功能相同，也无法移植和重用，各厂家还必须有 IVR 系统专有的开发工具，没有公开的统一标准，限制了第三方厂家参与应用系统的开发，市场上缺乏充分的应用系统供用户选择，也就限制了市场的发展。另外，IVR 系统通常根据具体业务设计业务脚本，以及根据业务脚本编写脚本解释程序，根据不同 SP 业务设计不同的接口，所以对于每一种 IVR 业务，其具体实现的结构框图是不同的，当业务发生变化时整个系统需要重新设计编码实现，开发周期长，扩展性差。

2000 年，由 AT&T、Lucent、IBM、Motorola 等组织的 VoiceXML Forum 制定和发布了语音可扩展标记语言 VoiceXML1.0。W3C 已经把 VoiceXML 语言作为其语音浏览器的对话标识语言标准，其主要的目的是采用基于 Web 的开发技术和内容发布技术来构建 IVR 应用服务。

基于 VoiceXML 的 IVR 系统根据业务流程和具体操作相分离的思想，设计通用的 VoiceXML 解释模块来解释特定的 VoiceXML 文档，控制会话流程，通过专用的语音输入输出系统和用户完成交互应答。它将语音业务保存为 VoiceXML 文档，语音交互时，用通用解释系统解释文档，控制语音流程，再由资源模块完成具体语音输出输入操作，完成语音交互功能，且不同的语音业务，可以保存为不同的 VoiceXML 文档，应用时，只需要加以解释。

基于 VoiceXML 的 IVR 系统包括控制接入模块、文档获取模块、文档解释模块、语音处理模块、资源代理模块以及一些辅助功能模块。

（二）呼叫中心的 IVR

一般来说，IVR 业务无法直接加载在运营商的系统上来运行，必须有语音平台来支持，并且相当一部分新业务对平台的要求还比较高。

IVR 系统的典型应用就是呼叫中心，它是呼叫中心的重要组成部分，从整个呼叫中心的角度来看，IVR 是呼叫中心的门户，只有当 IVR 不能处理某些事情时，用户才会转到人工进行咨询或者处理，而此前，所需的业务大部分由 IVR 子系统来完成，因此，IVR 系统建设得好坏将直接影响客户对呼叫中心使用率和金融机构的工作效率。IVR 系统在呼叫中心设计和运营越好，机构的效率就越高，机构所需要的工作人员就越少，所需的运营成本就越低。

基于交换机的呼叫中心如图 7-2 所示。

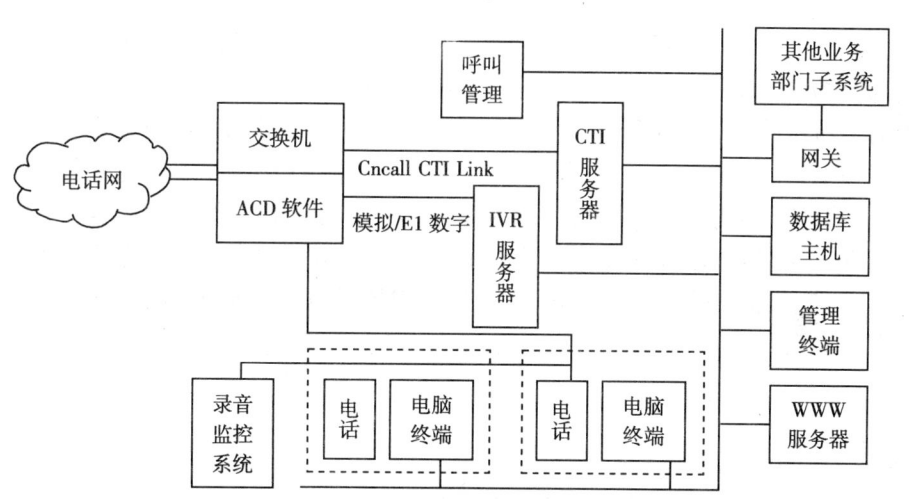

图 7-2 基于交换机的呼叫中心解决方案

呼叫中心的工作过程如下：

（1）当用户经 PSTN 或 GSM 打电话到达交换机（PBX）后，成为 SC（Service Client），诞生一个新的服务请求 SR，交换机通过 CTI-Link 请求 CTI（Computer Telephony Integration，计算机电话集成）服务器路由消息。CTI 服务器根据事先定义好的路由脚本来响应请求，要求 PBX 将电话路由到 IVR 服务器。

（2）PBX 根据 CTI 的路由消息，找到一路空闲 IVR（自动技能的 SP），引导用户进行自助服务，获取相关信息。

（3）用户通过电话按键，进行相关选择，并被系统所记录。

（4）如果用户觉得 IVR 不能满足其需求，按键请求人工坐席服务（某种技能的 SP）。

（5）系统为使请求寻找最合适的人工坐席，将呼叫转移到该坐席。

（6）坐席应答试呼叫，并获得系统自动弹出的一些信息，包括用户在 IVR 中的记录。

（7）坐席为用户直接提供服务，解答用户的问题（提供信息）或者记录用户的要求（记录信息）。

（8）用户认为服务完毕，挂机，服务请求（SR）消失。

（三）IVR 与传统声讯的区别

移动语音增值业务与传统声讯最大的区别在于应答交互方面。在移动语音增值业务领域，过于频繁的语音交互将成为忌讳，所以，移动语音增值业务在新产品设计上应尽量缩减交互按键环节。移动语音增值业务与传统声讯的第二大区别在于电话用户的区别。传统声讯大多是针对固定电话用户来设计的，固定电话的一个特征是用户的不确定性。也就是说，同一个电话可能是较多人共用的，而移动电话的一个特征是用户的私有性，一部手机在某种意义上可以等同于一个人的身份。第三大区别在于资费的区别。IVR 业务的资费由通信费及信息费两部分组成。在固网上，通信费一般和普通电话费类似。从信息费的角度来讲，固网的信息费在很多省份跟以往相比都有了很大程度的降低，而在中国移动或中国联通方面，目前通信费还相对比较高，许多 SP 在信息费定价上也定得比较高。

二、IVR 的应用

（一）IVR 业务的分类

IVR 语音增值业务按内容分类主要分为以下几个大类：

（1）聊天交友类业务。聊天交友类占到 IVR 业务收入一半以上的份额，因为用户的需求，聊天交友类业务永远是语音业务的主流，也是最有市场的业务种类，目前主要有朋友之间聊天、大众聊天和嘉宾聊天。

（2）音乐类业务。在现有的 SP 中，滚石移动就是以这类业务为主的 SP，由于大量的手机用户同时也是音乐爱好者，所以，只要有丰富的音乐资源，再加良好的业务设计和市场推广，音乐类 IVR 业务有着很好的发展前景。

（3）游戏娱乐类业务。这类业务包括知识竞猜、角色扮演类游戏、互动游戏等，但因为语音业务只能通过数字按键来交互日常简单的信息（选择方式），所以业务的内容相对空泛，主要通过奖品来吸引用户参与。

（4）信息服务类业务。该业务包括生活类、健康类、体育类、新闻类等公众内容的信息服务，还有金融证券、交通、旅游、商业、教育等行业的信息服务。

（5）通信助理类业务。针对个人有个人语音号码簿、语音留言、语音短信、信息秘书服务，以满足和方便个人的通信、沟通交流的需求，并为个人提供个性化的服务；针对企业有企业语音号码簿、企业公告、信息及广告发布等满足和方便企业员工和企业客户的需求，提高工作效率和企业服务水平，提升企业形象。

（6）体育类、新闻资讯类、测试类、媒体合作类等业务。

（二）IVR 的未来发展趋势

经历这些年的市场发展，基础电话运营商、集体和用户都已逐渐走向理性和成熟，运营商监管力度加强，抬高了 SP 进入和退出的门槛，媒体也渐渐认识到增值业务对于增强其与用户的互动方面大有裨益，进而开始主动分担 SP 的部分工作。在经过这样的工作细分后，那些"无依无靠"既无媒体背景亦无其他行业背景的 SP 就很难发展下去。

针对用户的需求，行业应用应该还有很大的扩充空间，但由于行业应用对 SP 的要求比娱乐类高得多，尤其在安全性方面需要有高投入，同时需要对其他行业有深入的了解，所以，行业应用还有很长的路要走。当然，如果行业系统本身，如教育、旅游、保险机构等主动去做增值方面的尝试，或者基础电信运营商主动发起，则能加速发展，如中国联通推出的"警务新时空"、"海洋新时空"等行业应用，对此就起到了较好的催化剂的作用。

在其他方面，移动 IVR 的发展趋势也逐渐凸显。

增值业务网、Internet 和媒体营销网并进，Internet 的发展日新月异，网民数量在激增，增值业务网和传统的媒体营销网与其紧密结合势在必然。

互动性加强，广大用户利用手机，通过 IVR 平台实现金融结算，电视节目互动、全国超市广播联播等互动应用大有市场。

多种无线增值产品与 IVR 捆绑销售，并互相进行深度的交叉营销，在线支付、多方通信、移动定位、语音识别等高科技含量的技术将促进 IVR 的进一步发展。

IVR 统一平台和统一管理系统的建立，将使平台提供商和软件提供商成为运营商和 SP 的运营顾问。

呼叫中心、CRM（客户关系管理）概念与 IVR 运营和营销模式将会进一步地融合。

移动商务技术

本章案例

Qwest 公司将强化呼叫中心

2007年7月1日，全球 IP 通信联盟，Qwest 通信公司与 Angel.com 公司结成合作伙伴，Angel.com 是专注于企业服务，为客户提供基于云的解决方案。他们加入了交互语音应答按需服务，在其呼叫中心服务组件中被称为 Qwest iQ。

解决方案将被作为 SaaS（软件运营服务模式）平台来提供，并是一款基于端口的应用程序开发工具，Qwest 用户可以创建和管理自动联络管理应用程序，并减少新程序和正在研发中的应用程序的开发成本。

Qwest 产品管理部副总裁 Eric Bozich 表示："让我们来面对这一切，人们不喜欢设计很糟糕的 IVR 应用程序。但 Qwest iQ 公司的按需求型 IVR，企业可在不用投资大量美元和花费大量开发时间的情况下，获得颠覆以往的 IVR 使用体验。"

按需求型 IVR 包括全面交互性语音回复功能，通过语音邮件、语音识别、通话录音、报告和分析等。其还将促进与其他应用程序的融合，例如销售和客户服务。

Qwest iQ 组合包每月处理了超过 500 万次的通话，并支持超过 700 个用户。用户可以开发一个定制化的实时 IVR 应用程序，并创建多种应用程序的资料库，并在任意时间打开或关闭对外界变化的相应回复，以避免影响业务。

资料来源：企业网，2011-09-30。

问题讨论：

1. 呼叫中心系统工作原理是什么？
2. 除了上述方面，IVR 还可应用到哪些方面？
3. 本案例有没有迎合了 IVR 发展趋势以及为什么？

本章小结

移动网络的数据通信需求是固定带宽的延伸，是为满足移动用户享受丰富多彩的网上信息而发展起来的。GPRS 是在 GSM 网络上发展起来的一种移动带宽技术，最高理论带宽高达 171.2kb/s，CDMA2000 1x 的数据传输速率可达 307.2kb/s，这虽然不能和固定带宽技术相比，但已经比 CSD 方式提高很多，实现了移动终端浏览 Internet 的功能。

语音业务仍然是移动运营商提供的一项最重要的基本业务。它为数字移动通信系统的用户和其他所有与其联网的用户之间提供双向电话通信，包括电话业务、紧急呼叫和语音信箱，其中电话业务是最主要的语音业务。

短消息业务，其爆发式的增长给了业界始料不及的惊喜。短消息具有价格低廉、可靠性高的特点，通常分为点对点和点对多点两种工作方式。

彩信业务与普通短信业务类似，除常见的文本内容外，其信息类型还包括图像、语音和音频片段，并且有视频剪辑和演示信息。信息不仅能在手机间传送，还可通过电子邮件发送。彩信系统包括MMS终端、MMSC、MMS用户数据库、外部应用服务器、增值应用服务器以及MMS终端支撑应用系统等。

无限应用协议（WAP）于1999年亮相，实现了移动通信网和Internet的互联。WAP系统包括WAP客户机、WAP网关和Web服务器，其协议栈包括WAE、WSP、WTP、WTLS、WDP。2001年发布的WAP2.0新版本，除了对原有WAP1.x协议栈的支持外，新增了许多功能和业务特性以适应新的网络环境。WAP2.0的协议栈包括WP-HTTP、TLS、WPTCP。此外，WAP2.0还支持移动终端和应用服务器之间的直连。

IVR是基于手机的无线语音增值业务的统称。移动用户只要拨打特定接入号码，就可以根据操作提示收听、点播所需语音信息或者参与聊天、交友等互动式服务。

本章复习题

1. 比较MMS、SMS和EMS之间的差异。
2. WAP2.0支持WAP1.x吗？两者应如何使用？
3. WAP对于移动数据业务发展有什么影响？
4. 2G移动网络业务环境存在哪些缺点？
5. 为什么EMS没有引起移动运营商的兴趣，而是将关注点落在MMS业务上？

第八章 无线通信终端接入设备

学习目的

知识要求 通过本章的学习，掌握：

- 长距离移动通信终端接入设备概念及特征
- 中距离移动通信终端接入设备概念及特征
- 短距离移动通信终端接入设备概念及特征

技能要求 通过本章的学习，能够：

- 熟悉移动通信终端的系统和实现方式
- 掌握移动通信终端通信技术
- 熟练掌握各个通信终端的应用

学习指导

1. 本章内容包括：长距离移动通信终端接入设备、中距离移动通信终端接入设备和短距离移动通信终端接入设备。

2. 学习方法：阅读材料，掌握重点概念，把握概念之间的内在关系；尽量结合实际情况加深理解；树立对移动通信终端接入设备的正确了解。

3. 建议学时：4 学时。

移动商务技术

引导案例

13名游客被困热带雨林　手机信号定位全部获救

2005年10月2日，13名游客在攀登五指山过程中迷失了方向。在省委、省政府和多方的搜救下，通过全球通信号定位技术，10月3日早晨6时左右全部获救。

10月2日，8名海南大学学生和5名游客在攀登五指山时迷路，请求援助。五指山市政府和琼中县政府立即组织力量上山搜救，并要求省公安厅、省林业局和海南移动通信有限责任公司等单位予以配合。据了解，当天下午4时，110指挥中心首先接到海大学生的求救电话，省公安厅常务副厅长贾东军立即指示当地公安部门立即组织力量搜救，并要求公安刑侦部门会同海南移动通信有限公司做好定位工作。在搜救过程中，海南移动通信有限责任公司多次组织定位专家，对游客提供的手机号码进行锁定监测。当晚9时50分，技术人员终于通过全球通手机信号，查到了被困者当时距琼中什运乡海南移动基站14.3公里，方向朝南的位置。游客手里的7部手机成了与指挥中心、公安搜救人员、海南移动联络的唯一途径。3日凌晨零时5分，海南移动定位专家通过反复切换基站测试，再次确定了被困人员的准确位置：经度109.7125940，纬度18.90071015，并立即向五指山市搜救指挥中心报告，为搜救工作提供了准确的方位，赢得了宝贵的时间。凌晨3时，五指山市搜救队与被困游客正式汇合，成功解救。13名迷途游客中，除1名学生受轻伤外，其他人员状况良好，目前他们已经安全离开五指山市。

资料来源：中新海南网，2005-10-03.

问题：

1. 简述移动电话在当今社会的重要性。
2. 全球通信号定位技术的原理是什么？
3. 移动通信终端设备的特点是什么？

第一节　长距离移动通信终端接入设备

一、卫星电话

基于卫星通信系统来传输信息的电话就是卫星电话。卫星电话是现代移动通信的产物，其主要功能是填补现有通信（有线通信、无线通信）终端无法覆盖的区域，为人们的工作提供更为健全的服务。现代通信中，卫星通信是无法被其他通信方式所替代的，现有常用通信所提供的所有通信功能，均已在卫星通信中得到应用。

自 1957 年苏联发射第一颗人造地球卫星以来，人造卫星即被广泛应用于通信广播、电视等领域。1965 年第一颗商用国际通信卫星被送入大西洋上空同步轨道，开始了利用静止卫星的商业通信。卫星通信系统由卫星和地球站两部分组成。卫星在空中起中继站的作用，即把地球站发上来的电磁波放大后再返送回另一地球站。地球站则是卫星系统与地面公众网的接口，地面用户通过地球站出入卫星系统形成链路。由于静止卫星在赤道上空 3600km，它绕地球一周时间恰好与地球自转一周（23 小时 56 分 04 秒）一致，从地面看上去如同静止不动一般。三颗相距 120°的卫星就能覆盖整个赤道圆周。故卫星通信易于实现越洋和洲际通信。最适合卫星通信的频率是 1~10GHz 频段。为了满足越来越多的需求，已开始研究应用新的频率如 12GHz、14GHz、20GHz 及 30GHz。

卫星通信的主要优、缺点如下：

优点：①通信范围大，只要卫星发射的波束覆盖进行的范围均可进行通信。②不易受陆地灾害影响。③建设速度快。④易于实现广播和多址通信。⑤电路和话务量可灵活调整。⑥同一信通可用于不同方向和不同区域。

缺点：①由于两地球站向电磁波传播距离有 72000km，信号到达有延迟。②10GHz 以上频带受降雨雪的影响。③天线受太阳噪声的影响。

（一）海事卫星系统终端

国际海事卫星电话（International Maritime Satellite Telephone Service，IMSTS）是通过国际海事卫星接通的船与岸、船与船之间的电话业务。海事卫星电话用于船舶与船舶之间、船舶与陆地之间的通信，可进行通话、数据传输和传真。海事卫星电话的业务种类有遇险电话、叫号电话和叫人电话。我国各地均开放海事卫星电话业务。海事卫星组织原是一个提供全球范围卫星移动通信的政府间合作机构，现已发展为世界上唯一能为海、陆、空各行业用户提供全球化、全天候、全方位公众通信和遇险安全通信服务的机构。1999年，海事卫星组织改革为一个国际商业公司（国际移动卫星公司），同时保留了规模较小的国际组织机构，专门负责监督海事卫星履行遇险安全通信的责任。

北京海事卫星地面站为海上、空中和陆地用户提供了全球、全时、全天候的移动卫星通信服务，也为抢险救灾等紧急通信发挥了重要的、不可替代的作用，不仅有效地保障了船舶安全，成为全球海上遇险与安全系统的一部分，而且作为公众通信的补充，充分展示其高效、灵活、优质的通信能力，是交通信息化基础网络的重要组成部分。

目前，海事卫星系统主要应用有卫星水情自动测报系统，移动卫星车辆监控系统等。在海事的应用还主要体现在数据连接、船队管理、船队安全网和紧急状态示位标，以及更多的基于 Inmarsat 所提供的业务而开发的应用服务，促进了海上航行安全和海上商业往来的繁荣，还为海事遇险救助和陆地自然灾害提供免费应急通信服务。

（二）"铱星"系统终端

"铱星"系统是基于卫星网络，以提供语音、数据为主的全球（包括南北两极）卫星通信系统。主要由三部分组成：卫星网络、地面网络、移动用户。系统业务允许在全球任何地方进行语音、数据通信。通信的特点是星间交换，直到所拨打用户所在地区上空的卫星。铱星手机全球卫星服务，使人们无论在偏远地区或地面有线、无线网络受限制的地区都可以通话。

所谓铱星系统，又称铱星计划，是美国摩托罗拉公司提出的第一代真正依靠卫星通信系统提供联络的全球个人通信方式，旨在突破现有基于地面的蜂窝无线通信的局限，通过太空向任何地区、任何人提供语音、数据、传真及寻呼信息。1987年，摩托罗拉正式宣布进行"铱星"系统的开发研究，历时12年，耗资57亿美元，1998年底终于大功告成。1999年11月1日，铱星系统正式向全世界范围提供商业服务，这一天，已成为人类通信历史上一个值得纪念的日子，从这一天开始，在任何一个允许使用铱星系统的国家和地区（目前已签订铱星漫游协议的有160多个）的任何地方，只要使用铱星手机，就可以给世界上任何一个角落里的人打电话。

铱星移动通信系统计划开始了个人卫星通信的新时代。铱星移动通信系统于1996年开始试验发射，计划1998年投入业务，估计总投资为23亿美元。铱星移动通信系统为用户提供的主要业务是：移动电话（手机）、寻呼和数据传输。从技术角度看，铱星移动通信系统已突破了星间链路等关键技术问题，系统基本结构与规程已初步建成，系统研究发展的各个方面都取得了重要进展。在此期间,全世界几十家公司都参与了铱星计划的实施,应该说铱星计划初期的确立、运筹和实施是非常成功的。

二、GPS 终端产品

GPS 定位设备是支持人机交互的移动设备之一,在各个领域具有广泛的应用,尤其是 GPS 导航系统,可提供全球卫星定位、电子导航、语言提示、偏航矫正等服务。GPS 定位设备是由 GPS 接收器和显示装置组成。GPS 接收器通常内置于设备内部,采用系统供电,能输出经纬度数据;显示装置能把经纬度显示出来,或换算成对应的点显示在电子地图上;显示终端用来显示当前的经纬度信息或电子地图及终端当前所处的位置。

(一) GPS 概述

GPS 即全球定位系统(Global Positioning System),又称全球卫星定位系统,中文简称为"球位系",是一个中距离圆形轨道卫星导航系统,结合卫星及通信发展的技术,利用导航卫星进行测时和测距。GPS 是美国从 20 世纪 70 年代开始研制,历时 20 余年,耗资 200 亿美元,于 1994 年全面建成,具有在海、陆、空进行全方位实施三维导航与定位能力的新一代卫星导航与定位系统。经过多年在我国测绘等部门的使用表明,全球定位系统以全天候、高精度、自动化、高效益等特点,赢得广大测绘工作者的信赖,并成功地应用于大地测量、工程测量、航空摄影测量、运载工具导航和管制、地壳运动监测、工程变形监测、资源勘察、地球动力学等多种学科,从而给测绘领域带来一场深刻的技术革命。

目前,全球定位系统是美国第二代卫星导航系统,使用者只需拥有 GPS 终端机即可使用该服务,无须另外付费。GPS 信号分为民用的标准定位服务(Standard Positioning Service,SPS)和军规的精确定位服务(Precise Positioning Service,PPS)两类。由于 SPS 无须任何授权即可任意使用,原本美国因为担心敌对国家或组织会利用 SPS 对美国发动攻击,故在民用信号中人为地加入误差(即 SA 政策,Selective Availability)以降低其精确度,使其最终定位精确度在 100m 左右;军规的精度在 10m 以内。2000 年以后,克林顿政府决定取消对民用信号的干扰。因此,现在民用 GPS 也可以达到 10m 左右的定位精度。

GPS 系统并非 GPS 导航仪,多数人提到 GPS 系统首先联想到 GPS 导航仪,GPS 导航仪只是 GPS 系统运用中的一部分。GPS 系统是迄今最好的导航定位系统,随着它的不断改进,硬、软件的不断完善,应用领域正在不断地开拓,目前已遍及国民经济各种部门,并开始逐步深入人们的日常生活。

(二) GPS 系统组成部分

GPS 系统由监控中心和移动终端组成,监控中心由通信服务器及监控终端组成。通信服务器由主控机、GSM/GPRS 接收、发送模块组成。移动终端由 GPS 接收机、GSM 收发模块、主控制模块及外接探头等组成，事实上 GPS 定位系统是以 GSM、GPS、GIS 组成具有高新技术的"3G"系统。GPS 接收机的结构分为：天线单元和接收单元两大部分。

GPS 系统包括三大部分：空间部分、地面控制系统和用户设备部分。

1. 空间部分

GPS 的空间部分是由 24 颗卫星组成（21 颗工作卫星，3 颗备用卫星），它位于距地表 20200km 的上空，均匀分布在 6 个轨道面上（每个轨道面 4 颗），轨道倾角为 55°。卫星的分布使得在全球任何地方、任何时间都可观测到 4 颗以上的卫星，并能在卫星中预存导航信息。GPS 的卫星因为大气摩擦等问题，随着时间的推移，导航精度会逐渐降低。

2. 地面控制系统

地面控制系统由监测站（Monitor Station）、主控制站（Master Monitor Station）、地面天线（Ground Antenna）所组成，主控制站位于美国科罗拉多州春田市（Colorado Spring）。地面控制站负责收集由卫星传回之信息，并计算卫星星历、相对距离及大气校正等数据。

3. 用户设备部分

用户设备部分即 GPS 信号接收机。其主要功能是能够捕获到按一定卫星截止角所选择的待测卫星，并跟踪这些卫星的运行。当接收机捕获到跟踪的卫星信号后，就可测量出接收天线至卫星的伪距离和距离的变化率，解调出卫星轨道参数等数据。根据这些数据，接收机中的微处理计算机就可按定位解算方法进行定位计算，计算出用户所在地理位置的经纬度、高度、速度、时间等信息。接收机硬件和机内软件以及 GPS 数据的后处理软件包构成完整的 GPS 用户设备。GPS 接收机的结构分为天线单元和接收单元两部分。接收机一般采用机内和机外两种直流电源。设置机内电源的目的在于更换外电源时不中断连续观测，在用机外电源时机内电池自动充电。关机后，机内电池为 RAM 存储器供电，以防止数据丢失。首先，目前各种类型的接收机体积越来越小，重量越来越轻，便于野外观测使用。其次，使用者接收器，现有单频与双频两种，但由于价格因素，一般使用者所购买的多为单频接收器。

（三）GPS 应用

1. GPS 在军事上的应用

1989 年，一群认真专注的工程师和一个伟大的产品构想，造就了今日全球卫星定位导航系统的领导品牌 GARMIN——兼具最佳的销售成绩与专业技术。有制造当初在海湾战争中被联军采用的第一台手持 GPS，到现今成为 GPS 的第一品牌，GARMIN 的产品以更优良的功能和用途远远超越传统 GPS 接收器，并为 GPS 立下一崭新的里程碑。

为了缓解当时"沙漠风暴"行动时军用 GPS 接收装置短缺的问题，美军考虑购买民用 GPS 接收装置。民用接收装置的导航功能和军用装置完全一样，只不过不能识别军用加密信号而已。因此，到了"沙漠盾牌"军事行动的时候，美国国防部就提前购买了数千套民用 GPS 接收装置装备各参战部队，占到了所有的 5300 套接收装置的 85%。

2. GPS 在道路工程中的应用

目前，主要是用于建立各种道路工程控制网及测定航测外控点等。随着高等级公路的迅速发展，对勘测技术提出了更高的要求，由于线路长，已知点少，因此，用常规测量手段不仅布网困难，而且难以满足高精度的要求。国内已逐步采用 GPS 技术建立线路收集高精度控制网，然后用常规方法布设导线加密。GPS 技术也同样应用于特大桥梁的控制测量中。由于无须通视，即可构成较强的网形，提高点位精度，同时对检测常规测量的支点也非常有效。GPS 技术在隧道测量中也具有广泛的应用前景，减少了常规方法的中间环节，因此，速度快、精度高，具有明显的经济和社会效益。

3. GPS 在个人定位中的应用

以国内首款语音彩信 GPS 定位器全资科技语音彩信 GPS 定位器为列，它内置全国的地图数据，无须后台支持，结合了 GPS 全球定位系统、GSM 通信技术、嵌入式语音播报技术、GIS 技术、GIS 搜索引擎、图像处理技术和图像传输技术，直接回复终端中文地址、彩信、或语音播报地理位置。

4. GPS 在汽车导航和交通管理中的应用

三维导航是 GPS 的首要功能，飞机、轮船、地面车辆以及步行者都可以利用 GPS 导航器进行导航。车载终端是在全球定位系统 GPS 基础上发展起来的一门新型技术。汽车导航系统由 GPS 导航、自律导航、微处理机、车速传感器、陀螺传感器、CD-ROM 驱动器、LCD 显示器组成。GPS 导航系统与电子地图、无线电通信网络、计算机车辆管理信息系统相结合，可以实现车辆跟踪和交通管理等许多功能。

5. GPS 在长途客运车辆管理中的应用

以国内首套专业的 GPS 长途客运车辆管理系统——它就是结合了卫星定位技术、GPRS/CDMA 通信业务、GIS 技术、图像采集技术、计算机网络和数据库等技术，在客运公司建立一个总控（C/S 结构和 B/S 结构相结合），其他设为分控，公安部门和运管部门等各部门建立专控的中心系统，系统由控制中心系统、无线通信平台（GPRS/CDMA）、全球卫星定位系统（GPS）、车载设备四部分组成一个全天候、全范围的驾驶员管理和车辆跟踪的综合平台；系统可对注册车辆实施动态跟踪、监控、拍照、行车记录、管理、数据分析等功能，监控车辆可以在电子地图上显示出来，并保存车辆运行轨迹数据；操作终端可任意选择服务器内部局域网或国际互联网对中心进行访问并可通过 IE 浏览器提供网上综合客车管理数据分析控制系统（B/S 结构）。

6. GPS 技术在导航仪中的应用

国际领先 GPS 导航仪终端品牌：Ahada（艾航达）——源自美国硅谷，现已登录中国。

产品核心功能：

（1）地图查询：可以在操作终端上搜索你要去的目的地位置；可以记录你常要去的地方的位置信息，并保留下来，也可以和别人共享这些位置信息；模糊地查询你附近或某个位置附近的如加油站、宾馆、取款机等信息。

（2）路线规划：GPS 导航系统会根据你设定的起始点和目的地，自动规划一条线路；规划线路可以设定是否要经过某些途径点；规划线路可以设定是否避开高速等功能。

（3）自动导航：语音导航；画面导航；重新规划线路。

经过 20 余年的实践证明，GPS 系统是一个高精度、全天候和全球性的无线电导航、定位和定时的多功能系统。GPS 技术已经发展成为多领域、多模式、多用途、多机型的国际性高新技术产业。

第二节　中距离移动通信终端接入设备

一、寻呼机

寻呼机是无线寻呼系统中的用户接收机。通常由超外差接收机、解码器、控制部分和显示部分组成。寻呼机收到信号后发出音响或产生震动，并显示有关信息，简称呼机。寻呼机（BP 机）只能接收无线电信号，不能发送信号，所以是单方向的无线通信工具，但一些改进的寻呼机可以用在 Internet 网络上执行有限的一些移动商务操作，主要是传送文件信息如股票交易订单等。BP 机现在一些特殊人群中还有应用：消防队员、医生、建筑工地的指挥员或工程师。

寻呼机也叫 BP 机、传呼机、BB 机、CALL 机，简称呼机。1983 年，上海开通中国第一家寻呼台，BP 机进入中国。从 BP 机开始的即时通信，将人们带入了没有时空距离的年代，时时处处可以被找到，大大加速了人们的生活、工作效率，但也让人无处可藏。人们对它爱恨交加，但已离不开它。它是手机之前比较通行的通信工具，样子小巧，是20世纪末在中国和亚洲甚至全世界广为流传的可以联系的通信工具。

BP机有人工会接和自动会接两种方式，对应的寻呼台称为人工寻呼台和自动寻呼台。人工寻呼台需要人工操作把这些信息编码经过发射机发出信号。自动寻呼台根据来电话的线路号，自动查出寻呼人的电话号码并同时发送出去，这样被寻呼人就知道是哪部电话寻呼的。经常使用的寻呼机分为两类：数字寻呼机和中文寻呼机。数字寻呼机小巧、价格低、实用。中文寻呼机直接显示汉字，信息容易识别。

无线寻呼系统，是一种不用语音的单向选择呼叫系统。其接收端是多个可以由用户携带的高灵敏度收信机（俗称袖珍铃）。在收信机收到呼叫时，就会自动振铃、显示数码或汉字，向用户传递特定的信息。不论是固定的还是移动的主叫用户都可以通过市话网或寻呼网向网内的数字或汉字式寻呼机持用户（被叫用户）传递信息。

无线寻呼系统可分为专用系统和公用系统两大类。专用系统以采用人工方式的较多。一般在操作台旁有一部有线电话。当操作员收到有线用户呼叫某一袖珍铃时，即进行接续、编码，然后经编码器送到无线发射机进行呼叫；袖珍铃收到呼叫后就自动振铃。公用系统多采用人工和自动两种方式。简单的寻呼系统由三部分构成：寻呼中心、基站和寻呼接收机。

二、移动电话

自20世纪60年代最早的移动电话系统问世以来，移动电话已成为现在最流行的移动通信设备，体积小、使用方便，其功能已不再是单纯的通话功能，通信录音、短信息、手机音乐等功能已成为移动电话的基本配置，另外与Internet连接、传真、收发E-mail、数字连接、日程安排、游戏以及语音信息等功能也是常见的服务。移动电话系统是一个由有线通信、无线通信相结合的综合通信系统，它由移动电话交换中心、基站和移动台组成。无线通信是指通信的双方，至少有一方是处在移动状态进行信息交换的，它包括移动用户之间的通信、移动用户与固定用户之间的通信。移动电话网是固定电话网的延伸。凡是市话网、长途网所通达的地点，移动电话都能拨通。移动电话网除具有市内和长途网所具有的全部功能外，还具有漫游功能，漫游功能是移动电话网的特有功能。

目前，在全球范围内使用最广的移动电话是GSM手机和CDMA手机。在中国以 GSM 最为普遍，CDMA 和小灵通（PHS）手机也很流行，这些都是所谓的第二代手机（2G），它们都是数字制式的，除了可以进行语音通信以外，还可以收发短信（SMS）、彩信（MMS）、无线应用协议（WAP）等。

移动电话外观上一般都应该包括至少一个液晶显示屏和一套按键（部分采用触摸屏的手机减少了按键）。部分手机除了典型的电话功能外，还包含了 PDA、游戏机、MP3、照相、录音、摄像、定位等更多的功能，有向着带有手机功能的 Pocket PC 发展的趋势。

移动电话网是在移动台之间提供直联链路和（或）在移动台与基站间提供接入链路，利用无线信道并通过移动电话交换机构成的电话网。移动电话网就是可以使移动用户之间进行通信的网络。移动电话迅猛发展，用户增长迅速，到现在我国已经出现了五种移动电话网共存的局面，这五种网各有不同的通话范围和不同的业务功能。用户选择配备移动电话手机时，需要对现有的五种网有所了解。

三、智能电话

在移动电话中引入智能是移动电话的发展方向，智能电话是集成了掌上电脑功能而又具有一般手机通信功能的多功能电话。智能电话为用户提供了足够的屏幕尺寸和带宽，既方便随身携带，又为软件运行和内容服务提供了广阔的舞台。如股票、新闻、天气、交通、商品、应用程序下载、音乐图片下载等。最近的智能手机中又陆续加入了录音、MP3 播放、拍照、摄像、播放 MP4 影片等功能，逐渐演变成为一个集数据和语音通信、多媒体信息处理以及互联网络浏览等为一体的强大掌上通信设备。

智能移动电话（Smart Phone）是一种集中了最新通信技术并能提供多种通信功能（特别是移动数据通信功能）的移动用户终端设备。智能移动电话不仅能够提供良好的基本话音服务，还能够提供丰富的附加功能。智能移动电话的网络支持通信协议有 WAP、Bluetooth 等多种。智能移动电话有着良好的市场前景，它不仅满足了用户的各种要求，而且它所带来的各种电信新功能和新业务也会使网络运营机构获得相当可观的增值收益。

四、个人数字助理（PDA）

个人数字助理（Personal Digital Assistant，PDA），集中了计算、电话、传真和网络等多种功能的一种手持设备。它不仅可以用来管理个人信息，还可上网浏览，收发 E-mail，发传真，甚至还可以当做手机来用。尤为重要的是，这些功能都可以通过无线方式实现。PDA 发展的趋势和潮流就是计算机、通信、网络、存储、娱乐、电子商务等多功能的融合。

PDA 是一种手持式电子设备，具有电子计算机的某些功能，可以用来管理个人信息，也可以上网浏览，收发电子邮件等，一般不配备键盘，俗称掌上电脑。PDA 可使用户以无线方式发送和接收数据。由于现在可买到许多应用软件，PDA 已不仅仅是一种流动的电子秘书，也是一种股票顾问和通向全球的信息银行和通信的电子公路的网关。尽管 PDA 通常被看做是掌上型计算机，但 PDA 在这一词语的真正意义上并不是计算机。一种更为贴近真实的解释是消费者也许在从掌上型计算机或 PDA 中寻找台式计算能力。同时，PDA 还作为可提供双向信息交换的便携式移动个人信息装置。狭义的 PDA 可以称作电子记事本，其功能较为单一，主要是管理个人信息，如通讯录、记事和备忘、日程安排、便笺、计算器、录音和辞典等功能。而且这些功能都是固化的，不能根据用户的要求增加新的功能。广义的 PDA 主要指掌上电脑，当然也包括其他具有类似功能的小型数字化设备。

个人通信助理机是最时尚的一种。它的概念就是将掌上电脑的一些功效和手机、寻呼机相结合而产生的。这种产品的最大特点就是其舍弃了一般的电话线而采用无线的数据接收方式，使产品的适应性更强。而目前基于 WinCE 系统和 Palm 开发的产品，统称 SmartPhone，其功能与掌上电脑持平或更高，而且拥有通信功能和无线数据交换，更代表将来掌上电脑的发展方向。

五、掌上电脑

掌上电脑是广义 PDA 的一种，有操作系统，具有应用程序的扩展能力，使电脑的外围助理功能丰富，应用简便，可以满足日常的大多数需求，比如看书、游戏、字典、学习、记事、看电影等一应俱全。即"手掌尺寸的电脑"，它是正宗的电脑家族的一员，而且是可以放在手掌上的电脑。掌上电脑最明显的特征是具有操作系统和界面，并支持某些软件。虽然它的运算速度和存储能力较目前普通计算机相距甚远，但掌上电脑毕竟是有 PC 血统，与 PDA 相比已经有了本质的区别。而且，随着技术的进步，它的功能正在逐步增强，并支持一些股票、地图、游戏、录音等非常实用的小软件。还装了 Modem，用户完全可以通过掌上电脑进行上网浏览，收发电子邮件，实现了移动办公。

掌上电脑就是辅助个人工作的数字工具，主要提供记事、通讯录、名片交换及行程安排等功能。狭义的掌上电脑不带键盘，采用手写输入、语音输入或软键盘输入。而广义的掌上电脑既包括无键盘的，又包括有键盘的。

掌上电脑最大的特点就是它们有其自身的操作系统，一般都是固化在 ROM 中的。其采用的存储设备多是比较昂贵的 IC 闪存，容量在 16MB 左右。

掌上电脑一般没有键盘，采用手写和软键盘输入方式，同时配备有标准的串行接口、红外线接入方式并内置有 MODEM，以便于个人电脑连接和上网。掌上电脑和前面的产品最大的区别就是它的应用程序的扩展能力。基于各自的操作系统，任何人可以利用编程语言开发相应的应用程序。你也可以在你的掌上电脑上任意安装和卸载。由于其功能非常完备，所以在操作上也比较复杂，不太适合对电脑不太了解的初级用户。

六、手持电脑设备

手持电脑设备的英文名称叫 HPC，即 Handheld PC 的意思。这是一种介于笔记本电脑和掌上电脑之间的产品。为什么这样说呢？因为它有着掌上电脑通用的操作系统，但却配有小型的键盘。而其外形则类似于传统的笔记本电脑。它的功能要比掌上电脑来的强大，但同样的体积和重量也要增加，所以在便携性能上较之掌上电脑为差。

手持电脑是一种功能强大的便携式移动电脑，几乎拥有微机或笔记本所有功能。HPC 具有与笔记本电脑酷似的外形，只是体积更加小巧。除了具有操作系统和界面外，还有较大的显示器、键盘、CPU、内存等配置和完备的串行接口和并行接口，还能支持打印，配备了功能强大的微机软件袖珍版，将娱乐、游戏、收发电子邮件和浏览网页等多种功能连在一起。而且 HPC 具有强大的数据处理和文字管理功能，使人们拥有更为完备的移动电脑。

商务通的成功就已经告诉我们，用户其实并不强调功能与技术的领先，他们在乎的只是实用性。因此对于行业用户来说，他们需要的手持电脑恐怕只需要数据输入、简单分类或是比较等简单功能，但是它有鲜明的行业特色，并且可以简单地与计算机接口进行数据传偷，这就足够了。相信这样缩减功能之后，成本也会降低。

日本一些厂家新推出的手持电脑在保持配置的前提下把其售价压缩到了一个非常吸引人的位置上，大大增加了手持式电脑的性价比。

未来类似这样的机型如果能够越来越多，而且继续保持低价位的优点，那么凭借其兼得笔记本电脑和掌上电脑的一些优点，应该将会大有可为的，至少对于那些只需要文字处理、普通上网浏览、聊天、邮件功能的用户来说，手持电脑的性价比会更高，使用起来会更容易。

七、笔记本电脑

笔记本电脑是台式 PC 的微缩与延伸。世界上第一台真正意义上的笔记本电脑是由日本的东芝（TOSHIBA）公司于 1985 年推出的一款名为 T1100 的产品。与台式电脑相比，尽管二者的基本构成是相同的（显示器、键盘/鼠标、CPU、内存和硬盘），但是笔记本电脑优势还是非常明显的。便携性就是笔记本相对于台式机电脑最大的优势，一般的笔记本电脑的重量只是 2000 克多一些，无论是外出工作还是外出旅游，都可以随身携带，非常方便。便携式笔记本电脑的特征如下：

（1）屏幕大小是区分超便携笔记本与普通笔记本电脑的主要特点。一般的超便携笔记本电脑的屏幕在 12 寸以下，目前来说主要是以 10 寸、8.9 寸为主，另外也有 7 寸甚至更小的。

（2）大多采用英特尔的 ULV 超低电压版的处理器，比如酷睿 2 双核 SU9300 等，少部分可能会采用 VIA Nano（凌珑）或者 VIA C7-M 处理器。还有现在新出的笔记本类型——上网本，也可以算作是超便携笔记本电脑的一种，主要采用 Atom（凌动）处理器。

（3）在硬盘方面，大多数超便携笔记本电脑选择了内置闪存或者 SSD 固态硬盘，它们的优势在于随机寻道时间较短，抗震性较强，但成本过高。因此某些厂商为了降低成本，便采用了 1.8 英寸或 2.5 英寸的传统硬盘，硬盘容量通常不大。

（4）传统的便携笔记本电脑内存基本都在 1~2GB 的范围内，极少数采用 4G 内存。而新兴的上网本一般为 1G 内存，极少采用 2G 内存。

（5）广泛支持 802.11a/b/g /n Wi-Fi 网络，部分产品具有无限广域网卡（可插手机卡，通过手机网络无线上网）。

（6）传统的便携笔记本电脑价格我国目前来说很昂贵，一般在 7000 元以上。而最近兴起的上网本，价格很便宜，一般在 2000~4000 元。主流厂商比如华硕、宏碁、戴尔、惠普、联想的稍微贵点，而部分国内厂商已经将价格做到 2000 元左右了，如神舟、昂达、纽曼、京华等。

超便携笔记本电脑的 Wi-Fi 等无线上网功能是其显著的象征之一。这源于超便携笔记本电脑的设计理念：随时随地、轻松惬意上网休闲。无线模块使得这种概念在真正意义上得到了实现。

超便携笔记本电脑的兴起，与移动互联网应用日渐火热有关。在美国和日本市场上，由于有完善的外部无线网络支持，超便携移动产品早已出现了非常成熟的产品。而目前，中国的无线网络应用环境也正在逐步走向成熟。国内越来越成熟和普及的无线网络应用环境将是超便携笔记本电脑市场走向成熟的推力。

第三节　短距离移动通信终端接入设备

一、蓝牙终端接入设备

蓝牙，是一种支持设备短距离通信（一般 10m 内）的无线电技术。能在包括移动电话、PDA、无线耳机、笔记本电脑、相关外设等众多设备之间进行无线信息交换。利用"蓝牙"技术，能够有效地简化移动通信终端设备之间的通信，也能够成功地简化设备与 Internet 之间的通信，从而使数据传输变得更加迅速高效，为无线通信拓宽道路。蓝牙采用分散式网络结构以及快跳频和短包技术，支持点对点及点对多点通信，工作在全球通用的 2.4GHz ISM（即工业、科学、医学）频段，其数据速率为 1Mb/s，采用时分双工传输方案实现全双工传输。

蓝牙是一种短距的无线通信技术，电子装置彼此可以通过蓝牙而连接起来，省去了传统的电线。通过芯片上的无线接收器，配有蓝牙技术的电子产品能够在 10m 的距离内彼此相通，传输速率可以达到 1Mb/s。以往红外线接口的传输技术需要电子装置在视线之内的距离，而现在有了蓝牙技术，这样的麻烦也可以免除了。

蓝牙技术使用高速跳频（Frequency Hopping，FH）和时分多址（Time DivesionMuli—access，TDMA）等先进技术，在近距离内最廉价地将几台数字化设备（各种移动设备、固定通信设备、计算机及其终端设备、各种数字数据系统，如数字照相机、数字摄像机等，甚至各种家用电器、自动化设备）呈网状链接起来。蓝牙技术将是网络中各种外围设备接口的统一桥梁，它消除了设备之间的连线，取而代之以无线连接。

蓝牙技术已经应用于移动电话、计算机、数字相机、摄像机、打印机、传真机和个人数字助理等许多电子设备，应用蓝牙技术的产品都可以"随心所欲"地无线连通，而不必拖一条"尾巴"。目前主要还是以 PDA、手机及耳机最为常见。

二、红外终端接入设备

红外是一种无线通信方式，可以进行无线数据的传输。自 1974 年发明以来，得到很普遍的应用，如红外线鼠标、红外线打印机、红外线键盘、红外笔记本电脑、红外手机、红外 PDA 等。

红外线是波长在 750nm~1mm 的电磁波，它的频率高于微波而低于可见光，是一种人的眼睛看不到的光线。由于红外线的波长较短，对障碍物的衍射能力差，所以更适合应用在需要短距离无线通信的场合，进行点对点的直线数据传输。

红外数据协会（IRDA）将红外数据通信所采用的光波波长的范围限定在 850~900nm。红外线自 1800 年被发现以来，人们对它的研究从来没有停止过，目前已经开发出了众多的应用产品，从医疗、检测、航空到军事等领域，几乎处处都能看到红外的身影。但人们对它的研究仍然延续，时不时出现新发明新应用，带给我们惊讶与感叹，人类对这座宝藏的开发还远远不够，红外产业还有广阔的扩张空间。

三、二维条码终端接入设备

二维条码是用某种特定的几何图形按一定规律在平面（二维方向上）分布的黑白相间的图形记录数据符号信息的；在代码编制上巧妙地利用构成计算机内部逻辑基础的"0"、"1"比特流的概念，使用若干个与二进制相对应的几何形体来表示文字数值信息，通过图像输入设备或光电扫描设备自动识读以实现信息自动处理。它具有条码技术的一些共性：每种码制有其特定的字符集；每个字符占有一定的宽度；具有一定的校验功能等，同时还具有对不同行的信息自动识别功能及处理图形旋转变化等特点。

手机二维码是二维码技术在手机上的应用。手机二维码可以印刷在报纸、杂志、广告、图书、包装以及个人名片等多种载体上，用户通过手机摄像头扫描二维码或输入二维码下面的号码、关键字即可实现快速手机上网，快速便捷地浏览网页、下载图文、音乐、视频、获取优惠券、参与抽奖、了解企业产品信息，而省去了在手机上输入 URL 的烦琐过程，实现一键上网。同时，还可以方便地用手机识别和存储名片、自动输入短信、获取公共服务（如天气预报）、实现电子地图查询定位、手机阅读等多种功能。随着 3G 的到来，二维码可以为网络浏览、下载、在线视频、网上购物、网上支付等提供方便的入口。

四、NFC 设备

NFC 英文全称 Near Field Communication，即近距离通信技术。NFC 是脱胎于无线设备间的一种"非接触式射频识别"（RFID）及互联技术，为所有消费性电子产品提供了一个极为便利的通信方式。NFC 在单一芯片上结合了感应式读卡器、感应式卡片和点对点的功能。在数厘米（通常是 15cm 以内）距离之间于 13.56MHz 频率范围内运作，通过射频信号自动识别目标对象并获取相关数据，识别工作无须人工干预，任意两个设备（如移动电话）接近而不需要线缆接插，就可以实现相互间的通信，满足任何两个无线设备间的信息交换、内容访问、服务交换。NFC 芯片装在手机上，手机就可以实现小额电子支付和读取其他 NFC 设备或标签的信息。NFC 的短距离交互大大简化整个认证识别过程，使电子设备间互相访问更直接、更安全和更清楚。通过 NFC，电脑、数码相机、手机、PDA 等多个设备之间可以很方便快捷地进行无线连接，进而实现数据交换和服务。

NFC 手机内置 NFC 芯片，组成 RFID 模块的一部分，可以当做 RFID 无源标签使用，用来支付费用；也可以当做 RFID 读写器用作数据交换与采集。NFC 技术支持多种应用，包括移动支付与交易、对等式通信及移动中信息访问等。通过 NFC 手机，人们可以在任何地点、任何时间，通过任何设备与他们希望得到的娱乐服务与交易联系在一起，从而完成付款，获取海报信息等。

五、无线射频识别（RFID）设备

RFID 无线射频识别又称电子标签，是一种非接触式的自动识别技术，它通过射频信号自动识别目标对象并获取相关数据，识别工作无须人工干预，可工作于各种恶劣环境。RFID 技术可识别高速运动物体并可同时识别多个标签，操作快捷方便。RFID 是一种简单的无线系统，只有两个基本器件，该系统用于控制、检测和跟踪物体。系统由一个询问器（或阅读器）和很多应答器（或标签）组成。RFID 电子标签的技术应用非常广泛，目前典型应用有：动物晶片、门禁控制、航空包裹识别、文档追踪管理、包裹追踪识别、畜牧业、后勤管理、移动商务、产品防伪、运动计时、票证管理、汽车晶片防盗器、停车场管制、生产线自动化、物料管理等。

一套完整的 RFID 系统，是由阅读器（Reader）与电子标签（TAG）也就是所谓的应答器（Transponder）及应用软件系统三个部分所组成，其工作原理是 Reader 发射一特定频率的无线电波能量给 Transponder，用以驱动 Transponder 电路将内部的数据送出，此时 Reader 便依序接收解读数据，送给应用程序做相应的处理。

以 RFID 卡片阅读器及电子标签之间的通信及能量感应方式来看，大致上可以分为感应耦合（Inductive Coupling）及后向散射耦合（Backscatter Coupling），一般低频的 RFID 大都采用第一种方式，而较高频大多采用第二种方式。

阅读器根据使用的结构和技术不同可以是读或读/写装置，是 RFID 系统信息控制和处理中心。阅读器通常由耦合模块、收发模块、控制模块和接口单组成。阅读器和应答器之间一般采用半双工通信方式进行信息交换，同时阅读器通过耦合给无源应答器提供能量和时序。在实际应用中，可进一步通过Ethernet或WLAN等实现对物体识别信息的采集、处理及远程传送等管理功能。应答器是RFID系统的信息载体，目前应答器大多是由耦合原件（线圈、微带天线等）和微芯片组成无源单元。

本章案例

中国铁道部信息中心车号自动识别系统

铁道部应用的中国铁路车号自动识别系统是目前亚洲最大规模的RFID应用，已经在全国528个站点安装有数据读取装置，而安装有标签的货运车厢数量达到60万节，机车数量达到20万节。在实施RFID以前，由于无法知道所要查找的车辆在什么位置，如果要查一辆车的信息犹如大海捞针。而现在，每一列货运车辆的信息都能够实时反映在系统中。RFID标签被嵌入在每节车厢中，内部记录有长度为7位的车号信息。当车辆压过铁路上的磁性感应器时，扫描系统开始启动。扫描单元逐一读取每一节车厢的RFID标签，并将数据传送到铁路的调度系统中。除了车号自动识别系统之外，铁路还运行有一套确报系统，在这套系统中存放有车厢号、货物名、发货人等信息。通过与RFID系统读取的车号信息、位置信息相关联之后，便能够快速得知列车的完整信息。

资料来源：企业网，2010-04-17.

问题讨论：

1. 车号自动识别系统工作原理是什么？
2. RFID还应用到哪些方面？
3. RFID的作用有哪些？

本章小结

卫星电话是现代移动通信的产物，其主要功能是填补现有通信（有线通信、无线通信）终端无法覆盖的区域，为人们的工作提供更为健全的服务。GPS定位设备是支持人机交互的移动设备之一，在各个领域具有广泛的应用，尤其是GPS导航系统，可提供全球卫星定位、电子导航、语言提示、偏航矫正等服务。

移动电话已成为现在最流行的移动通信设备，体积小、使用方便，其功能已不再是单纯的通话功能，通信录音、短信息、手机音乐等功能已成为移动电话的基本配置，另外与 Internet 连接、传真、收发 E-mail、数字连接、日程安排、游戏以及语音信息等功能也是常见的服务。在移动电话中引入智能是移动电话的发展方向，智能电话是集成了掌上电脑功能而又具有一般手机通信功能的多功能电话。智能电话为用户提供了足够的屏幕尺寸和带宽，既方便随身携带，又为软件运行和内容服务提供了广阔的舞台。PDA 是一种手持式电子设备，具有电子计算机的某些功能，可以用来管理个人信息，也可以上网浏览，收发电子邮件等；一般不配备键盘；俗称掌上电脑。掌上电脑是广义 PDA 的一种，有操作系统，具有应用程序的扩展能力，是电脑的外围助理，功能丰富，应用简便，可以满足日常的大多数需求，比如看书、游戏、字典、学习、记事、看电影等一应俱全。

蓝牙，是一种支持设备短距离通信（一般 10m 内）的无线电技术。能在包括移动电话、PDA、无线耳机、笔记本电脑、相关外设等众多设备之间进行无线信息交换。手机二维码是二维码技术在手机上的应用。NFC 设备可以用作非接触式智能卡、智能卡的读写器终端以及设备对设备的数据传输链路。RFID 电子标签的技术应用非常广泛，目前典型应用有：动物晶片、门禁控制、航空包裹识别、文档追踪管理、包裹追踪识别、畜牧业、后勤管理、移动商务、产品防伪、运动计时、票证管理、汽车晶片防盗器、停车场管制、生产线自动化、物料管理等。

本章复习题

1. 卫星通信易于实现越洋和洲际通信的原因。
2. 二维码将把企业的营销方式扩展到更多的领域，根据二维码的特点论述。
3. 论述红外传输为什么不能离得太远，要对准方向，且中间不能有障碍物。
4. 解释蓝牙技术的产品都可以"随心所欲"地无线连通，而不必拖一条"尾巴"。
5. 论述掌上电脑的核心是操作系统。

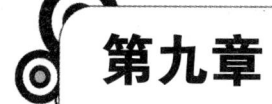

第九章 移动终端操作系统

学习目的

知识要求 通过本章的学习,掌握:

- 几种移动终端操作系统的概况及发展历程
- 几种移动终端操作系统组成结构
- 几种移动终端操作系统主要应用

技能要求 通过本章的学习,能够:

- 了解移动终端操作系统的特点
- 掌握移动终端操作系统的工作原理
- 掌握移动终端操作系统基本架构
- 熟悉移动终端操作系统在各个领域的应用

学习指导

1. 本章内容包括:IOS、Symbian、Windows Mobile、Linux、Android、IOS、BlackBerry 七大主流移动操作系统的基本概念、简介、发展、工作原理、组成架构及主要应用。

2. 学习方法:从移动终端智能操作系统的基本原理入手,了解移动终端智能操作系统的工作原理,在其基础之上熟悉各主流操作系统的主要应用环境、应用程序。

3. 建议学时:6 学时。

移动商务技术

第九章 移动终端操作系统

引导案例

搭载移动操作系统的终端设备

一个机构做过一个有趣的实验,随机挑选100名有驾驶经验的人,50人是驾龄长、经验丰富的老司机,50人是刚刚取得驾驶证的新手,他们从一个城市的同一个起点出发,目标是这个城市的某一个地点,老司机身上不配备通信设施,而新司机身上只配备搭载智能操作系统的手机一部。比赛结果发现,准时到达目的地的人中竟然是新司机的人数多过老司机,原因是这些准时到达目的地的新司机中多数人使用智能手机下载了地图或者导航系统到达了目的地。

我们原来用看报获取新闻,而现在我们随处可见拿着iPhone、HTC等多种多样智能手机的人们通过读报应用程序来了解新闻动态。微博,SNS(社会性网络服务如人人,开心,Facebook等),购物,网银等应用被人们随心所欲地使用着。

资料来源:电脑报,2008-12-09。

问题:

1. 搭载移动操作系统的终端设备给我们现代人的生活带来了哪些改变?
2. 你都用过哪些移动操作系统?举出一种你曾经用过的移动终端操作系统的名称,并简述操作体验。

第一节 Windows Mobile 操作系统

一、Windows Mobile 操作系统概述

Windows Mobile,是Microsoft用于Pocket PC和Smartphone的软件平台。Windows Mobile将熟悉的Windows桌面扩展到了个人设备中。Windows Mobile是微软为手持设备推出的"移动版Windows",使用Windows Mobile操作系统的设备主要有PPC手机、PDA、随身音乐播放器等。

(一)Windows Mobile 发展历程

Windows Mobile原形为Windows CE,后开发出适用于手机及其他掌上设备操作系统,之后又将其整合在一起。在Windows Mobile 2003版本之前操作系统名称为Pocket PC、SmartPhone/Smart Phone等,后改为现名。目前最新版

本为 Windows Mobile 7。有用于掌上电脑的 Windows Mobile for Pocket PC、用于手机的 Smartphone/Windows Mobile for Smartphone、Pocket PC Phone/Windows Mobile for Pocket PC Phone 和用于移动媒体的 Portable Media Center 三大版本。

（二）Windows Mobile 的分类

WindowsMobile 操作系统有四种，分别是 Windows Mobile for PocketPC Edition、Windows Mobile for PocketPC Phone Edition、Windows Mobile for Smartphone Editon 和 Windows Mobile for Portable Media Centers。

Windows Mobile 系列操作系统包括 SmartPhone 以及 Pocket PC Phone 两种平台。Pocket PC Phone 主要用于掌上电脑型的智能手机，而 SmartPhone 则主要为单手智能手机提供操作系统。

1. SmartPhone 操作系统

Microsoft SmartPhone 是微软基于 Microsoft Windows CE 内核开发的、为智能手机提供的一种操作系统，与使用手写笔来进行操作的智能手机不同的是，基于该操作系统的手机无须借助手写笔，只需用手机提供的键盘就能完成几乎所有的操作，因此，使用该操作系统的手机用户只需一只手操作即可。基于 SmartPhone 操作系统的智能手机与其他微软操作系统的智能手机在功能上并没有很大区别，多数具有 MP3 播放、MSN 聊天、电子邮件收发等功能，无须借助手写笔来进行操作，携带方便。目前支持该操作系统的智能手机有神达 Mio 8390 和多普达 565 等。

2. Pocket PC Phone 操作系统

Pocket PC Phone 是目前我们最为常见的微软智能手机操作系统，目前市面上绝大多数基于微软操作系统的智能手机都采用了这一操作系统，例如我们熟悉的联想 ET180、ET560、多普达 696、大显 CU928、多普达等智能手机即采用了此操作系统。与微软 SmartPhone 不同的是，该操作系统主要借助手写笔来完成大部分的操作。

（三）Windows Mobile 的现状

目前，微软的 Windows Mobile 系统已广泛用于智能手机和掌上电脑，虽然手机市场份额尚不及 Symbian（塞班），但正在加速赶上。目前生产 Windows Mobile 手机的最大厂商是：HTC、O2 XDA、T-Mobile、Qtek、Orange 等，其他还有东芝、惠普、Mio（神达）、华硕、索爱、三星、LG、摩托罗拉、联想、斯达康、夏新等。

2010 年 2 月，微软公司正式发布 Windows Phone 7 智能手机操作系统，简称 wp7，并于 2010 年底发布了基于此平台的硬件设备。主要生产厂商有：三

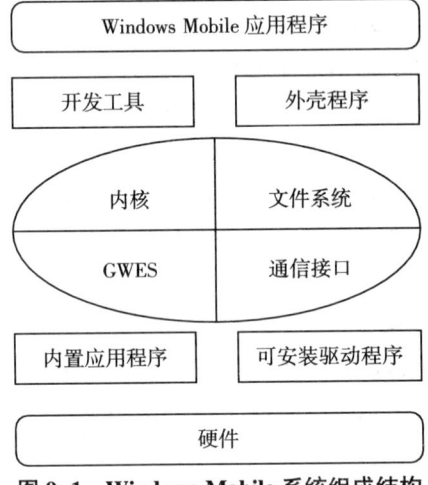

星、HTC、LG 等，从而宣告 Windows Mobile 系列彻底退出了手机操作系统市场。全新的 wp7 完全放弃 wm5、6x 的操作界面，而且程序互不兼容。

二、Windows Mobile 操作系统基本组成

（一）Windows Mobile 操作系统环境与结构特点

Windows Mobile 为工作、家庭和期间任何一点开启一种动态的、全新的开发远景。这个模块化的，可定制的作业系统可以将 Windows 平台延伸到桌面之外，扩展到更小、更灵活、更机动的硬件设备之上，而其基于桌面的系统则保证兼容性，并且支持更广泛、多式多样的开发应用环境。Windows Mobile 的主要特点：多硬件支持平台、高度的模块化和可裁剪性、稳健的实时性支持、强大的开发环境与丰富的现成资源。Windows Mobile 系统组成结构如图 9-1 所示。

图 9-1 Windows Mobile 系统组成结构

（二）Windows Mobile 操作系统技术特点

多任务操作系统：Windows Mobile 系统是一个多任务操作系统，可以在同一时间运行多个程序，比如可以在收发短消息的同时欣赏 MP3，还可以一边看书一边听音乐。

丰富的软件：Windows Mobile 系统捆绑了很多应用软件，如媒体播放器、网页浏览器、电子邮件客户端软件、MSN、日程表功能等。

硬件扩展方便：可支持红外接口及存储卡的空间扩展等。

开放系统：所有 Windows Mobile 系统都可以安装大量的第三方应用软件，

用以实现各种各样的功能。如腾讯 QQ、Opera 浏览器等。

三、Windows Mobile 操作系统工作原理

（一）内核

Windows Mobile 操作系统是 WindowsCE 3.0 嵌入式操作系统在 PDA 上的一个扩展。系统内部最多支持 32 个进程，默认至少开启 5 个进程，每个进程至多支持 32M 的内存。内存空间可以分为 4 部分，分别是内核空间（Kernel，对应用程序不可见）、内存映射区域（Large Memory Area）、保留区（Reserved）、应用程序区域（Application space）。应用程序区域存放 32 个进程，每一个进程称为一个 Slot。Slot 包括堆/栈/数据/代码，也包括调用的 DLL，如图 9-2 所示。

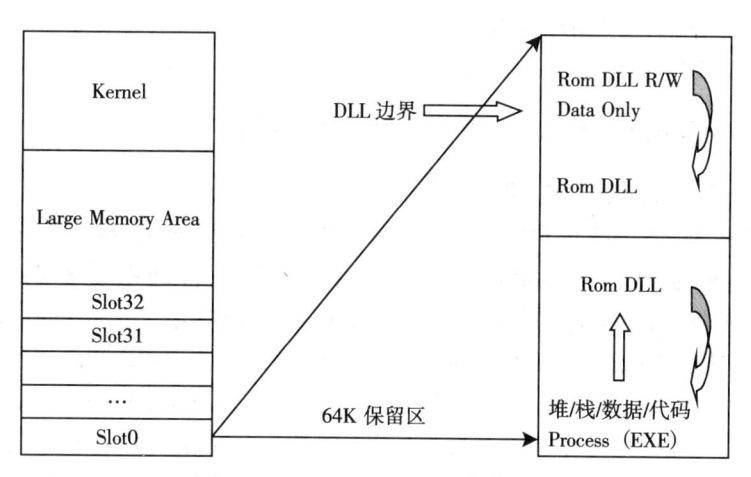

图 9-2 Windows Mobile 内存分配

Windows Mobile 包括文件系统（Filesys.exe）、设备管理器（Device.exe）、图形事件系统（GWES.exe）、内核服务（NK.exe）、Shell（Explore.exe）以及其他支持的 DLL。上述进程的正常使用都需要调用 Coredll.dll。其中，NK.exe 提供内核服务，是操作系统的核心。GWES.exe 提供用户界面服务和消息管理。DEVISE.exe 加载和维护设备。Filesys.exe 负责文件系统的管理。它们是四大核心进程。

Windows Mobile 的内核继承了 Windows 的许多优点：多任务、多线程、抢占执行与保护模式运行机制；提供一切基本的系统服务，如线程处理、进程管理和内存资源管理等。

（二）文件系统

Windows Mobile 的文件系统主要是支持信息的持久存储管理，即对 RAM 中的信息进行存储管理。其文件系统支持 9 个文件分配表，文件分配表也被看做是存储卡；如果一个存储卡有多个分区，则每个分区会被当做一个独立的卷来处理，这样为多文件支持的实现提供条件。持久存储的数据类型包括：

1. 系统注册表

类似于台式机上的注册表，用于存储系统和应用程序的配置信息。

2. 数据库

Windows Mobile 数据库提供对数据的结构化存储，但在本平台下的数据库技术还不成熟，记录中不能包含其他记录，也不能实现数据库之间的共享。

3. 用户数据和应用程序

这类数据由用户创建或者安装，并且常以压缩形式存储，通过官方提供的文件系统函数可以对其进行访问和操作。

四、Windows Mobile 操作系统主要应用

（一）个人数字助理应用

Pocket PC& Pocket PC Phone/Pocket PC Phone 系列包括：Today，类似 Symbian OS 的 Active Standby，用来显示个人信息管理系统资料；Internet Explorer 和 PC 版 Internet Explorer 相似；Inbox，信息中心，整合 Outlook E-mail 与简讯功能；Windows Media Player 和 PC 版 Windows Media Player 相似；File Explorer 和 PC 版 Windows Explorer 相似；MSN Messenger/Windows Live 和 PC 版 Msn Messenger 相似；Office Mobile 和 PC 版 Microsoft Office 相似，有 Word、Powerpoint 和 Excel，由厂方选配；ActiveSync 与 PC 连接并用于交换资料。

（二）掌上电脑应用

SmartPhone 系列：

开始菜单：开始菜单是 SmartPhone 使用者运行各种程序的快捷方法。类似于桌面版本的 Windows，Windows Mobile for Smartphone 的开始菜单主要也由程序快捷方式的图标组成，并且为图标分配了数字序号，便于快速运行。

标题栏：标题栏是 SmartPhone 显示各种信息的地方。包括当前运行程序的标题以及各种托盘图标，如电池电量图标、手机信号图标、输入法图标以及应用程序放置的特殊图标。在 SmartPhone 中标题栏的作用类似于桌面 Windows 中的标题栏加上系统托盘。

电话功能：SmartPhone 系统的应用对象均为智能手机，故电话功能是 SmartPhone 的重要功能。电话功能很大程度上与 Outlook 集成，可以提供拨号、

联系人、拨号历史等功能。

Outlook：Windows Mobile 均内置了 Outlook/Outlook Mobile。包括任务、日历、联系人和收件箱。Outlook Mobile 可以同桌面 Windows 系统的 Outlook 同步以及同 Exchange Server 同步（此功能需要 Internet 连接），Microsoft Outlook 的桌面版本往往由 Windows Mobile 产品设备附赠。

Windows Media Player：WMP 是 Windows Mobile 的捆绑软件。其起始版本为 9，但大多数新的设备均为 10 版本。针对现有的设备，用户可以由网上下载升级到 WMP10。WMP 支持 WMA、WMV、MP3 以及 AVI 文件的播放。目前 MPEG 文件不被支持，但经由第三方插件可以获得支持。某些版本的 WMP 同时兼容 M4A 音频。

第二节　Symbian 操作系统

一、Symbian 操作系统概述

Symbian 是由摩托罗拉、西门子、诺基亚等几家大型移动通信设备商共同出资组建的一个合资公司，专门研发手机操作系统。而 Symbian 操作系统的前身是 EPOC，而 EPOC 是 Electronic Piece of Cheese 取第一个字母而来的，其原意为"使用电子产品时可以像吃乳酪一样简单"，这就是它在设计时所坚持的理念。

为了对抗微软及 Palm，取得未来智能移动终端领域的市场先机，1998 年 6 月，诺基亚、摩托罗拉（Motorola）、爱立信（Ericsson）、三菱（MITSUBISHI）和宝意昂（Psion）在英国伦敦共同投资成立 Symbian 公司。2008 年已被诺基亚全额收购。

（一）Symbian 操作系统分类

Symbian 按版本来分，继 2005 年 2 月 Symbian 推出一款新的手机操作系统软件 OSv9.0，已先后有了 6.0、6.1、7.0、7.0s、8.0、9.0 几种版本。1999 年 3 月 Symbian 推出了 Symbian5.0 操作系统，它的主要内核集合了网络、无线文字、电子邮件、名片簿以及个人信息助理，同时还具有支持标准网络页面的浏览器，配合 java 语言的支持，使得 Symbian 可以运行小型的应用程序。不过这个版本采用的机型甚少，基本上与 EPOC 没有太多的差别。

Symbian 操作系统在智能移动终端上拥有强大的应用程序以及通信能力，

这都要归功于它有一个非常健全的核心——强大的对象导向系统、企业用标准通信传输协议以及完美的 Sunjava 语言。Symbian 认为无线通信装置除了要提供声音沟通的功能外，同时也应具有其他沟通方式，如触笔、键盘等。在硬件设计上，它可以提供许多不同风格的外形，像使用真实或虚拟的键盘，在软件功能上可以容纳许多功能，包括和他人互相分享信息、浏览网页、传输、接收电子信件、传真以及个人生活行程管理等。此外，Symbian 操作系统在扩展性方面为制造商预留了多种接口，而且 EPOC 操作系统还可以细分成三种类型：Pearl/Quartz/Crystal，分别对应普通手机、智能手机、HandHeld PC 场合的应用。

Symbian 操作系统的程序用户界面有 S20、S30、S40、S60、S80 和 S90。Series 20/30 多为低端手机所采用，Series 40 多为中端商务手机所使用，支持 Java 的扩展，Series 60/80/90 是为采用 Symbian 系统的中高端智能手机和高端商务手机而设计。

（二）Symbian 现状与前景

多年来，Symbian 系统一直占据智能系统的市场霸主地位，系统能力和易用性等各方面已经得到了市场和手机用户们的广泛认可。现今，S60 系统是 Symbian 最流行的系统平台，而且诺基亚出品大部分智能手机都搭载该系统，S60 系统和 S60 手机移动终端是鱼和水的关系，二者密不可分。

目前，Series 60 有两个主要版本：第二版（2nd Edition）和第三版（3rd Edition）Series 60 Platform 2nd Edition。

Series 60 Platform 2nd Edition 最初于 2003 年发行，首个被实现的终端是诺基亚 6600 手机。通过扩展，它已经被加入了三个 Feature Packs，从而引入了令人激动的新功能，同时却不失平台兼容性。有了这些新的 Feature Packs，Series 60 Platform 2nd Edition 为各种智能电话提供了极为出色的性能，从而满足所有主流市场运营商、企业、开发伙伴，以及消费用户的各种各样的功能需求。

虽然现在 Symbian 仍然被诺基亚所青睐，但随着苹果的 IOS 以及 HTC、摩托罗拉、三星等移动终端制造商对 Android 系统的广泛使用，Symbian 这座大厦面临着倾覆的危险。

二、Symbian 操作系统基本组成

（一）Symbian OS 组成结构

从一开始，Symbian 的设计目标就是应用于具有广泛通信功能、由电池供应电能的小型设备上。Symbian 系统结构如图 9-3 所示。

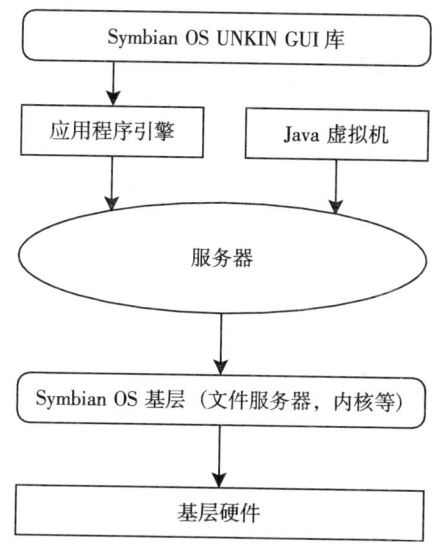

```
        Symbian OS UNKIN GUI 库
              │
      ┌───────┴───────┐
      ▼               ▼
  应用程序引擎      Java 虚拟机
      │               │
      └───────┬───────┘
              ▼
           服务器
              │
              ▼
   Symbian OS 基层（文件服务器，内核等）
              │
              ▼
           基层硬件
```

图 9-3　Symbian 操作系统结构

系统内核、文件服务器、内存管理和设备驱动程序位于"基本"操作系统层。内核管理内存之类的系统资源，并负责给应用程序和系统分配时间块。设备驱动程序为特定的硬件（键盘、显示、红外线端口等）提供控制和接口。

（二）Symbian OS 主要特点

Symbian OS 是一个开放的操作系统。它采用基于静态优先级的抢先式多任务机制且配合时间片轮转，构成简捷、高效的内核，具有模块化的系统结构，提供了良好的扩充空间，支持强大的通信及多媒体功能。Symbian 是真正的微核操作系统，所谓"微核"，就是说操作系统只有很小的一部分是运行在最高优先级的，其他的功能都是以 Ciient-Server（客户端/服务器）的方式提供。

（1）高可靠性。具备高效电源管理机制，而且即使在电池耗尽的情况下，也能确保不丢失任何用户数据。由于采用特殊的编程规范，可以及时高效地管理系统内存资源的分配和回收，不会造成内存的泄露。因此，以 Symbian OS 为操作系统的设备可连续运行多年而无须重新启动，这也是对无线信息设备的基本要求。

（2）采用面向对象的设计和编程，程序代码具有很好的可重用性。Symbian 支持 C++和 Java 两种应用广泛的面向对象编程语言，提供各种常用的 32 位应用程序接口函数，而且具有图形用户界面编程框架，可以方便地创建用户应用程序。系统支持 Unicode，容易进行本地化。

（3）支持多任务、提供多种通信协议并具有一定的实时性，增强了与其他设备的互操作性。支持标准的国际互联网通信协议（Tep/ip、Ppp、Telnet、Http）、电子邮件协议（Pop3、SmtP、Ilnap4）；提供 Gprs、Wap 等标准协议栈；支持短信息；具有蓝牙协议模块；可以通过电缆或红外线端口与 PC 相连，进行数据同步和备份。

（4）硬件配置充分考虑了现有无线信息设备的硬件选型和未来需求。以 Symbian 为操作系统的设备采用 Arm 系列、Risc 系列处理器，具有较强的处理能力；利用 Rom 进行永久程序存储，并可通过外加快闪存储卡来扩展系统存储量；支持高分辨率彩色显示、触摸屏和笔输入，具有多媒体功能。

三、Symbian 操作系统工作原理

作为专门针对无线信息设备的操作系统，Symbian OS 的突出特色是它的高效内存管理机制。另外，与其他操作系统不同，Symbian OS 采用了事件驱动的消息传递机制代替了其他操作系统中广泛使用的多线程机制。多线程的使用会涉及上下文切换，增加系统开销，容易产生错误，增加系统运行的不稳定因素。Symbian OS 可以更方便、有效地创建一个新的进程，而不是生成新的线程。因此，采用 Symbian OS 的设备更加稳定，可靠性更高。

（1）内存地址的映射采用二极页表结构。现有的无线信息设备多采用 32 位的 Arm、Risc 系列处理器作为中央处理器，因此，Symbian OS 假设以 Arm 处理器作为内存管理单元（Mmu），采用二级页表方式进行寻址。32 位的线性地址分为两部分：高 20 位和低 12 位。高 20 位用于选择相应的页物理地址，低 12 位给出在页中的偏移量，偏移量加上基址就是最终的物理地址。而高 20 位地址从线性地址到物理地址的转换又分两步完成。其中，高 12 位构成页目录，低 8 位构成页表。这种二级页表结构对于进程的调度起着关键作用。

（2）进程调度。Symbian OS 采用基于静态优先级的抢先式多任务机制。高优先级的任务先获得处理器资源，低优先级的任务要用时间片轮转法轮流占用处理器资源。系统中有两个特权级进程——内核服务器进程和空进程。前者在系统中具有最高优先级，处理其他客房进程的要求；后者具有最低优先级，在没有任何其他进程运行时，调用电源管理子系统使设备处于休眠状态，以便节省能源。由于各应用程序都是单独的进程，避免了同一进程中多个线程频率调度导致上下文切换所需的内存操作，增强了系统的稳定性。

（3）事件驱动的消息传递机制。Symbian OS 采用客户端/服务器形式来简化系统功能，以获得高效的进程间通信，因此系统包括多个管理程序。管理程序是不直接与用户交互的应用程序，它管理一个或多个系统资源，执行服务器的功能，响应客房请求，并通过操作系统的 API 函数为客户提供服务。其客户可

以是应用程序或其他的管理器。

文件管理器、窗口管理器和通信管理器是 Symbian OS 系统中最主要的管理程序。文件管理器负责文件处理，窗口管理是 Symbian OS 高效率事件传递及处理机制的核心，通信管理器提供对多种通信协议的支持。在 Symbian OS 系统中，每个应用程序和管理程序都是独立的事件处理进程。窗口管理器负责提供用户、应用程序和操作系统内核间的事件传递。用户按键、笔等输入事件先传给窗口管理器，由它将事件发送给应用程序。应用程序完成相应的事件处理后，通知窗口管理器，并由窗口管理器负责处理应用程序的屏幕重画请求。通信管理器分为串行通信管理器、管道管理器和电话应用管理器三个部分。串行通信管理器提供串行通信的支持；管道管理器利用通用的管道机制支持 TCP/IP、短信息数据包、红外数据接包、电话数据接口；电话应用管理器提供与 GSM 电话及调制器解调器相关的接口功能。

四、Symbian 的主要应用

Ovi 是诺基亚推出的互联网服务品牌，Ovi 在芬兰语里是"门"的意思，这项服务如同一个人的生活百宝汇，用户可以由 Ovi 轻松接入他们现有的社交网络和内容。2011 年 5 月 16 日，诺基亚官方博客正式宣布即将放弃其旗下 Ovi 品牌，并将从 2011 年 7 月开始将 Ovi 命名的移动应用服务程序以诺基亚命名。

Ovi 不仅可支持用户轻松访问现有社交网络、社区和各种内容，更是个人生活的"百宝汇"。它的推出让诺基亚"科技以人为本"的承诺更上一层楼。Ovi 为用户提供了一个开放的环境，在这里，用户可以接入他们现有的网络社区、订阅资讯和各种内容，并可以根据自己的兴趣，定义和塑造自己独有的 Ovi 体验。Ovi 将面向三种环境推出：移动终端、个人电脑和网络。

第三节　Palm 操作系统

一、Palm 操作系统概述

Palm OS 最早是由 US Robotics（后被 3Com 收购，再独立更名为 Palm 公司）研制的专门用于其产品 "palm" 的操作系统。它是一种 32 位嵌入式操作系统，操作系统采用触控式，差不多所有的控制选项都排列在屏幕上，使用触控笔便可完成所有操作。作为一套极其具有开放性的系统，开发厂商向用户免费提供 Palm 操作系统开发工具，允许用户利用该工具在 Palm 操作系统上编写、修改相应软件，使支持 Palm 的应用程序更加丰富多彩。

Palm 有三个指代含义：①美国 Palm 公司；②Palm OS 操作系统；③一种叫 Palm 的 PDA。一般来说，我们所讲的 Palm 是第三种。

Palm 是流行的个人数字助理（PDA，又称掌上电脑）的传统名字，是一种手持设置形式，也以掌上电脑而闻名。广义上，Palm 是 PDA 的一种，由 Palm 公司发明，这种 PDA 上的操作系统也称为 Palm，有时又称为 Palm OS。狭义上，Palm 指 Palm 公司生产的 PDA 产品，以区别于 SONY 公司的 Clie 和 Handspring 公司的 Visor/Treo 等其他运行 Palm 操作系统的 PDA 产品。Palm 已经停止开发 Palm OS。

二、Palm 操作系统基本组成

Palm 操作系统基于 KADAK 嵌入式系统的 AMX 内核，由 3Com 公司的 Palm Computnig 部设计开发，并针对其支持的特殊硬件结构进行了优化。虽然基于 Palm OS 的手持设备的硬件配置各不相同，但其核心部件差别并不大，比如 Smybol、IBM 公司的产品虽然在第三方硬件上差别很大，但它们的 CPU、显示屏和控制模块等却几乎一模一样。

Palm OS 具有很好的灵活性和可扩展性，其开放、模块化的体系结构允许大量的开发人员、合作伙伴以及 OEM 方一起来扩展开发和创新。其体系结构如图 9-4 所示，主要包括内核、应用设备、第三方文件库、第三方应用等。

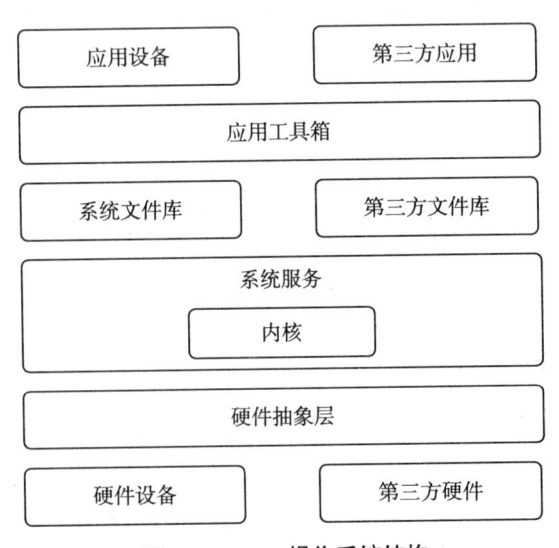

图 9-4 Palm 操作系统结构

三、Palm 操作系统工作原理

Palm OS 采用基于抢占式的多任务内核，同一时刻只能有一个任务占用操作界面，这样在用户界面上每次就只能执行一个应用程序。因此，Palm OS 只能运行单线程程序。

Palm OS 中所有的数据都是以记录（Record）的形式来保存的，所有的记录合称数据库（Database），但这与普通意义上的数据库有所区别。这里所谓的数据库是指一系列的内存块，它包含了描述性质的头信息和实际的数据信息。为了解决内存有限的矛盾，数据库的任何一条记录都可以存放在内存的任意位置，因此经常出现一个数据库的记录和另外一个数据库的一记录混在一起的情况，这充分体现了 Palm OS 内存管理的灵活性。为了保证操作系统的稳定性，Palm OS 只通过内置的内存和数据管理器（Memoy and Data Manager）的 API 对 RAM 中的数据进行操作。

四、Palm 操作系统主要应用

（一）掌上电脑及应用程序

Palm OS 平台是一个开放式软件架构、平台由硬件参考设计、Palm OS 操作系统、HotSync 数据同步软件、SDK 工具组件和支持界面五部分组成。

基于 Palm OS 开发的手机页面，因为是开放的标准，加上 Palm PDA 的成功和 Palm 公司对开发者的大力支持，使得 Palm OS 拥有大量的第三方硬件厂商、数量惊人的开发者和应用软件。

（二）Treo 应用

Treo 是美国 Palm 公司生产的智能手机系列，原本由 Handspring 开发，在 Palm 收购 Handspring 公司后，全线改由 Palm 开发及生产。

Treo 是其中一个最受欢迎的 PDA 手提电话系列，功能包括个人数码助理、话音通信、电子邮件、网页浏览等，近年的型号也内置数码摄像头。

增加了手机功能的 Palm 之所以这么定义 Treo，完全是出自一个 Palmer 的角度。能打电话，并不是一款 Palm 多了不起的功能，相比而言 Treo 不过是增加电话模块而已。但是这款移动电话与普通手机还是有很大的不同，它仍然极具 Palm 特色。比如没有开关机概念，Palm 是无限待机的，瞬时开机；Treo 也一样，只不过可能在"关机"时因为接收信号的关系稍稍费电。又比如它的电话功能模块是可以独立开关的，打开它就是手机，关闭它就是纯粹的 PDA；跟插拔 SD 扩展卡一样，Treo 甚至可以热插拔 SIM 卡，这跟在 Palm 上安装软件一样方便。

第四节　Linux 操作系统

一、Linux 操作系统概述

简单地说，Linux 是一套免费使用和自由传播的类 Unix 操作系统，它主要用于基于 Intel x86 系列 CPU 的计算机上。这个系统是由世界各地的成千上万的程序员设计和实现的。其目的是建立不受任何商品化软件的版权制约的、全世界都能自由使用的 Unix 兼容产品。

Linux 的出现，最早开始于一位名叫 Linus Torvalds 的计算机业余爱好者，当时他是芬兰赫尔辛基大学的学生。他的目标是想设计一个代替 Minix（是由一位名叫 Andrew Tannebaum 的计算机教授编写的一个操作系统示教程序）的操作系统，这个操作系统可用于 386、486 或奔腾处理器的个人计算机上，并且具有 Unix 操作系统的全部功能，因而开始了 Linux 雏形的设计。

绝大多数基于 Linux 内核的操作系统使用了大量的 GNU 软件，包括了 Shell 程序、工具、程序库、编译器及工具，还有许多其他程序，例如 Emacs。正因为如此，GNU 计划的开创者理查德·马修·斯托曼博士提议将 Linux 操作系统改名为 GNU/Linux。但有些人只把操作系统叫做"Linux"。

Linux OS 凭借其自由、免费、开放源代码的优势，经过来自互联网、遍布全球的程序员的努力，再加上 IBM、Sun 等计算机巨头的支持，Linux 在手机操作系统市场中异军突起，尤其是在众多知名厂商宣布支持 Linux 手机操作系统之后，Linux 的发展将不容忽视。

二、Linux 操作系统基本组成

Linux 智能移动终端操作系统是在嵌入式操作系统基础之上发展而来的，专为手机设计的操作系统，除了具备嵌入式操作系统的功能外，如进程管理、文件系统、网络协议栈等，还需有针对电池供电系统的电源管理部分、与用户交互的输入输出部分、对上层应用提供调用接口的嵌入式图形用户界面服务、针对多媒体应用提供底层编解码服务、Java 运行环境、针对移动通信服务的无线通信核心功能及智能手机的上层应用等。体系结构如图 9-5 所示。

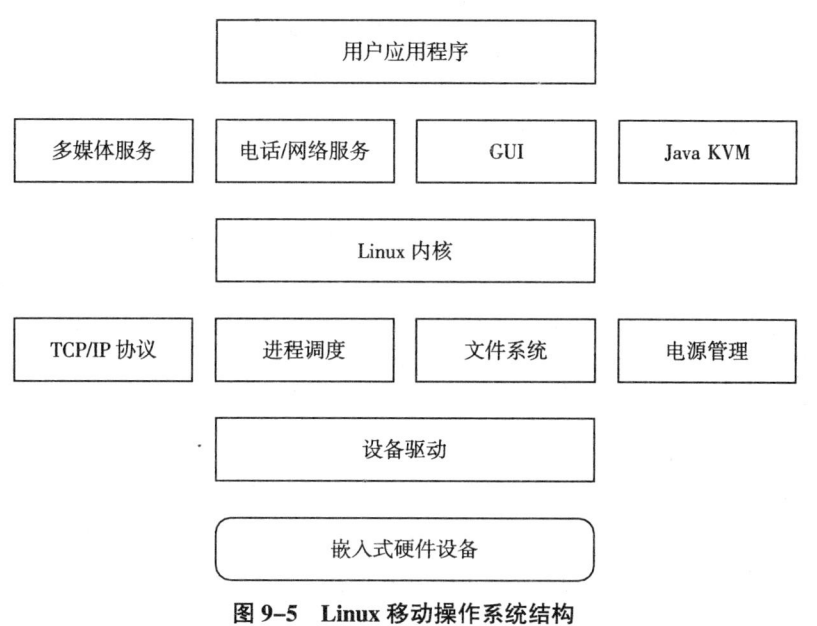

```
                    用户应用程序

  多媒体服务    电话/网络服务      GUI        Java KVM

                    Linux 内核

  TCP/IP 协议    进程调度     文件系统     电源管理

                    设备驱动

                  嵌入式硬件设备
```

图 9-5　Linux 移动操作系统结构

三、Linux 操作系统工作原理

（一）进程调度

主要完成 Linux 操作系统的基本功能，如网络协议等，等同于嵌入式操作系统进程调度的作用是决定在特定的某一时刻运行哪一个进程。与此同时，还需要维护各个进程的状态信息，即进程执行的环境（Context）。在其他任务占有处理器的控制权之前，进程的环境必须保留下来，以备下次执行时恢复进程执行环境。操作系统为每个进程维护了一个称为进程控制块的数据结构，以记录进程的有关信息，包括进程的环境。智能手机操作系统中进程的状态有三种：运行状态（Runing）、就绪状态（Ready）、等待状态（Waiting）。

（二）文件系统

在智能手机的许多应用中，都需要信息的存储，如通话记录、接收和发送的短消息、通讯录及日程安排、多媒体数据等，这就需要文件系统的支持。所有的信息都是以文件的方式存储的，由于目前智能手机大多使用基于 Flash 技术的永久性存储设备，所以在智能手机操作系统中的文件系统一般都是基于 Flash 的文件系统，有了这种文件系统的支持，使得上层应用访问数据都以访问文件的方式来进行，屏蔽了底层存储硬件的差别。MTD（Memory Telnology Device）技术可以涵盖几乎所有的存储设备，如常见的 ROM、RAM、Nash 以及 Dis Onch iD。这类设备的能力、特性和限制各不相同，在内核中加入 MTD 子系统，它提供了一致且统一的接口，让底层的 MTD 芯片驱动程序无缝地与较高层的文件系统模块组合在一起。

（三）设备驱动

设备驱动部分是任何一个操作系统必不可少的部分，使上层应用程序对设备的访问采用统一的方法，如在 Linux 中，所有的设备都以文件的方式访问。在智能手机系统中，比较重要的设备是输入、输出设备，输入设备有键盘、触摸屏两种方式，输出设备主要是液晶屏。此外还应支持 USB、红外、蓝牙接口及外接存储卡，如 SD 卡等。

（四）电源管理

电源管理部分是嵌入式设备非常重要的组成部分，当依靠电池供电时，便携设备的行为与使用交流主电源供电时不同：显示屏变暗、处理器的时钟变慢、系统只要有可能就会转入待机或睡眠状态。对于智能手机设备，背景光和按键照明在完成拨号之后会熄灭，在停止使用一段时间后显示屏将变暗，设备甚至进入睡眠状态。这些功能的实现都是利用一种称之为动态电源管理（DPM）的技术。全速运行、待机和睡眠等宏观行为利用 CPU 的固有能力通过降低工作电压或时钟频率来节省功耗。任何动态电源管理策略的基础都是调整便携式设备中一个或多个处理器内核的工作电压和频率及其他高耗能的器件包括高性能存储器、彩色显示屏和射频接口等。嵌入式系统通常没有类似于 PC 中的 B1Os，而且通常不具备那么高的机器抽象水平，能够把操作系统与低层次的设备和电源管理活动隔离开来。与其他瞄准电池供电应用的操作系统类似，在智能手机操作系统中，电源管理活动需要对操作系统内核和设备驱动程序进行特殊的干预。不过，需要重点强调的是，虽然低层次的动态电源管理是驻留在操作系统内核中，但电源管理策略和机制是来源于中间件和用户应用代码。

（五）图形用户界面服务（GUI）

GUI 系统在 PC 上已经盛行很多年了，也正是 GUI 的出现才让 PC 机更具有类似于真实 2D 或 3D 图形世界的亲和力，从而很自然地融入到几乎千家万户。最近几年，随着嵌入式微处理器和其他相关产品与技术的不断进步，在当前广泛应用的信息家电、PDA、手机、电视机机顶盒等典型的嵌入式系统中已经有充足的资源和处理能力来运行类似于 PC 机的 GUI 系统。选择定制一个更加友好、稳定的 GUI 系统已经成为一个嵌入式系统设计的一个不可或缺的重要组成部分。智能手机操作系统的图形用户界面服务为上层的应用程序提供一整套调用接口，使得编制上层应用的界面非常容易。

（六）多媒体服务

智能手机大多支持许多多媒体应用。如 MP3、MP4 等。在中间层的多媒体服务为上层基于多媒体的应用提供标准的接口调用，使编制上层多媒体应用程序时不必关心底层的硬件细节。

（七）Java 虚拟机

随着 J2ME（Java 2 Micro Edition）的应用，它为移动互联引入了一种新的应用模式，即手机从移动互联网上下载各种应用程序，并在手机中离线运行这些程序。由于定义了可执行程序下载的标准，并在手机上创立了可执行环境，就形成了一种新型的应用模式。

四、Linux 操作系统主要应用

（一）电话应用

基于图形用户界面服务设计的电话功能，提供给用户最基本的通话功能：拨打电话、接听电话、拒绝电话、挂断电话等，可以使用户很方便地查看通话记录，如已接电话、已拨电话、未接电话，并可以从这些通话记录里方便地拨打电话。还有一种比较高级的应用是来电防火墙，用户可以设置不想接听的电话号码，从而拒绝这些号码的来电。

（二）短消息/彩信应用

基于图形用户界面服务设计的短消息/彩信应用，提供给用户短消息/彩信功能，编写新的短消息/彩信、阅读收到的短消息/彩信、方便的回复功能、保存未完成的短消息/彩信到草稿箱，对收件箱、草稿箱、发件箱、已发信息、垃圾箱的维护功能并提供方便的群发功能。

（三）互联网络应用

基于移动通信网络提供的数据服务功能，如 GPRS 和 CDMA，使手机用户可以方便地访问互联网络。通过智能手机内的浏览器可以使用户访问互联网络，如浏览网页、下载歌曲等；通过基于 SMTP，POP3 协议电子邮件客户端，可以使用户访问自己的电子邮件系统，并可以通过手机中的即时消息软件进行聊天。

（四）个人局域网应用

将红外通信技术和蓝牙通信技术应用到智能手机中，可以很好地解决短距离的数据通信。手机用户可以通过这些技术，相互发送 MP3 歌曲、通讯录、数码照片等；手机用户还可以通过这些技术与笔记本电脑进行数据的交互，将手机中的通讯录及其他的一些个人信息保存到个人电脑上。当手机出现异常时，可以将这些信息从个人电脑传输到手机上。

（五）个人信息管理应用

对个人信息的管理，如通讯录、日程安排。通信录不再是简单的用户姓名和电话号码，应该可以保存更多的用户信息，如手机号码、办公号码、住宅号码、电子邮件、职务、工作单位等信息。

（六）娱乐应用

提供给智能手机用户丰富的娱乐功能，用户可以播放 MP3 歌曲、看下载的 MP4 电影，用高像素数码相机拍照，通过 GPRS/CDMS 网络进行网络游戏等。

第五节　Android 操作系统

Android 一词的本义指"机器人"，同时也是 Google 于 2007 年 11 月 5 日宣布的基于 Linux 平台的开源手机操作系统的名称，该平台由操作系统、中间件、用户界面和应用软件组成，号称是首个为移动终端打造的真正开放和完整的移动软件。

Android 平台是一组面向移动设备的软件包，它由一个操作系统、中间件和一些关键应用程序组成，Google 提供了一套软件开发工具包给开发人员使用，为这个平台创造应用程序。开发语言采用的是 Java，应用程序运行在 Dalvik 虚拟机上。Dalvik 是由 Google 专为 Android 平台定制的 Java 虚拟机，运行在 Linux 内核的上层。

一、Android 操作系统基本组成

Android 平台的系统架构主要包括 Android 应用程序、应用程序框架、用户空间（系统函数库和 Android Runtime）和 Linux 内核，图 9-6 列出了 Android 操作系统的主要组成部分。

（一）Android 应用程序

Android 搭载了一套核心程序包括邮件客户端、SMS 程序、日历、地图、浏览器、通讯录以及其他一些应用程序。所有的程序都是用 Java 语言编写。

（二）应用程序框架

开发人员具有和核心应用相同的框架 API 访问权限，设计成简单的可重用组件，是被框架强迫的安全约束。所有应用能够分享它的能力，应用程序的构件模式及所有应用都是如此，这样允许用户在相同的机器上替换组件。隐藏在每个应用后面的是一套服务和系统，其中包括：

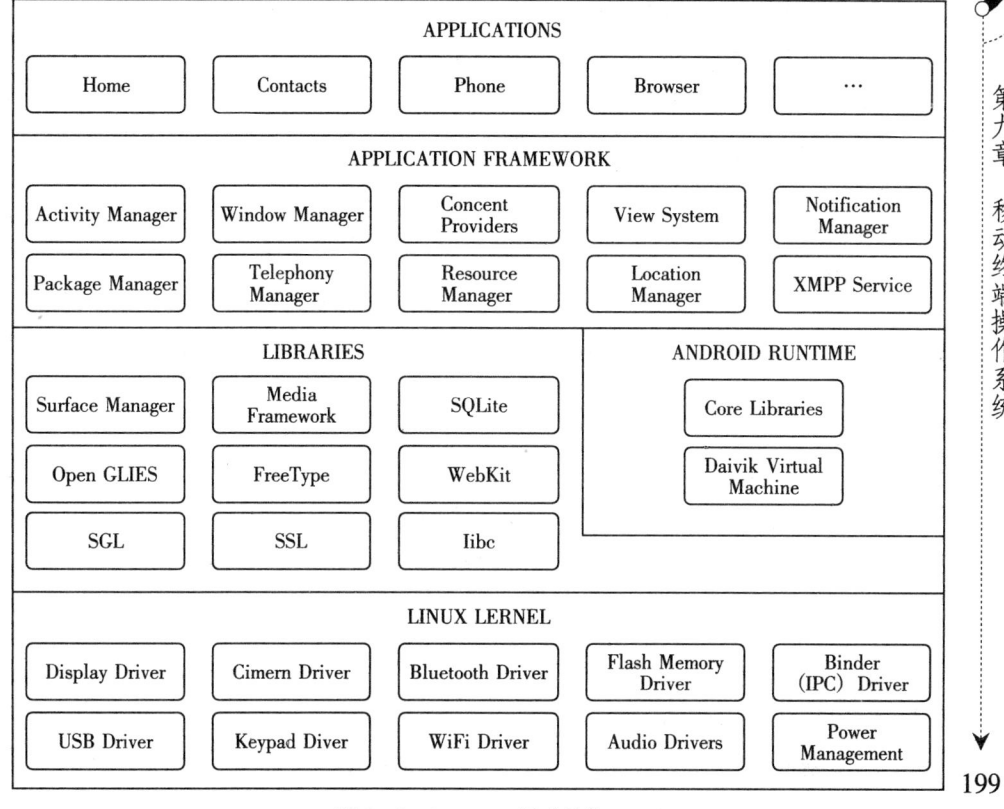

```
                          APPLICATIONS
   ┌────────┐  ┌────────┐  ┌────────┐  ┌────────┐  ┌────────┐
   │  Home  │  │Contacts│  │ Phone  │  │Browser │  │  ...   │
   └────────┘  └────────┘  └────────┘  └────────┘  └────────┘

                     APPLICATION FRAMEWORK
   ┌─────────────┐ ┌──────────────┐ ┌─────────┐ ┌────────────┐ ┌────────────┐
   │  Activity   │ │    Window    │ │ Concent │ │    View    │ │Notification│
   │   Manager   │ │   Manager    │ │Providers│ │   System   │ │  Manager   │
   ├─────────────┤ ├──────────────┤ ├─────────┤ ├────────────┤ ├────────────┤
   │  Package    │ │  Telephony   │ │Resource │ │  Location  │ │   XMPP     │
   │   Manager   │ │   Manager    │ │ Manager │ │   Manager  │ │  Service   │
   └─────────────┘ └──────────────┘ └─────────┘ └────────────┘ └────────────┘

         LIBRARIES                            ANDROID RUNTIME
   ┌─────────────┐ ┌────────┐ ┌────────┐    ┌────────────────┐
   │Surface Manager│ │ Media  │ │ SQLite │    │ Core Libraries │
   │             │ │Framework│ │        │    │                │
   ├─────────────┤ ├────────┤ ├────────┤    ├────────────────┤
   │ Open GLIES  │ │FreeType│ │ WebKit │    │  Daivk Virtual │
   │             │ │        │ │        │    │    Machine     │
   ├─────────────┤ ├────────┤ ├────────┤    └────────────────┘
   │    SGL      │ │  SSL   │ │  libc  │
   └─────────────┘ └────────┘ └────────┘

                        LINUX LERNEL
   ┌──────────────┐ ┌──────────────┐ ┌──────────────┐ ┌──────────────┐ ┌──────────────┐
   │   Display    │ │   Cimern     │ │  Bluetooth   │ │Flash Memory  │ │   Binder     │
   │    Driver    │ │   Driver     │ │   Driver     │ │   Driver     │ │ (IPC) Driver │
   ├──────────────┤ ├──────────────┤ ├──────────────┤ ├──────────────┤ ├──────────────┤
   │ USB Driver   │ │ Keypad Diver │ │ WiFi Driver  │ │Audio Drivers │ │    Power     │
   │              │ │              │ │              │ │              │ │  Management  │
   └──────────────┘ └──────────────┘ └──────────────┘ └──────────────┘ └──────────────┘
```

图 9-6 Android 组成结构

（1）一套表现丰富、扩展性很强的视图：通过这些视图可以创建包括列表、网格、文本框按钮甚至一个嵌入浏览器的应用。

（2）内容提供服务：通过它可以在某个应用内访问其他应用的数据（如通讯录），或者共享自己的数据。

（3）资源管理器：提供对静态资源的访问能力，例如国际化文本和布局文件。

（4）事件通知管理器：通过该机制，所有的应用都可以在状态栏显示自己的提醒信息。

（5）Activity 管理器：用于管理应用的生命周期，并且提供了通用的导航功能。

（三）系统函数库

Android 包含一套 C/C++库，被用于 Android 系统中的各种组件中，这些功能通过 Android 应用框架展现给开发者。下面列出一些核心库：

(1) 系统 C 库：这里是 Google 开发的 Android 版的 Libe。Libe 是 GNU/Linux 以及其他类似 Unix 系统上最基础的函数库，一般最常用的是 Glibe。但是 GNU 的内核在体积和运行效率上不适合移动设备，系统和组件都是以动态库的形式驻留在每个进程中，Google 开发了一个自定义的库——Bionic，以 BSD 许可形式开源。Bionic 库仅为 ZOOKB，是 GNU 版本体积的一半，有着更高的效率和占用较低的内存。

(2) 媒体库：基于 Packetvideo 的 OpencoRE，该库提供了对多种流行音频和视频格式的回放和录制功能，同时包括静态图片文件格式：MPEG4、H.264、MP3、AAC、AMR、JPG 和 PNG。

(四) Android Runtime

Android 包含一组核心库，为 Java 语言核心库内提供了大部分功能。所有的 Android 应用都运行在它自己的进程里，该进程是一个 Dalvik 虚拟机的实例，Dalvik 被设计成能在一台设备上高效地运行多个虚拟机实例。Dalvik 虚拟机的可执行文件被封装成 Dalvik 可执行格式（.dex）。这是被优化过的最小内存依赖的格式，Java 编译器（dx 工具）将注册了的和运行时用到的类编译成 .dex 格式。Dalvik 虚拟机依赖于底层 Linux 内核提供的功能，如线程机制和内存管理机制。

(五) Linux 内核

Android 依赖 Linux 版本 2.6 提供的核心系统服务，如安全、内存管理、进程管理、网络堆栈和驱动模型。内核另一个作用是为硬件和上层软件提供一个虚拟的中间层。

二、Android 操作系统工作原理

(一) Android OS 启动原理

和其他基于 Linux 的系统一样，系统启动时由 Bootloader 引导 Linux 内核的加载并开始初始化系统。Android OS 启动原理如图 9-7 所示。

初始化时，启动的守护进程主要包括：USB 守护进程（Usbd），管理 USB 连接；Android 调试桥（Adbd），管理 SDK 中的 ADB 工具与模拟器或真实设备的连接；调试守护进程（Debuggerd），负责管理程序的调试请求；守护进程（Rild），管理无线通信。

初始化程序启动守护进程后，接着就会启动 Android Runtime 部分，首先启动 Zygote 进程。在启动 Runtime 进程时，初始化服务管理器（Service Manager），也就是 Android IPC 机制中 Binder 服务的 Context 管理器，用于处理服务的注册和查找，然后把服务管理器（Service Manager）注册为 Binder 服务

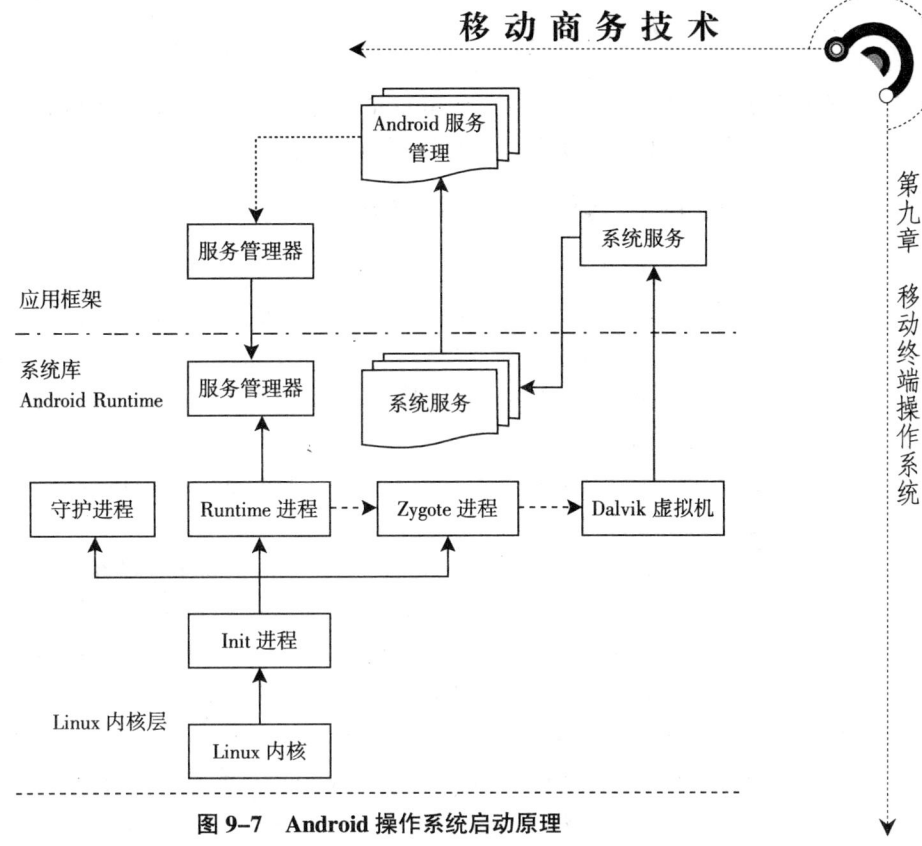

图 9-7　Android 操作系统启动原理

的默认 Context 管理器。启动 Runtime 进程后，向 Zygote 进程发送一个启动系统服务（System Server）的请求，Zygote 进程创建并启动一个用户系统服务进程的虚拟机实例。系统服务启动各个 Native 系统服务程序，如 Surface Flinger 和 Audio Flinger。

（二）Android OS 各层间交互原理

Android OS 各层之间存在三种交互方式：

（1）应用程序—Runtime 服务—库。这种交互方式就是 Android Runtime 服务，是应用框架中的服务，应用程序与应用框架的 Runtime 服务进行进程通信，然后通过取 JNI 由 Runtime 服务对应的本地服务绑定载入 HAL 的库与内核驱动交互。

（2）应用程序—Runtime 服务—Native 服务—库。Native 服务，是在 Runtime 这一层里的服务，应用程序调用应用框架的服务通过 JNI 获得 Native 服务绑定，Native 服务绑定与 Runtime 层里的 Native 服务通过 Binder 进程通信，由 Native 服务动态载入 HAL 库与内核驱动交互。

（3）应用程序—Runtime 服务—Native 守护进程—库。守护进程连接，应用程序调用应用框架的服务获得与 Runtime 层里的 Native 服务通过 Sockets 进行通讯，由守护进程载入 HAL 库与内核驱动交互。

三、Android 操作系统主要应用

（一）通信终端应用

与其他操作系统一样，Android OS 同样具备无限通信、手机通讯、无限局域网、WiFi、WLAN 等多种通信功能。在当今计算机、无限通信、互联网技术完美地结合在一起的时代，移动终端操作系统的通信功能已似乎不重要。

（二）平板电脑应用

在平板电脑大行其道的今天，作为免费开源的 Android OS 受到各大平板厂商的高度青睐，或者可以说是依赖。

2011 年 Google 推出 Android 3.0 蜂巢（Honey Comb）操作系统。Android 是 Google 公司 1 个基于 Linux 核心的软件平台和操作系统，目前 Android 成了 IOS 最强劲的竞争对手之一。2011 年 5 月 Google 正式推出了 Android 3.1 操作系统。在平板电脑市场上 Android 和 IOS 的竞争日趋激烈。

（三）应用程序商店应用

Android Market 是一个由谷歌公司为 Android 系统用户创建的服务，允许安装了 Android 系统的手机和平板电脑用户从 Android Market 浏览和下载一些应用程序。用户可以购买或免费试用这些应用程序。

四、Android 优势和缺陷

（一）优势

在优势方面，Android 平台首先就是其开放性，开发的平台允许任何移动终端厂商加入到 Android 联盟中来。显著的开放性可以使其拥有更多的开发者，随着用户和应用的日益丰富，一个崭新的平台也将很快走向成熟。

开放性对于 Android 的发展而言，有利于积累人气，这里的人气包括消费者和厂商，而对于消费者来讲，最大的受益正是丰富的软件资源。开放的平台也会带来更大竞争，如此一来，消费者将可以用更低的价位购得心仪的手机。

硬件方面十分丰富，这一点还是与 Android 平台的开放性相关，由于 Android 的开放性，众多的厂商会推出千奇百怪、功能特色各具的多种产品。功能上的差异和特色，却不会影响到数据同步甚至软件的兼容。好比你从诺基亚 Symbian 风格手机一下改用苹果 iPhone，同时还可将 Symbian 中优秀的软件带到 iPhone 上使用、联系人等资料更是可以方便地转移。

Android 平台提供给第三方开发商一个十分宽泛、自由的环境。因此不会

受到各种条条框框的阻挠，可想而知，会有多少新颖别致的软件诞生。但也有其两面性，血腥、暴力、色情方面的程序和游戏如何控制正是留给 Android 的难题之一。

Google 是强大后盾，如今叱咤互联网的 Google 已经走过 10 年的历史。从搜索巨人到全面的互联网渗透，Google 服务如地图、邮件、搜索等已经成为连接用户和互联网的重要纽带，而 Android 平台手机将无缝结合这些优秀的 Google 服务。

（二）缺点

1. Android 系统手机泄密信息很严重

先从所有版本 Android 系统的通病数起。最让用户不齿的在于，近期美国《华尔街日报》聘用两位安全分析师发现，谷歌 Android 系统手机和苹果 iPhone 手机会自动收集用户的行踪信息，并将这些私人信息返回给两家公司。调查发现，使用安卓系统的 HTC 手机能每隔几秒钟自动记录手机用户的姓名、位置、所在地附近的无线网络信号强度及一个特殊电话识别码，并每小时多次将这些信息发送给谷歌。

2. 拨号后自动挂断电话

通话 BUG 频繁出现手机的基本功能就是通信工具，无论科技发展到多么随心所欲的境界，这一点都是毋庸置疑的。但是 Android 系统却在最基本的通话功能上出了问题。很多论坛里的网友都反映的一件事情就是，Android 系统手机在拨号通话时经常遇见这样的郁闷情况。拨号以后，电话尚未接通会被系统自动挂断。而且，这绝不是某款 Android 手机的问题，而是很多 Android 系统手机的通病。

3. 对硬件配置要求高，制造成本增加

近期各种高频处理器，各种高 RAM 内存的手机频现，为玩家奉献了一场几乎华丽的视觉大餐。可以说谷歌 Android 系统在其中做了推波助澜的效果，原因很简单，Android 系统的手机对硬件配置要求过高，厂商如果不推出高硬件标准的手机怎么在这个竞争激烈的时代立足呢？

4. 系统费电严重，安卓手机续航不足

应用程序实时更新不仅仅是白白跑掉的网络流量，还在于这些更新活动也导致手机电量白白浪费掉。在各种手机论坛中，我们见到最多的帖子就是抱怨某款手机的续航能力不足。如果是一款两款手机如此，说明是手机本身的电源管理系统有缺陷，如果是绝大多数的安卓手机都这样，我们只能把矛头指向谷歌 Android 系统本身。

5. 系统计算器计算有偏差

近日，在各大手机论坛和 Android 社区都会发现一个令人匪夷所思的帖子，不少网友都纷纷表示 Android 系统自带的计算器爆出低级错误，Android 手机内置的计算器有些最简单的减法都会算错。例如在 Android 系统自带的计算器内输入 14.52−14.49，正确结果应该是 0.03，但是计算器结果显示的数字为 0.0299999。

第六节　IOS 苹果操作系统

一、IOS 操作系统概述

IOS 是由苹果公司为 iPhone 开发的操作系统。它主要是给 iPhone、iPod Touch 以及 iPad 使用。就像其基于的 Mac OS X 操作系统一样，它也是以 Darwin 为基础的。原本这个系统名为 iPhone OS，直到 2010 年 6 月 7 日 WWDC 大会上宣布改名为 IOS。IOS 的系统架构分为四个层次：核心操作系统层（the Core OS layer），核心服务层（the Core Services layer），媒体层（the Media layer），可轻触层（the Cocoa Touch layer）。系统操作占用大概 240MB 的存储器空间。

二、IOS 操作系统基本组成

（一）IOS 用户界面

iPhone OS 用户界面的概念是能够使用多点触控直接操作。控制方法包括滑动、轻触开关及按键。与系统互动包括滑动（Swiping）、轻按（Tapping）、挤压（Pinching）及旋转（Reverse Pinching）。此外，通过其内置的加速器，可以令其旋转装置改变其 y 轴以令屏幕改变方向，这样的设计令 iPhone 更便于使用。

屏幕的下方有一个 Home 按键，底部则是 Dock，有四个用户最经常使用的程序的图标被固定在 Dock 上。屏幕上方有一个状态栏能显示一些有关数据，如电池电量和信号强度等。其余的屏幕用于显示当前的应用程序。启动 iPhone 应用程序的唯一方法就是在当前屏幕上点击该程序的图标，退出程序则是按下屏幕下方的 Home 键。

（二）iphone OS 支持软件

iPhone 和 iPod Touch 使用基于 ARM 架构的中央处理器，而不是苹果的麦金塔计算机使用的 x86 处理器（就像以前的 PowerPC 或 MC680x0），它使用由

PowerVR 视屏卡渲染的 OpenGL ES 1.1。因此，Mac OS X 上的应用程序不能直接复制到 iPhone OS 上运行。它们需要针对 iPhone OS 的 ARM 重新编写。但就像 Safari 浏览器支持"Web 应用程序"。从 iPhone OS 2.0 开始，通过审核的第三方应用程序已经能够通过苹果的 App Store 进行发布和下载了。

三、IOS 操作系统基本原理

（一）多任务

IOS 4 的所谓多任务并不是传统意义上的多任务，即任何程序都可以自由地在后台运行。苹果开放给第三方软件开发者的后台运行接口只包括音频播放（例如 Pandora 等网络电台软件）、地理位置侦测（例如 GPS 软件）和网络电话（例如 Skype）等几个功能。

当你在 IOS 4 里双击 Home 按钮时，会看到一个「抽屉」式的空间出现在屏幕下方。很多人对此不解：这块空间里好像什么软件都有，怎么可能这么多软件同时在 iPhone 上后台运行呢？没错，这不可能，这些软件也并不是全都在后台运行。

在 IOS 4 里，如果你单击 Home 退到桌面，之前在运行的软件并没有退出，而是被「冻结」。它虽然被置入后台，处于凝滞状态，但仍然在运行，之前分配给它的那些系统资源仍然在位。因此，当你重新回到这个软件时，它可以立即恢复到上次退出时的状态。这就是所谓的快速切换软件功能（Fast App Switching），也是 IOS 4 的多任务功能的核心所在。

（二）多点触控

iPhone 则采用的是电容式触摸屏，它是通过人体的感应电流来进行工作的。普通电容式触摸屏的感应屏是一块四层复合玻璃屏，玻璃屏的内表面和夹层各涂有一层导电层，最外层是一薄层矽土玻璃保护层。当我们用手指触摸在感应屏上的时候，人体的电场让手指和触摸屏表面形成一个耦合电容，对于高频电流来说，电容是直接导体，于是手指从接触点吸走一个很小的电流。这个电流分从触摸屏的四角上的电极中流出，并且流经这四个电极的电流与手指到四角的距离成正比，控制器通过对这四个电流比例的精确计算，得出触摸点的位置。

四、IOS 操作系统主要应用

（一）App Store 商店应用

App Store 即 Application Store，通常理解为应用商店。App Store 是一个由苹果公司为 iPhone 和 iPod Touch、iPad 以及 Mac 创建的服务，允许用户从

iTunes Store 或 Mac App Store 浏览和下载一些为了 iPhone SDK 或 Mac 开发的应用程序。用户可以购买或免费试用，让该应用程序直接下载到 iPhone 或 iPod Touch、iPad、Mac。包含游戏、日历、翻译程式、图库以及许多实用的软件。App Store 对 iPhone、iPod Touch、iPad 以及 Mac 的应用程序商店都是相同的名称。

（二）电子书店 iBooks 应用

将 iBooks 电子书店推广到所有 iPhone OS 设备。iPhone 和 iPod Touch 都将支持 iBooks 应用，所有的电子书和页面标签都会通过无线保持同步。

（三）企业功能应用

增强对企业需求的支持，其中包括数据保护、移动设备管理、无线应用发布、改进的邮件和 Exchange 支持、SSL VPN 支持。

数据保护：iPhone OS 4.0 的增强的安全功能可以通过设备密码来保护存储在 3GS 版 iPhone 中的电子邮件和附件。普通应用和商用应用均可使用新的数据保护 API，因此即便手机遭到入侵，商业机密信息也会得以保护。

移动设备管理：随着 iPhone OS 4.0 的推出，大量 iPhone 设备的部署和管理将会更加容易。新的移动设备管理 API 将在无线配置和更新设置当中整合第三方应用解决方案，监督企业政策的遵守情况，甚至可以消除或锁定某部 iPhone 设备。

无线应用发布：iPhone OS 4.0 允许企业通过 WiFi 或 3G 无线网络安全地承载并发布应用程序，企业员工可以在无须连接自己电脑的情况下对这些应用进行升级。

改进的邮件和 Exchange 支持：iPhone OS 4.0 允许用户建立多个 Exchange ActiveSync 账户，并且与 Exchange Server 2010 兼容。随着"统一收件箱"新功能的加入，用户可以在同一个收件箱中看到所有邮箱账户的邮件，或者可以在不同账户的收件箱之间快速转换。如果用户收到附件后希望保存或者编辑，用户可以通过 App Store 应用商店中与之兼容的应用打开附件。

SSL VPN 支持：加密套接字协议层（SSL）的虚拟专用网络（VPN）能够通过诸如国际互联网的公共网络在装备了相同的 SSL 技术的设备之间为任何类型的通信提供安全专用的通信。iPhone OS 4.0 对 SSL VPN 的支持将为用户提供又一种安全享用企业资源的方式，用户还可以无缝连接企业的网络。Juniper 和思科即将推出的应用将在 iPhone 上支持 SSL VPN。

（四）游戏中心应用

目前苹果 App Store 应用商店里共有超过 5 万款游戏，因此苹果将成立一个名为"游戏中心"的社交游戏网，其功能包括邀请好友、建立多人游戏、游戏进度记录等。

（五）文件夹功能应用

用户拖动应用程序即可创建文件夹，然后文件夹会根据其内容自动命名。苹果将此称为"智能命名"功能。iPhone OS 4.0 支持 180 个文件夹，2160 款应用，也就是每个文件夹可存放 12 款应用。不同的文件夹存放不同应用可以使用户更加便捷地同时运行多款应用。

第七节　BlackBerry 操作系统

BlackBerry 所谓"黑莓"（BlackBerry）是加拿大 Rim 公司推出的一种移动电子邮件系统终端，其特色是支持推动式电子邮件、手提电话、文字短信、互联网传真、网页浏览及其他无线资讯服务。黑莓使用 BlackBerry OS 系统，是 Rim 自行开发的基于 Java 平台的操作系统，这一系统是封闭性的，只有 BlackBerry 使用这一操作系统。因为基于 Java，原则上任何 Java 软件都可以在黑莓上运行，但由于黑莓操作系统的封闭性等原因，真正能完美地在黑莓上运行的 Java 软件不是很多。

它的立足点不是通信，而是企业移动办公平台，有很多有针对性、商用质量很大的商业应用支持。从技术上来说，BlackBerry 是一种采用双向寻呼模式的移动邮件系统，兼容现有的无线数据链路，能非常好地与桌面 PC 进行同步，可以把 Outlook 邮件自动转寄到 BlackBerry 中。从功能来看，BlackBerry OS 的优势在于商务和集成应用上，而对游戏等娱乐功能的支持要稍弱，当然这些都是 Rim 对 BlackBerry 的定位所决定的。

桌面管理器（BlackBerry Desktop Manager）：通过桌面管理器来安装/卸载程序、同步、备份、导入/导出数据等操作。但某些已安装的 Cod 文件是无法在桌面管理器上看到的，这个时候就需要 Javaloader。Javaloader 是一款非官方的命令行管理器，可以删除和加载缺少.alx 的.cod 模块，还可以进行更多桌面管理器不具备的操作，但命令行的程序不适用于所有人，所以就有了基于 Javaloader 但界面更友好的视窗版程序 Winloader。

.alx 和.cod：BlackBerrg 虽然是 Java 手机，但实际上它不能直接使用 JAR/JAD 文件［除非是 OTA（Over The Air）方式］，而是使用.cod 格式的程序。.alx 实际上是类似于引导文件的东西，在你通过桌面管理器安装.cod 文件时就必须需要它。系统文件、主题文件和程序都是基于.cod 格式的，但支持 TF 卡的机型可以从 TF 卡上安装 JAR/JAD 程序。

SB：即 Service Book（服务预定），简称 SB，是.ipd 格式的文件。这是使用 BlackBerry Pushmail 以及第三方服务的状态列表。开通了 Pushmail 服务后，这里会有很多内容。这里主要介绍激活浏览器的问题，OS 4.2 以下的 ROM 需要通过 Service Book 激活才能使用自带浏览器。而激活 SB 就是导入一个.ipd 文件到 BlackBerry 里，然后通过这个 SB 里的内容连接到相应的 MDS（Mobile Date System）注册服务器上激活一下浏览器，使之能使用。

ROM：BlackBerry ROM 是应用于黑莓手机的系统软件，也就是通常说的系统运行平台。它是每部黑莓手机的基本系统程序，只有安装了正确的 ROM 的手机，才能实现基础平台的启动运行，进行相应功能的操作。

Wipe：和刷机唯一不同的是，Wipe 是首先完全擦除 BB 内存后再进行安装 ROM（刷机）的操作。Wipe 一般是在刷机也无法解决 BlackBerry 问题的情况下才使用的，而且过程更加烦琐。

瘦身：瘦身仅对于机身内存小的低端机型适用，高端机型是完全不需要的。瘦身是将 BlackBerry 内置的一些文件、程序、铃声和主题等数据删除来达到释放内存的目的，通常通过 Javaloader 来实现，也有一些 BlackBerry 通过混刷 ROM 来达到此目的。但不同机型和不同 ROM 瘦身操作略微不同。

本章案例

Android 的惠普 TouchPad 于日前出现在 eBay 拍卖网站上

9 月 1 日消息，据国外媒体报道，在可以运行 Android 的惠普 TouchPad 于日前出现在 eBay 拍卖网站上之后，苹果运行 IOS 的设备遭到破解就变成仅是时间上的问题而已。

消息指出，Droid 计划成员 Patrick Wildt 与 Ricky Taylor 已经成功破解苹果的移动设备，让它们可以运行 Linux，也即这套操作系统将可在 iPad、iPhone 或第四代 iPod Touch 上运行。

目前并不清楚破解的细节，但对于开发者而言，这个消息着实令人振奋，因为以苹果的 A4 芯片所打造的设备一向以难以破解而闻名。

现在，这些 Droid 成员正在设法让 Linux 也能在 iPad 2 上运作，它的难度似乎更高。

日前，eBay 上有买家宣称收到百思买送来的 Touchpad，结果安装的却是谷歌的 Android 2.2 操作系统，而竞标的价格比起原来的促销价高出了 10 倍以上。

资料来源：中国软件网讯，2011-09-11。

> **问题讨论：**
> 1. 此案例告诉我们什么？
> 2. 此案例是否告诉我们，移动终端只是操作系统的载体，任何移动操作系统都可以搭载在适于它的终端上。

本章小结

移动终端设备包括：移动电话，平板电脑，笔记本电脑，POS机等移动设备，但是大多数情况下指手机或者拥有无线接收传输功能和众多应用的智能手机或者平板电脑。随着网络技术朝着越来越宽带化的方向的发展，移动通信产业将走向真正的移动信息时代。同时，随着集成电路技术的飞速发展，移动终端的处理能力已经拥有了强大的处理能力，移动终端正在从简单的通话工具变为一个综合信息处理平台。这也给移动终端增加了更加宽广的发展空间。移动终端操作系统则是移动终端设备的核心和精髓。当今主流的移动操作系统有Symbian、Android、IOS等智能操作系统。

移动终端操作系统智能化已经成了新一代移动互联网技术的基石，其丰富的应用程序，强大的无限互联功能赋予我们的手机等移动终端设备新的活力。各种移动终端操作系统各有优势，我们会在学习了各种操作系统的原理、组成、了解了优劣势之后根据自身的需求选择移动操作系统进而选择我们所需要的移动设备。

本章复习题

1. 通过分析七大操作系统各自的优劣势，给出你对未来移动终端操作系统发展的判断（简要说明理由）。

2. Windows Mobile操作系统包括哪些平台？简述它们各自的特点及异同之处。

3. Android操作系统与Symbian、Windows Mobile、IOS相比有哪些优劣势？

4. 统计机构2011年苹果iPhone的销量超过2200万部，而昔日的移动电话霸主诺基亚的销量却直线下滑，跌至谷底，请从操作系统优劣势的角度分析已产生这个现象的原因。

第十章 移动商务安全技术

学习目的

知识要求 通过本章的学习，掌握：

- 移动终端及所依赖的无线基础设施及所处的无线网络所面临的安全问题
- 对无线网络进行攻击的手段，窃听及通信干扰的手段
- 计算机病毒的种类及防治策略，VPN 技术，WPKI 无线概念公开密钥体系

技能要求 通过本章的学习，能够：

- 熟悉并掌握移动商务所面临的主要安全威胁
- 了解对所面临的安全问题如何进行防范
- 现今移动商务的安全保障措施及创新

学习指导

1. 本章内容包括：移动商务所处的无线网络所包含的安全问题以及攻防手段。

2. 学习方法：学习本章首先要了解移动商务所面临的安全问题有哪些，掌握移动商务安全技术的特征，应用范围以及系统框架，了解在移动商务安全技术中所用到的主要技术。

3. 建议学时：4 学时。

移动商务技术

引导案例

病毒和蠕虫的威胁

2000年6月，一个名为Timofoniac的蠕虫通过电子邮件快速蔓延，并进入西班牙的蜂窝电话网络，拨打恶作剧电话并在电话上留下文本消息。这个蠕虫并没有造成严重的损害，也没有感染手机，但是专家预测未来会有更多的病毒和蠕虫蔓延到手机。

2000年8月，出现了第一个在PDA设备上广泛流传的病毒。Palm掌上电脑用户以为自己正在接收一个名为Liberty的程序，该程序宣称可在Palm掌上电脑上运行任何GameBoy。他们接收的程序宣称可将免费的、进行了功能限制的Liberty GameBoy共享版本转换成完全注册版本。但谁都没想到的是，用户下载的是Liberty特洛伊木马，它能从Palm掌上电脑上删除所有数据。还有一个名叫Phage的病毒将攻击目标设定为Palm OS，它首度暴发时间是在2000年9月。用户使用红外线在设备之间传输程序和信息时，这个病毒也会悄悄地传输。Phage会改写Palm掌上电脑上存储的应用程序的代码，并将设备的文件长度减少一半。Phage是第一例专门攻击Palm掌上电脑操作系统的病毒，这会导致所有程序均告破坏。如有可能，Phage还会尝试禁用并删除设备上的所有数据。

资料来源：中国计算机报，2000-10-15.

问题：

1. 思考现实生活中移动通信都有哪些安全隐患，这些隐患所带来的危害是什么？
2. 移动商务中都涉及哪些设备需要提高保护措施？
3. 常见的计算机病毒有哪几类，所影响的范围有哪些？

第一节　移动商务面临的安全问题

移动商务使用便携式终端设备，通过移动电话网络或无线局域网（WLAN）和原来的固定网络相互连接，实现了一种不受时间和空间限制的"Anytime, Anywhere"的商务模式，将商务活动和个人的移动更加紧密地结合在一起。这在给我们的商务活动带来便捷的移动性同时，也给我们带来了更多的移动安全方面的挑战。

一、移动终端的安全问题

移动商务所用的终端设备主要包括个人数字助理（PDA）、智能手机（SmartPhone）、便携式计算机、平板电脑、寻呼机、GPS 导航设备等，它们主要面临以下安全问题。

（一）加密和认证等安全措施的难以使用

总体来说，移动终端设备具有计算能力和存储能力有限、电池寿命短等特点。而许多安全性相对比较好的加密和认证措施都需要客户端有比较强大的运算能力和存储能力来支撑。在传统的电子商务中的客户端是 PC，而目前的 PC 的运算能力已经非常强大，故可以使用这些复杂的程序。而移动商务中使用的移动终端体积较小、功能较弱，这就限制了复杂加密认证程序的使用，从而带来安全隐患。

为了降低加密所需的计算强度，同时又保证较高的安全性能，移动设备目前主要利用椭圆曲线（ECC）加密技术。ECC 是基于一种复杂的数学算法，很难被破译，而且它需要的密码位数较少，这样运行速度更快，需要传送的密码字节也较少，非常适合在移动环境下使用。

（二）移动终端设备中的机密资料容易丢失和被盗用

移动设备体积较小，使用中很容易由于不小心跌落和进水而造成损坏，而现在手机和 PDA 失窃的事件也屡见不鲜。很多客户往往将比较机密的个人资料和商业机密存储在移动设备当中，如果在没有备份的情况下丢失数据或被他人恶意地盗用，都将会造成很大的损失。

英国网站曾经有过一个报道，在对移动安全的一个调研指出，有将近 1/3 的用户对他们的移动设备没有设置密码保护。而随着 PDA 的普及，大量的公司应用在 PDA 上运行，调查显示有一半的用户使用 PDA 来查看公司的电子邮件，1/3 的用户使用其来存储公司的数据，这一切都越来越让 PDA 成为数据窃贼所青睐的目标。

调查结果还表明，获取企业数据的最快和最容易的方法就是利用丢失的或未失窃的未设置保护措施的 PDA，因为其中包含了公司名称和地址，数据表格和其他公司文件，同时 PDA 当中还存有公司信息，许多用户还把一些个人信息如 PIN 码、银行账号、社会保险号码甚至密码等放在 PDA 当中，而这些数据甚至没有密码保护。

13%的被调查者曾经丢失过他们的移动设备，这其中有 30%是在出租车上丢失的，另外 20%是在其他车中丢失，还有 20%是在家中丢失，10%在机场丢失，最后还有 20%在餐馆和旅店丢失。

随着人们安全意识的增强，已经有越来越多的公司建立了具体的移动设备安全制度，然而调查结果也显示，使用数据加密和密码来保护和数据的个人用户的比例却没怎么变化。这一调查结果是在对 68 名 IT 经理的调研当中获得的，其中有 38%的企业是雇员超过 1000 人的企业。

(三) 通信内容非常容易被偷听和偷看

在公共场所使用移动终端时，使用者的私密信息很容易被临近的行人偷听或偷看到。对于这种行为有一个专有名词叫做"Shoulder Surfing"，直接翻译过来的意思是"肩膀冲浪"，非常形象。由于我们使用移动设备时大多数情况下是在公共场合，周围行人较多，彼此之间的距离很近——尤其是在地铁这样比较拥挤的交通工具上，设备显示信息和通话信息比较容易泄露给别人。

(四) 手机 SIM 卡等身份识别设备易于被克隆而造成欺诈

目前，手机 SIM 卡和其他一些移动设备逐渐开始成为移动商务中身份识别的一个重要部分，一旦这些设备被恶意克隆，在其他身份识别措施还不健全的情况下，用户的个人身份很容易被假冒，从而成为犯罪分子进行欺诈的手段，给用户造成损失。

(五) 企业缺乏终端相关的安全制度和安全技术

虽然现在的移动终端已经存储了大量的公司机密信息，可是还很少有公司将移动终端的安全问题纳入公司 IT 安全的考虑范围，相关的安全制度和安全技术也应用得很少。很多引领潮流的现代商务人士已经开始比较多地使用移动终端，在他们的 PDA 和智能手机中存储了大量的公司机密信息。然而，我们现有的信息安全机制往往仅仅考虑到公司 PC 和笔记本电脑，针对便携式移动设备的安全制度还相对较少，比如说强制备份和设置密码等。

(六) 使用者本身的风险意识和防范措施比较欠缺

与企业类似，用户本人这方面的意识也不强。很多人由于觉得设置密码和备份比较麻烦，而且往往认为自己能够保管好这些设备，因而经常麻痹大意。然而，一旦出现问题，损失就很难挽回。正如英国的一个调查结果显示，有将近 1/3 的用户对他们的移动设备没有设置密码保护，这说明还有很大比例的人在安全防范意识方面是欠缺的。

二、无线基础设施的安全问题

无线基础设施主要包括接入点（Access Point）、路由器、调制解调器、交换机和基站等，其中很多设备都是部署在咖啡店、机场和公司园区的户外空间等不安全的公众场合，这些设备价值高昂，往往容易成为偷窃的目标。

一些非法访问者可以很容易地访问这些设备，通过禁止诸如可扩展认证头

（EAP）或无线等价保密（WEP）等安全机制，来获悉有关配置的信息，并进一步危害网络安全。

无线基础设施如果没有采取适当的安全措施，无论是安装在家中还是办公室里，都可能引发严重的安全问题。事实上，一些针对住宅区提供互联网服务的提供商已经在他们的服务协议中禁止用户和其他非授权人共享联网服务。一个不安全的无线网络环境可能造成服务丢失或是被利用来对其他网络发起攻击。

三、无线网络的问题

移动商务涉及很多无线网络标准，而其中使用最广泛的是实现无线手机访问互联网的 WAP 标准、构建无线局域网（WLAN）的 802.11 标准以及构建无线个人网络（WPAN）的蓝牙（Bluetooth）标准，而这三个标准的安全漏洞给移动商务带来了很大的安全问题。

（一）WAP GAP 安全问题

如图 10-1 所示的 WAP1.1 版本安全体系结构，可以看出，WTLS 协议仅仅加密 WAP 设备到 WAP 网关的数据。从 WAP 网关到内容网络服务器时，信息是通过标准 SSL 传输的。因为数据必须由 WTLS 转换到 SSL，所以数据在网关上有短暂的数微秒的时间处于明文状态，这短暂的数微秒被称为 WAP GAP。

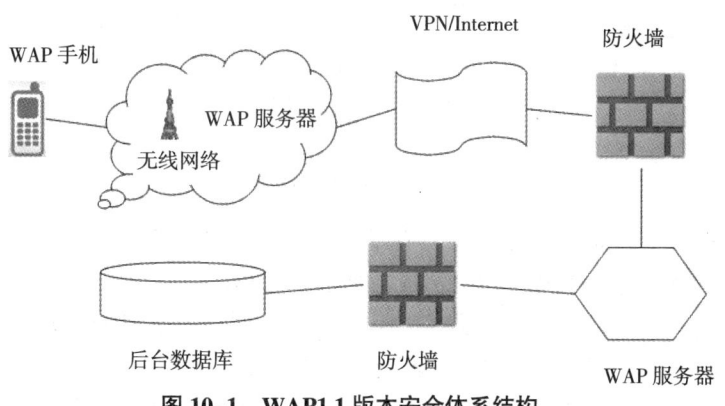

图 10-1　WAP1.1 版本安全体系结构

利用 WAP GAP 的可操作性相当低，黑客需要访问 WAP 网关，还必须筛选海量数据，并且知道建立连接的确切时间才能提取明文。

WAP 网关几乎总是部署在非常安全的场合。因为 WAP 网关为了计费必须跟踪使用信息并与无线语音收费系统和归属位置寄存器（HLR，用户在归属网络上存储和跟踪所有合法用户信息的数据库）连接。网关通常位于安全建筑内，仅仅允许限制级的管理访问，此外还有防火墙保护。

对于那些担心 WAP GAP 的客户，企业和内容提供商可以选择让 WAP 网关驻留在公司防火墙后，虽然这种方法需要企业购买、部署维护自己的 WAP 网关，但仍然是解决这一问题切实可行的可选方案。实际上现在有许多银行和金融机构已采用这个方法来保证无线银行业务的安全。

WTLS 标准也在逐渐发展，但由于当前电路交换网络的限制，其仍然是最好的选择。随着以 TLS 为中心的 WAP Version2.0 的改进，SSL/TLS 规范将会完全消除 WAP GAP 问题。

（二）802.11 无线局域网（WLAN）安全问题

如图 10-2 所示，无线局域网络（WLAN）也有许多安全问题，这些问题包括：

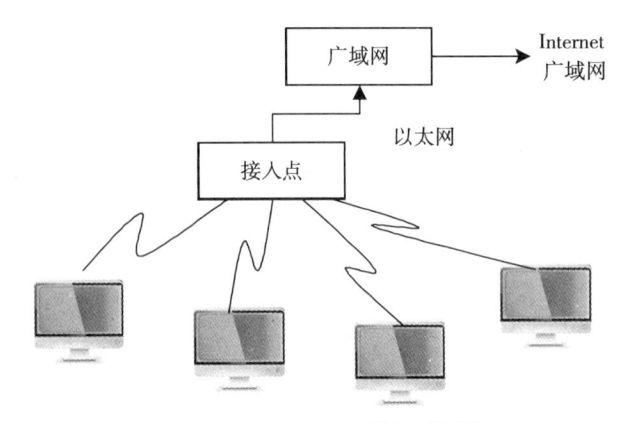

图 10-2　无线局域网络

（1）802.11 标准使用的 WEP（有线等效加密）安全机制存在安全缺陷，公用密钥容易泄露且难以管理，容易造成数据被拦截和窃取。

（2）WLAN 的设备容易为黑客所控制和盗用，向网络传输有害的数据。

（3）网络操作容易受到堵塞传输通道的拒绝服务攻击。

（4）许多 WLAN 在跨越不同子网的时候往往不需要第二次的登录检查。

WLAN 目前主要通过在不同层次响应措施来保证通信的安全性，已有的主要安全机制如下：

（1）通过在物理层采用适当的传输措施，如采用各种扩频技术，利用其很强的抗干扰性来满足安全性要求。

（2）采取网络隔离和设置网络认证措施，可以防止不同局域网之间的相互干扰与数据泄露，如服务区标识符（SSID）。

（3）在同一网络中，设置严密的用户口令及认证措施，可防止非法用户入网，如802.11b定义的开放系统认证和共享密钥认证等。

（4）对用户所发送的数据进行加密，WLAN最关键、最独特的保密措施是在网络的媒体访问控制层使用的802.11b定义的WEP加密算法。

（三）蓝牙无线个人网络（Bluetooth WPAN）安全问题

蓝牙无线个人网络（见图10-3）面临的主要安全问题很多，这些问题目前尚未获得很好的解决。

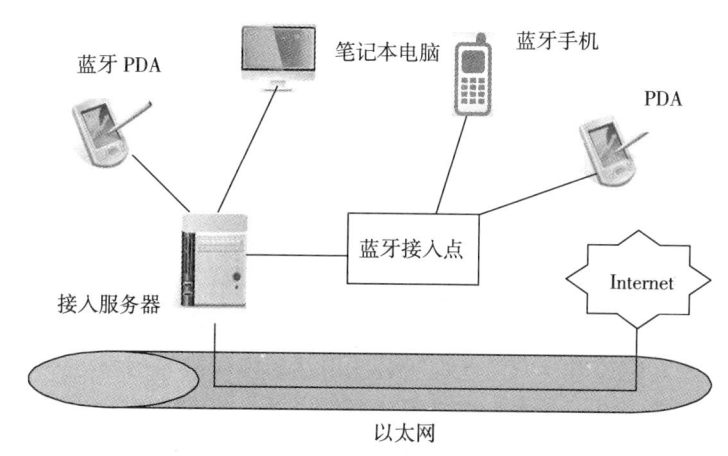

图10-3 蓝牙无线个人网络

（1）容易遭受中间攻击。
（2）对设备进行认证而不是对用户进行认证。
（3）蓝牙设备之间的通信是自动定义的，不能手动更改加密和认证密钥。
（4）没有病毒防范措施。
（5）没有实现"不可否认性"(Non-Repudiation)方面的措施。
（6）蓝牙协议安全性有限，安全措施主要在应用层，还需要附加安全层才能保证安全性。

第二节　无线通信的主要攻防手段

一、窃听

有窃听技术，就有反窃听手段。针对不同的窃听手段，也有针锋相对的反窃听技术。有矛就有盾。概括起来，反窃听必须做到：不该说的机密绝对不说；使用口令、代号、隐语、密码、密机、语言保密器等进行保密；用带有假情报的对话、声音、电文、信号来掩盖通信的真实意图；破获窃听器，识破窃听的技术手段。

（一）防电话窃听

1. 电话窃听报警器

国外电话窃听报警器型号很多，其功能各不相同。

CCS 公司的 B-409 电话窃听报警器，它可以对装在电话系统中大多数的录音机、窃听器（包括无线窃听器）、"无限远发送器"、串联、并联器件、使电话挂钩开关失效方法等以及未经允许安装的电话机发出报警信号。

还有一种防窃听电话，本身带有窃听报警装置。此装置利用电话机中的电源，经常性地对电话机周围进行无线电波监测，一旦有无线窃听器工作，它就发出告警信号。在电话机挂机不用时，如室内有人谈话，其自感应电信号强度大到一定程度，有可能从用户线上传送出去被窃听，它也会发出告警信号。这种电话机外表与普通电话机一样，不影响正常通话，使用方便。

2. 利用电话分析仪探测窃听器

电话分析仪能够测试电话系统中挂钩或脱钩时的阻抗、电压、电流；检测有无射频辐射；用音调信号扫描，检查有无"无限远发送器"；用直流高压可测出电话中不该装有高阻元器件；电话线开路自动报警，例如在电话系统中任何地方插入窃听器件时要切断电话线，它就发出报警信号；监视和记录电话中的谈话声等，以此可快速地查出电话系统中隐蔽的各类窃听器。目前国内也有一些反窃听探测装置在市场出售。

3. 挫败电话窃听的装置

CCS 公司介绍的一种新产品，原名叫 Earesdropper Nulliier，声称将它放在电话机附近或放在房间内，可使房内、电话机内、电话线上所有隐藏的无线窃听器、麦克风、录音机以及电话线上搭线窃听器、通过电话遥控的窃听窃录装置等均失效。

纽约一家间谍商店总经理弗兰克·琼斯也介绍一种挫败电话窃听的装置，他说："一旦我把这个东西装在你的电话线上，你就能毫无顾忌地通电话，在你电话线上或电话机内可能有 18 种不同窃听器，这个装置将使它们变得毫无用处"。琼斯介绍的这种装置，可能就是 CCS 公司推出的新产品——Earesdropper Nulifier。

4. 采取语音保密技术

语音保密有好多种，最简单的是语音转换技术，如 CCS 公司的 CP-1、CP-2 型语音保密机，它可将一个女人的声音变成男人的声音，将某个男人的声音变成全不是他本人的声音，即任何人的正常声音都将变得辨认不出来，有的将正常的声音变微弱并不可理解。

还有一种保密技术是将语音分割成时间段，并用几种不同的转换频率传递这些时间段的语音成分，所用时间段的长度和转换频率的顺序，可按预先安排的同时插入编码器和译码器中的编码卡来决定。每个时间段的语音又可分割成一系列的频段，并对每一段用一个不同音频转换频率，频率分割和音频声调转换频率可以随机变化，只取决于编码卡。一种五频带的分配器可以将语音扰乱并变换成 3840 种形式，但其中只有几种形式能提供充分的隐蔽性，可供使用。

目前语音保密最好的是数字加密技术。先把语音数字化再用高速密码机去加密，在电话线路中传输的是数字信号，使用窃听器接收到该机的通话只是一片噪声，无法解出原来的语音。

中国电子科技集团第三十研究所推出了国内首款具有完全自主知识产权的采用先进的多安全级数字加密技术和创新的类语音调制技术的语音保密手机。据悉，该语音保密手机是目前唯一一款可提供给党政部门和民用市场使用的保密手机。

5. 传输线改用光纤电缆

光纤电缆不受电磁波的干扰，也不向外发射电噪声，要截收光纤电缆中的信息，绝非易事。从目前各种报道及资料看，还没出现截听光纤通信的技术和设备，除非破坏它。有人设想，有可能对光脉冲进行激光全息照相，然后将它还原成语音，但不知如何取出光脉冲，那可能是多少年以后的事了。据报道，美国国防和某些大公司内部的通信系统都已改用光纤通信。

6. 机要保密

机要保密单位的电话通信网分成内外两个部分，即内部通话时由于内部通信网与外线是断开的，所以外线上的所有窃听器均无法窃听到内部通话。在与外线通话时，要由单位接线员转接或由专门装置自动接通。

（二）探测无线窃听器

1. 无线窃听报警器

超小型无线窃听报警器实质是一种袖珍式场强计。当最近的无线发射机在任何频率上工作时，报警器发出闪光信号或产生轻微的震动。

这种报警器的优点是体积很小，携带方便；可伪装在各种日常用品中，如香烟（EJ9型）、笔记本（EJ5型）、手表（EJ5VL）、笔架（EJ8型）等。缺点是任何当地无线电台的电磁场都可能引起它的报警，容易产生虚报。

2. 无线窃听器探测仪（宽频段搜索接收器）

这种接收机能在20KHE~1000MHZ30~1500MHZ内（视不同型号而定），进行全频段的慢速扫描或快速扫描，有的接收机分好几档速度供挑选。设定速度后，接收机自动扫描搜索，当房内有工作着的无线窃听器，接收机扫到与窃听器工作频率相同的频率上时，报警信号灯亮并发出报警声，有的同时可在两个电表上读出频率值和粗略的场强值。然后用手持探测器进行寻找，当探测器接近窃听器所在位置时，声调发生变化，以示此处隐藏有窃听器。若房内有几种频率不同的无线窃听器存在，则可一一扫出其频率值。

这种探测器通常装在一个标准的手提箱内，手提或肩背都很方便。

3. PN结探测器（非线性结探测器）

这种探测器可探测不工作的无线窃听器，也可探测包含有晶体管或集成电路块，即含有PN结元器件的各种窃听器。

它工作时，发送一个低电平微波束，当遇到任何二极管、三极管或集成电路等PN结元器时，产生反射波，并在反射波中出现谐波分量。以此可探测到隐藏在墙壁、家具、天花板内几十厘米处的窃听器。具体产品如STG公司的STG356型探测器。如果窃听器隐藏在电器中，则探测器区别不出是窃听器中的PN结器件，还是电器中的PN结器件。

这种探测器从原理上讲是可行的，实际使用中，常有假象出现。近几年来外国公司产品目录中已少见到。

（三）防激光窃听

在玻璃窗外加一层百叶窗或其他能阻挡激光的物体或用激光探测器探测室内是否存在激光，如室内有超量的激光强度时就发出警报信号。

在美国纽约举办的一次安全科技与器材展览上，田纳西公司展示了一种仪器，外表像冰上曲棍球的橡皮圆盘，圆盘一侧装有一个吸杯，可以发出一种耳朵听不见的高频音，它可使玻璃窗发生轻微震动，以此破坏激光窃听。

（四）防微型录音机窃录

防录音机窃录的报警器，它们的体积很小，有的比一包香烟还小，可方便地随身携带。如在谈话中，附近有录音机在录音，它就会产生轻微的震动以示告警。这种震动是悄然无声的，只有你自己感觉到。

（五）防窃听玻璃

日、法、美驻外使馆里都装有防窃听的"玻璃泡"（Bubble），外形是个大的玻璃球状的透明的房子，据说防窃听性能相当好。

位于朴次茅斯的英国皇家海军计算机大楼安装了"防窃听"玻璃。这种玻璃的表面覆的特制的涂层，可以反射电磁辐射，因而能阻挡计算机工作时发出的电磁波通过窗子和玻璃泄漏出去，也能阻挡外面的电磁辐射进入机房。

（六）数据、文字、图像加密技术

近几年来，各种数据、文字、图像和保密机纷纷涌现，将它们装在数据终端与通信线路之间，使在通信线路上的数字、文字、图像信号都已经过高密级的加密算法译成密码，所以在线路上的信号即使被截收了，也不易解出来，从而保护了数据传输的安全。

二、通信干扰

通信干扰是指通信链路的正常发送和接收受到了其他因素的干扰而无法使用，干扰方式主要有以下三种。

（1）客户端干扰：干扰者利用干扰设备对客户端进行干扰，中断其对正常网络接入点的连接，从而为自己冒充客户端提供机会。更高级的攻击可能会将客户端重新连接到欺诈点。

（2）基站干扰：干扰者利用干扰设备对基站进行干扰，从而为自己冒充合法基站提供机会。

（3）拒绝服务（Deny of Service）干扰：干扰者利用大功率的干扰设备使得整个区域（包括客户端和基站）都被干扰淹没，以至于没有基站可以相互通信，从而使得通信服务无法实现。

同时通信干扰又可分为网内干扰和网外干扰。

1. 网内干扰

网内干扰在移动通信干扰中所占的比例最大，主要为同频和邻频干扰。对于 GSM 网而言，在网络规模不断扩大的情况下，由于频率资源的限制，频率复用度必然增加，例如联通多采用 2/2/2 的频率规划，在部分高话务密度地区采用 2/2/3 甚至 2/3/3 的频率规划；对于中国移动，较多采用 6/6/6 甚至 8/8/8 的频率规划，由于频率复用间隔的缩小，使得同、邻频干扰的产生几率大大增加。同时，由于基站站距进一步缩小，在密集城市区域达到 500 米，使得频率复用的空间距离缩小，同一移动用户收到来自不同基站的同一频点的可能性增加，造成同频干扰。

2. 网外干扰

对于移动网络而言，来自网外的干扰也不容忽视，同时相对网内的干扰而言，网外干扰更难查找、解决。主要的网外干扰为：微波通信、寻呼发射台倍频干扰、宽频直放站、CDMA下行对GSM上行的干扰、电视增频器对CDMA上行的干扰、小灵通对GSM干扰、电磁辐射干扰等。网外干扰种类繁多，分析与定位较为困难。

根据移动网的频率划分特点，下面几种情况多为网外干扰：

（1）干扰信号带宽很宽，影响到整个使用频段。

（2）未知制式的干扰信号。

（3）出现IOI告警。初步判定为网外干扰后，我们可根据干扰信号的特点和频谱特征进行初步分类。

移动通信干扰的成因非常复杂，种类繁多；对于干扰的查找没有固定的模式或自动的设备可以完成，只有深入分析移动通信的机理，逐步加强对干扰的认识和分析，对症下药，才能有效减少移动网络的干扰，为广大的移动用户提供一个优质网络。

三、插入和修改数据

攻击者在劫持了正常的通信连接后，在原来的数据上进行修改或者特意地插入一些数据和命令，这种攻击称之为插入攻击。插入攻击同样可以造成拒绝服务，攻击者可以利用虚假的连接信息使得接入点或者基站以为已达到连接上限，从而拒绝对合法用户的正常访问请求。

典型的攻击方式是中间人攻击（Man-In-The-Midele Attack，MITM）。MITM攻击通常会伪装为网络资源，当客户端发起连接时，攻击者将拦截这个连接，然后冒充客户端与真正的网络资源完成这个连接并代理通信。此时，攻击者能够在客户端和网络资源中间任意地插入数据、修改通信或者窃听会话。中间人攻击很早就成为了黑客常用的一种古老的攻击手段，并且一直到今天还具有极大的扩展空间。在网络安全方面，MITM攻击的使用是很广泛的，曾经猖獗一时的SMB会话劫持、DNS欺骗等技术都是典型的MITM攻击手段。在黑客技术越来越多地运用于以获取经济利益为目标的情况下时，MITM攻击成为对网银、网游、网上交易等最有威胁并且最具破坏性的一种攻击方式。

四、欺诈客户

在研究了使用中的客户以后，攻击者可能会选择模仿或者克隆客户身份来获得对网络的和业务的访问，同时也可能模仿网络接入点来假冒网络资源，客户会毫不知情地连接到伪装接入点并泄露一些敏感信息，从而造成对客户的欺诈。由于目前很多的无线局域网都是开放的，所以攻击者可以匿名访问不安全的接入点，从而获得免费匿名接入互联网。而接入网络后又可以对其他网络进行恶意攻击，如果网络操作员不采取谨慎的措施的话，将会为通过网络而对其他网络进行攻击所造成的损失负责。

1. 欺诈网络接入点

攻击者可以设置欺诈接入点来假冒网络资源。客户会不知情地连接到该伪接入点并泄露一些敏感信息。此类攻击可以与定向干扰结合以阻塞合法网络接入点的接受能力。

2. 攻击的匿名性

由于没有适当的网络进行定位以及缺乏定向设备，攻击者可以在保持匿名状态下隐匿于无线覆盖范围内的任何位置，这使定位攻击者十分困难。

3. 客户到客户的攻击

攻击者进入网络后可以直接攻击其他网络用户。如果成功的话，攻击者可以获得进一步访问公司或电信网络所需的凭证。大多数网络管理员没有对工作站充分的加固，对无线连接客户成功攻击将暴露很多敏感信息。

4. 基础设施设备攻击

不正确的配置基础设施设备的网络为攻击者提供了向网络内部渗透的手段。它们有时被称为跳板，并用于绕过访问控制。诸如路由器、交换机、备份服务器和日志服务器等网络设备。许多网络都用虚拟网络这样二层安全机制来分离有线网络和无线网络，但很多攻击都可绕过这种安全机制。

第三节 移动商务的主要安全技术

一、WAP 安全架构

WAP 安全构架由 WTLS、WIM（无线个人身份模块）、WPKI、WML ScriptSign（无线标记语言脚本本）四部分组成，各个部分在实现无线网络应用的安全中起着不同的作用。下面分别介绍这四部分的功能。

（一）无线传输层安全协议 WTSL

WAP 规范的协议栈中专门设有一个安全协议层，即无线传输层安全协议

WTLS。WTLS 是由传输层安全协议 TLS 演变而来，可认证参加通信的各方，加密 WML 数据并检查其完整性。WTLS 主要在传输服务层提供如下安全服务：

数据保密性：通过握手协议建立会话保密密钥，并采用加密算法加密数据报文。

身份认证性：握手协议中提供公开密钥证书来实现客户和服务器的认证。

数据完整性：采用哈希函数 MD5 或 SHA 来检测数据报文的完整性。

拒绝服务保护：WTLS 可以检测并拒绝重放数据，对于没有通过验证的数据也将拒绝服务。

（二）无线个人身份模块 WIM

无线个人身份模块 WIM 是一个防撬设备，存储着用户个人身份、秘密密钥和公开密钥证书等信息，并参与握手协议中的身份认证与密钥交换操作，以及实现所有与用户秘密密钥有关的密码操作，如数字签名和对用公开密钥加密的密文进行解密等。WIM 的另外一个重要特征是它可以与手机分开，这样用户可以更换手机而不至于丢失个人信息和设置。WIM 功能可以在 SIM 卡（SIM-WIM 或 SWIM）中实现，也可以在一个单独的 WIM 卡中实现。移动网络运营商喜欢 SIM-WIM 方式，可以将 SIM 卡和 WIM 卡的功能组合在一个卡上实现；一个单独的 WIM 卡则要求手机具有两个标准智能卡插口，这种方式往往用于提供无线服务的第三方。

（三）无线公共密钥设施 WPKI

无线公共密钥设施 WPKI 主要管理 WAP 网络中客户和服务器的公钥证书。WAP 规范建议客户和服务器使用两个不同的公开密钥：一个用于密钥交换（其证书可用于身份认证）；另一个可用于数字签名。前者用于传输层的握手协议中，使用比较频繁，但对安全性要求不高；后者仅用于某些需要提供不可否认服务密码特性的移动电子商务应用中，使用次数有限，但对安全性要求很高。因而，WAP 规范建议签名密钥的长度比认证密钥长，这样不仅可以保护 WAP 应用，而且还可以提高 WTLS 中握手协议效率。

（四）WML ScriptSign（无线标记语言脚本）

WML ScriptSign 是一个应用编程接口，使用该接口可以访问 WML 脚本加密库中的安全函数（如密钥对的生成、数字签名及处理 PKI 中常用的一些数据对象的函数）。WML 脚本加密接口使得 WAP 应用可以访问和使用其他 WAP 安全标准管理和使用的安全服务及安全对象。WML 脚本加密接口由 WML 脚本加密库来支持，在 WML 脚本加密库中的常用函数有：生成密钥对、存储密钥和其他私人数据、控制对存放的密钥和数据的访问、生成和验证数字签名、加密和解密数据。WML 脚本加密库一般使用 WIM 模块来提供密码运算支持。

（五）WAP 的安全架构体系

基于 WAP 的安全构架体系的组成部分如图 10-4 所示。其中 WPKI 作为安全基础设施平台是安全协议能有效实行的基础，一切基于身份验证的应用都需要 WPKI 的支持。它可与 WTLS、TCP/IP、WML ScriptSign 相互结合实现身份认证、私钥签名等功能。基于数字证书和加密密钥，WPKI 提供一个在分布式网络中高度规模化、可管理的用户验证手段。网络安全协议平台包括 WTLS 协议及有线环境下位于传输层上的安全协议 TLS、SSL 和 TCP/IP。协议安全参与实体作为底层安全协议的实际应用者，相互之间的关系也由底层的安全协议决定。当该安全构架运用于实际移动电子商务，这些安全参与实体间的关系即体现为交易方（移动终端、Web 服务器）和其他受信任方（WAP 网关、代理和无线认证中心）。

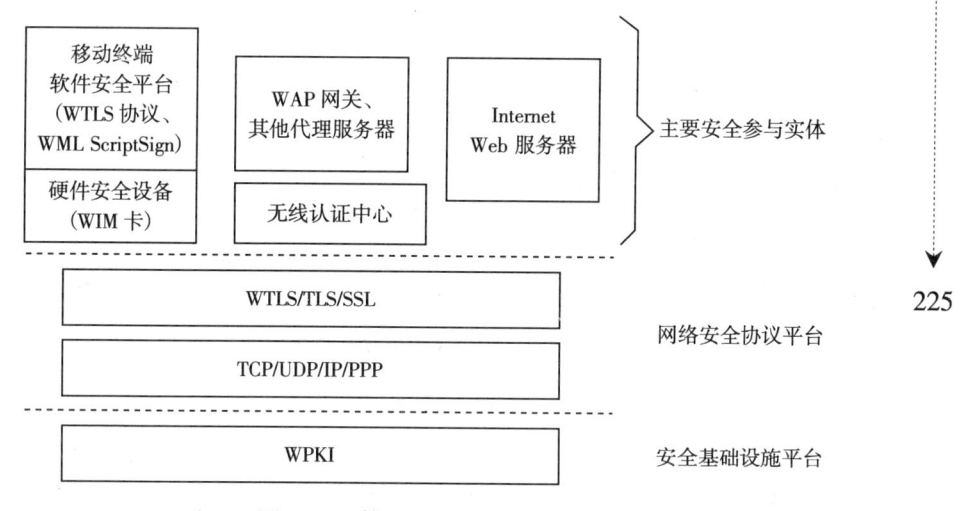

图 10-4 基于 WAP 的安全架构

二、WPKI 无线公开密钥体系

WPKI 即"无线公开密钥体系"，它是将互联网电子商务中 PKI（Public Key Infrastrcture）安全机制引入到无线网络环境中的一套遵循既定标准的密钥及证书管理平台体系，用它来管理在移动网络环境中使用的公开密钥和数字证书，有效建立安全和值得信赖的无线网络环境。

（一）WPKI 的框架

WPKI 系统是为基于各类移动终端用户，以及移动数据服务提供商的业务系统提供基于 WPKI 体系的各种安全服务。

无线终端通过注册机构向证书中心申请数字证书，证书中心经过审核用户身份后签发数字证书给用户，用户将证书、私钥存放在 UIM 卡中，无线终端在无线网络上进行电子商务操作时利用数字证书保证终端的安全。服务提供商则通过验证用户证书确定用户真实身份。在实现和完成这种对使用者真实身份的确认后，才继续提供给用户响应的后续服务，从而实现电子商务在无线网络上的安全运行。其系统架构如图 10-5 所示。

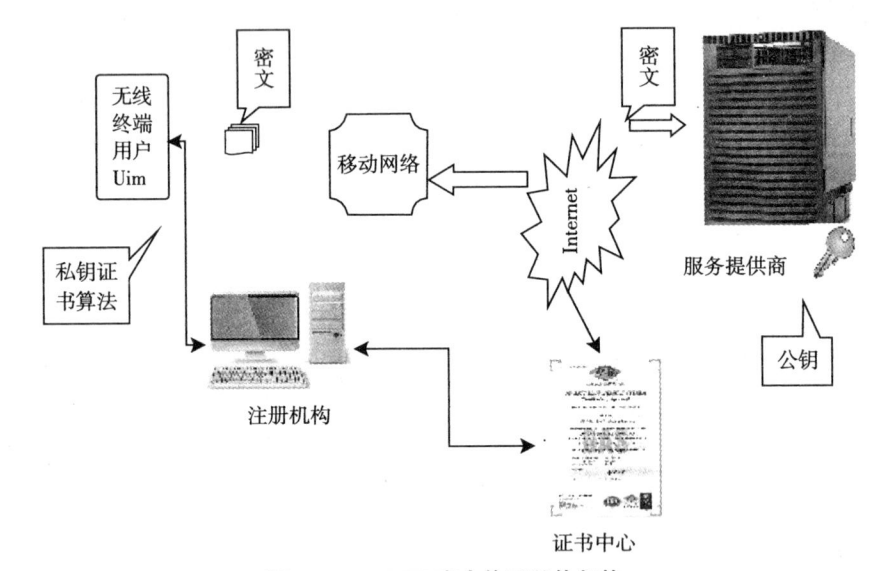

图 10-5 WPKI 安全体系总体架构

CA 认证又叫做"数字身份认证"、"数字 ID"，是由各认证中心发放并经认证中心数字签名的，包含公开密钥拥有者以及公开密钥相关信息的一种电子文件，可以用来证明数字证书持有者的真实身份。通过使用证书，能够保证数据传输的真实性、机密性，数据的完整性，以及交易的不可抵赖性。

类似于 PKI 系统的建设，一个完整的 WPKI 系统必须具有权威证书签发机关（CA）、数字证书库、密钥备份及恢复系统、证书作废系统、应用接口等基本构成部分，其网络构建也将围绕着这五大系统进行。

（二）WPKI 技术在移动商务中的应用

由于 WPKI 技术的发展，它为解决移动环境下的安全认证和支付奠定了基础。因此被广泛地应用在银行、证券、商务、贸易等各方面，下面简要说明 WPKI 技术的应用情况。

1. 在电子支付中的应用

用户可以用移动设备通过网上银行轻松地实现电话费缴纳、商场购物、缴费停车、自动售货机买饮料、公交车付费、投注彩票等手机支付服务。如果在网上银行系统中采用了 WPKI 和数字证书认证技术，即便不法分子偷取了卡号和密码，也无法在网上银行交易中实现诈骗。

2. 在公安领域的应用

在指纹识别系统方面，公安局可以使用附有指纹识别与网络浏览器的 PDA 装置，运用无线上网方式，连线到已经建立好的指纹、相片甚至脸型、声音特征资料库进行及时的线上查询与比对，这些资料采用 WPKI 体系加密后再传输 PDA 与资料库之间，可以达到安全保密的效果。

3. 在销售管理中的应用

为了及时掌握企业产品的销售情况，许多企业经常派遣销售人员去做市场调研，收集本企业产品的销售和库存信息以及竞争对手的活动，以便及时通知企业补给缺货或者调整定价。为保证消息的及时可靠，销售人员可以使用无线移动终端设备，将相关信息以加密方式传回企业内部，企业可以实时更新各种商业信息和工作流程。

4. 无线存取电子邮件

由于商业活动信息交换的比较频繁而且实时性较强，商业人士可能会随时用电子邮件交换一些秘密的或是有商业价值的信息，因而用手机无线上网来收发电子邮件就成为一种易用、高效的信息交换工具，这同时引出了一些安全方面的问题，例如，消息和附件可以在不为通信双方所知的情况下被读取、篡改或截掉，同时，发信者的身份也会被人伪造，可能造成不可挽回的经济损失。

5. 网上证券和网上缴税

同样，通过移动终端设备进行无线网上证券交易和网上缴税也给用户带来了极大便利，减少了操作时间，提高了办事效率，但是也面临着安全性和可靠性的问题。类似于网上银行系统的实现，采用 WPKI 体系作为安全技术框架，移动用户可以通过使用个人拥有的数字证书，使信息获得更有效的、端到端的安全保障。

三、VPN 技术

现在有很多连接都被称作 VPN，用户经常分不清楚，那么一般所说的 VPN 到底是什么呢？顾名思义，虚拟专用网不是真的专用网络，但却能够实现专用网络的功能。虚拟专用网指的是依靠 ISP（Internet 服务提供商）和其他 NSP（网络服务提供商），在公用网络中建立专用的**数据通信网络**的技术。在虚拟专用网中，任意两个节点之间的连接并没有传统专网所需的端到端的物理链路，而是利用某种公众网的资源动态组成的。IETF 草案理解基于 IP 的 VPN 为：

"使用 IP 机制仿真出一个私有的广域网"是通过私有的隧道技术在公共数据网络上仿真一条点到点的专线技术。所谓虚拟，是指用户不再需要拥有实际的长途数据线路，而是使用 Internet 公众数据网络的长途数据线路。所谓专用网络，是指用户可以为自己制定一个最符合自己需求的网络。

（一）VPN 的类型

VPN 分为三种类型：远程访问虚拟网（Access VPN）、企业内部虚拟网（Intranet VPN）和企业扩展虚拟网（Extranet VPN），这三种类型的 VPN 分别与传统的远程访问网络、企业内部的 Intranet 以及企业网和相关合作伙伴的企业网所构成的 Extranet 相对应。

用户现在在电信部门租用的帧中继（Frame Relay）与 ATM 等数据网络提供固定虚拟线路（PVC–Permanent Virtual Circuit）来连接需要通信的单位，所有的权限掌握在别人的手中。如果用户需要一些别的服务，需要填写许多的单据，再等上相当一段时间，才能享受到新的服务。更为重要的是两端的终端设备不但价格昂贵，而且管理也需要一定的专业技术人员，无疑增加了成本，而且帧中继、ATM 数据网络也不会像 Internet 那样，可立即与世界上任何一个使用 Internet 网络的单位连接。而在 Internet 上，VPN 使用者可以控制自己与其他使用者的联系，同时支持拨号的用户。

所以我们说的虚拟专用网一般指的是建筑在 Internet 上能够自我管理的专用网络，而不是 Frame Relay 或 ATM 等提供虚拟固定线路（PVC）服务的网络。以 IP 为主要通信协议的 VPN，也可称之为 IP-VPN。

由于 VPN 是在 Internet 上临时建立的安全专用虚拟网络，用户就节省了租用专线的费用，在运行的资金支出上，除了购买 VPN 设备，企业所付出的仅仅是向企业所在地的 ISP 支付一定的上网费用，也节省了长途电话费。这就是 VPN 价格低廉的原因。

（二）VPN 安全技术

由于传输的是私有信息，VPN 用户对数据的安全性都比较关心。

目前 VPN 主要采用四项技术来保证安全，这四项技术分别是：隧道技术（Tunneling）、加解密技术（Encryption & Decryption）、密钥管理技术（KeyManagement）、使用者与设备身份认证技术（Authentication）。

1. 隧道技术是 VPN 的基本技术

类似于点对点连接技术，它在公用网建立一条数据通道（隧道），让数据包通过这条隧道传输。隧道是由隧道协议形成的，分为第二、三层隧道协议。第二层隧道协议是先把各种网络协议封装到 PPP 中，再把整个数据包装入隧道协议中。这种双层封装方法形成的数据包靠第二层协议进行传输，第二层隧道协议有 L2F、PPTP、L2TP 等，L2TP 协议是目前 IETF 的标准，由 IETF 融合 PPTP 于 L2F 而形成。

第三层隧道协议是把各种网络协议直接装入隧道协议中，形成的数据包依靠第三层协议进行传输。第三层隧道协议有 VTP、IPSec 等。IPSec（IP Security）是由一组 RFC 文档组成，定义了一个系统来提供安全协议选择、安全算法、确定服务所使用密钥等服务，从而在 IP 层提供安全保障。

2. 加解密技术

加解密技术是数据通信中一项较成熟的技术，VPN 可直接利用现有技术。

3. 密钥管理技术

密钥管理技术的主要任务是如何在公用数据网上安全地传递密钥而不被窃取。现行密钥管理技术又分为 SKIP 与 ISAKMP/OAKLEY 两种：SKIP 主要是利用 DiffieHellman 的演算法则，在网络上传输密钥；在 SAKMP 中，双方都有两把密钥，分别用于公用和私用。

4. 身份认证技术

身份认证技术最常用的是使用者名称与密码或卡片式认证等方式。

四、病毒防护技术

计算机病毒历来是信息系统安全的主要问题之一。在网络环境下，计算机病毒具有不可估量的威胁性和破坏力。现在由于各级网络的广泛互联，威胁计算机和网络设备安全使用病毒的传播途径和速度大大加快，安全问题也更加尖锐了。

（一）什么是计算机病毒

计算机病毒（Computer Virus）在《中华人民共和国计算机信息系统安全保护条例》中被明确定义为："指编制或者在计算机程序中插入的破坏计算机功能或者破坏数据，影响计算机使用并且能够自我复制的一组计算机指令或者程序代码。"

计算机病毒是人为的特制程序，具有自我复制能力，具有很强的感染性、一定的潜伏性、特定的触发性、很大的破坏性。

（二）计算机病毒的分类

1. 按照计算机病毒属性的分类

根据病毒存在的媒体，病毒可以划分为网络病毒、文件病毒和引导型病毒。

（1）网络病毒通过计算机网络传播感染网络中的可执行文件。

（2）文件病毒感染计算机中的文件（如：扩展名是.com，.exe，.doc 的文件等）。

（3）引导型病毒感染启动扇区（Boot）和硬盘的系统引导扇区。

还有这三种情况的混合型，例如，多型病毒（文件和引导型）感染文件和引导扇区两种目标，这样的病毒通常都具有复杂的算法，它们使用非常规的办法侵入系统，同时使用了加密和变形算法。

2. 按照病毒的破坏能力

（1）无害型：在传染时产生臃肿的文件，消耗磁盘大量的可用空间，但是对系统使用没有其他的影响。

（2）无危险型：这类病毒仅仅是减少系统内存空间、显示某些图像、发出特定声音及同类音响等恶作剧的操作。

（3）危险型：这类病毒在计算机系统操作中造成严重的错误。

（4）非常危险型：这类病毒会删除程序、破坏宝贵的数据、清除系统内存区和操作系统中某些重要的信息，对计算机使用产生严重的威胁。

病毒对系统造成的危害，并不是本身的算法中存在危险的调用，而是当它们传染时会引起无法预料的和灾难性的破坏。病毒的危害并不是一成不变的，可能一些现在的无害型病毒也会对新版的操作系统造成破坏。

3. 按照病毒特有的算法分类

（1）伴随型病毒：这一类病毒并不改变文件本身，它们根据算法产生某些文件的伴随体，具有同样的名字和不同的扩展名。

（2）"蠕虫"型病毒：此类病毒利用计算机网络进行传播，但是传播过程中不改变文件和资料信息，利用网络从一台机器的内存传播到其他机器的内存，通过计算网络地址，将自身的病毒通过网络发送。这类病毒一般除了内存不占用其他资源。

（3）寄生型病毒：除了伴随和"蠕虫"型，其他病毒均可称为寄生型病毒，它们依附在系统的引导区或文件中，通过系统的功能进行传播。

（三）计算机病毒的防治策略

计算机病毒的防治要从防毒、查毒、解毒三方面来进行；系统对于计算机病毒的实际防治能力和效果也要从防毒能力、查毒能力和解毒能力三方面来评判。

"防毒"是指根据系统特性，采取相应的系统安全措施预防病毒侵入计算机。"查毒"是指对于确定的环境，能够准确地报出病毒名称，该环境包括内存、文件、引导区（含主导区）、网络等。"解毒"是指根据不同类型病毒对感染对象的修改，并按照病毒的感染特性所进行的恢复。该恢复过程不能破坏未被病毒修改的内容。感染对象包括：内存、引导区（含主引导区）、可执行文件、文档文件、网络等。

防毒能力是指预防病毒侵入计算机系统的能力。通过采取防毒措施，应可以准确地、实时地监测预警经由光盘、软盘、硬盘和移动硬盘不同目录之间、局域网、互联网（包括 FTP 方式、E-mail、Http 方式）或其他形式的文件下载等多种方式进行的传输；能够在病毒侵入系统发出警报，记录携带病毒的文件，即时清除其中的病毒；对网络而言，能够向网络管理员发送关于病毒入侵的信息，记录病毒入侵的工作站，必要时还要能够注销工作站，隔离病毒源。

查毒能力是指发现和追踪病毒来源的能力。通过查毒应该能准确地发现计算机系统是否感染有病毒，并准确查找出病毒的来源，并能给出统计报告；查解病毒的能力应由查毒率和误报率来评判。

解毒能力是指从感染对象中清除病毒，恢复被病毒感染前的原始信息的能力；解毒能力应用解毒率来评判。

五、生物特征识别技术

生物特征是指人类所共同具有，而又有个体差异性以至于可以区分不同人的生理和行为特点，如相貌、声音等。生物特征识别技术利用计算机处理由采集设备获得的各种生物特征用于身份鉴别。与传统的基于物品（如钥匙、证件）和基于知识（如密码、口令）的身份鉴别技术相比，生物特征具有不会遗忘或丢失、不易伪造、使用方便等优点。尽管诸如指纹、签名等生物特征很早就使用在了司法、银行等安全领域，但是依靠人类专家进行身份识别难以推广到普遍存在的身份鉴别应用中。

随着数学工具的发展，生物特征识别技术的核心理论与算法在原有基础上进一步得到提升；随着技术的进步，与生物特征识别相配的标准建设、加密技术、外围硬件、应用系统和其他相关技术得到不断发展与成熟。"9·11"事件使全世界认识到高级安全控制技术研发的重要性，世界各国都将生物特征识别技术作为关系国家未来安全的重大关键技术加以扶持。技术发展因素和迫切应用需求相结合，使得生物特征识别技术在近年里得以快速发展。生物特征识别技术正逐渐从实验走向实用，从而进入普通人的日常生活中。目前，已经有大量的生物特征识别系统投入不同规模的各类应用领域，逐渐地改变人们的工作和生活方式，产生了巨大的经济效益。

（一）生物特征

生物特征主要包括两类：生理特征和行为特征。前者是人类与生俱来的先天生理特征差异，后者指个性化的行为习惯造成的身份差异。能够作为身份鉴别的生物特征具有广泛性、唯一性、稳定性和可采集性等共同特点，不同生物特征具有这些特点的不同属性，这些属性决定了不同生物特征的不同应用场合。另外，身高、体形等"软"生物特征作为传统生物特征识别的有益补充，也被逐渐用于实用系统的开发中。

1. 生理生物特征

生理生物特征分布在人的多种器官中，一些是日常生活中人类自己进行身份鉴别所使用的信息，如脸型；一些是在安全刑侦中由专家使用的生物特征，如指纹、掌形等；一些是在生理学、医学研究中发现的，如虹膜、眼底纹等。多数生理生物特征的表现形式都是图像。在活体生物特征采集中，如活体指纹、虹膜则可能表现为视频，然而用于鉴别身份的仍然是图像特征。

2. 行为生物特征

行为生物特征是人类习惯性活动形成的，由于人类生理结构的差异导致相应的行为特征产生丰富多样的差异可用于身份鉴别。常用的行为生物特征包括声音、签名、笔迹和步态等。由于行为特征是动态的，行为生物特征具有多种多样的表现形式。

（二）生物特征识别算法

生物特征识别是一类典型的模式识别问题，其所涵盖的技术和方法主要包括数字信号和数字图像处理、各种机器学习算法、模式识别和人工智能、概率统计方法等。同时，生物特征识别还不可避免地需要借鉴生理学、心理学和认知科学的研究成果。一般地，生物特征识别系统包括离线注册和在线比对两个过程。前者是为了收集供匹配使用的生物特征模板，后者是各类应用中验证身份的过程。二者必须具有以下三点共同的处理过程，即生物特征采集和录入、生物特征预处理、特征提取和特征选择。离线注册后还需要对生物特征模板进行加密和保存，而特征比对和匹配、识别结果输出过程则是在在线比对中进行的。

生物特征识别系统的一个基本要求是快速完成各个模块，尤其是识别过程，针对不同生物特征，每个子处理过程和计算机算法也不尽相同。

（三）生物特征识别系统

生物特征识别产品的最终形式依据应用的不同而多种多样。从系统集成的角度而言可以分为三类：第一类是单机系统，如基于生物特征的门禁控制系统和考勤机。在这一类系统中，所有的采集、注册、存储、验证等过程都在同一个设备上进行。第二类是网络系统，例如给予生物特征的网络访问控制系统。在这种系统中，各个客户端负责采集和传输生物特征，服务器端负责预处理、特征提取、加密保存、匹配验证和向客户端输出验证结果。这种系统依赖于数据库和网络技术，优点在于服务器可以对整个系统进行中央监控和特征使用调配。第三类是第三方集成系统，例如采用读卡器将生物特征识别系统连接到安全控制系统中，使用时，用户出示存储了个人生物特征编码信息的智能卡，通过认证，读卡器将匹配指令发送给安全控制系统。这种系统解决了其他类型系统存储空间的问题，但是在用户量巨大的应用中，给保存在智能卡上的生物特征模板的更新、删除等管理带来了困难。

本章案例

银联透漏利用短信犯罪的典型欺诈手法

针对近来有部分诈骗分子假冒银行或银联的名义，利用手机短信，甚至直接打电话的方式，编造貌似合理的理由，诈骗银行卡资金的情况，中国银联和建设银行北京分行发布紧急通知，提醒市民警惕此类诈骗。银联目前向各家银行、公安机关反映，联合进行打击和防范。

目前，有市民反映有人冒充建行工作人员以发短信的形式，索要用户密码。建设银行北京分行发布紧急通知，提醒持卡人：银行工作人员绝不会索要客户密码，持卡人不要以任何方式向任何人泄露自己的个人信息和银行卡卡号及密码。建设银行已通过建行网站、ATM机屏幕显示、银行卡对账单等方式对防范不法分子使用虚假信息诈骗银行卡资金进行了相关提示。

中国银联也表示，持卡人对来历不明的短信或电话要提高警惕，在任何情况下都不要轻易向他人透漏银行卡密码等信息，更不能通过ATM向不明账户进行转账。

据中国银联调查，不法分子惯用的手法是：假冒银行或银联的名义向持卡人发送短信或打电话，假称持卡人的银行卡在某处消费或卡的信息资料被泄漏，诱骗持卡人拨打虚假短信中指定的电话号码。持卡人拨打短信中的电话后，在语音提示输入银行卡号、密码及身份证号码后转为人工服务，诈骗分子以所谓银行或银联"工作人员"的名义，再次告之致电人，其银行卡"确实"发生了虚假交易，并称其银行卡资料可能泄露、已被伪造，要其到公安机关的所谓"金融犯罪科"报案，并提供公安机关所谓的报案电话。同样，诈骗分子以警察的身份，进一步诱使持卡人上当，告诉持卡人为避免损失，应联系银联或银行，诈骗分子再次冒充所谓银行或银联的"工作人员"，要求持卡人到ATM上修改"密码"，诱骗持卡人在ATM进行相关操作，将卡内资金转入不法分子预先以虚假身份在银行开立的银行卡账户内；或者直接以提供"安全账户"为名，要求持卡人转账。得手后，不法分子很快通过取现、转账等手段窃走资金。

资料来源：王汝林. 移动商务理论与实务 [M]. 北京：清华大学出版社，2007.

问题讨论：

1. 移动终端所面临的安全问题有哪些？
2. VPN的技术特点有哪些？

本章小结

移动电子商务随着移动互联网技术的成熟发展迅速，其独特的应用领域使得其安全问题备受关注。安全性是移动电子商务取得成功最关键的因素，从技术角度上看，一方面，无线通信的安全处在不断的发展和完善之中，其应用到移动电子商务中时要与其他的安全机制相结合才能满足实际应用的需要；另一方面，有线电子商务的安全技术不能解决移动电子商务的安全问题，所以WPKI技术是一个现实的选择。因此，只有将这两方面进行改进并有机整合才能营造一个安全的移动电子商务环境。

本章复习题

1. VPN应该遵循哪些设计原则？
2. 无线基础设施如果没有采取适当的安全策略无论安放在哪里都会产生安全问题，请简述几种无线网络安全技巧。
3. 在中国，制约VPN发展、普及的因素有哪两类？分别简述这两方面因素。
4. 请论述生物特征识别技术的发展前景。

参考文献

［1］WAP 开发教程 ［Z］.http.//www.pudn.com.

［2］Nokia Corporation. WML Reference，Version 1.1，http.//www.forum.nokia.com/，1999.

［3］Nokia Corporation. WMLScript Reference，Version 1.1，http.//www.forum.nokia.com/，1999.

［4］Nokia Corporation. Developer's Guide，NOKIA WAP TOOLKIT，Version 1.2，http.//www.forum.nokia. com/，1999.

［5］Phone.com，Inc. WML Language Reference，UP.SDK Version R4.B2，http.//www.phone.com，1999.

［6］WAP Forum. Wireless Markup Language Specification，http.//www.wapforum.org/，1999.

［7］WAP Forum.Wireless Application Protocol Architecture Specification，http.//www.wapforum.org/，1999.

［8］WAP Forum.Wireless Session Protocol Specification，http.//www.wapforum.org/，1999.

［9］http://wenku.baidu.com/view/f6b74d0e52ea551810a687ac.html.

［10］王少华.无线网络接入技术及其发展趋势［J］.无线电技术与信息，2006（5）.

［11］李振强.IPv6 技术揭秘 ［M］.北京：人民邮电出版社，2006.

［12］周逊.IPv6——下一代互联网的核心 ［M］.北京：电子工业出版社，2005.

［13］Andrew s. Tanenbaum.计算机网络 ［M］.北京：清华大学出版社，2007.

［14］雷震甲.网络工程师教程 ［M］.北京：清华大学出版社，2004.

［15］谢希仁.计算机网络 ［M］.北京：电子工业出版社，2008.

[16] 张国鸣. 网络管理员 [M]. 北京：清华大学出版社，2006.

[17] 陈淑仪. EDI 技术 [M]. 北京：人民邮电出版社，1997.

[18] 方少林. 贸易与管理新方式——EDI [M]. 北京：中国金融出版社，2008.

[19] 牛鱼龙. EDI 知识与应用 [M]. 深圳：海天出版社，2005.

[20] Sakura. 程序员博客. http://www.sina.com.cn.

[21] 李亦农，唐晓晟，田辉，张治. 3G 业务及相关技术 [M]. 北京：人民邮电出版社，2007.

[22] 张慧媛，李晓峰，杨放春. 移动互联网与 WAP 技术 [M]. 北京：电子工业出版社，2002.

[23] 舒华英，胡一闻. 移动互联网技术及应用 [M]. 北京：人民邮电出版社，2001.

[24] 侯春萍，宋梅，蔡涛. WAP 无限应用协议 [M]. 北京：机械工业出版社，2000.

[25] 彼得·基恩，罗恩·麦金托什. 自由经济——无线世界移动商务优势 [M]. 北京：机械工业出版社，2002.

[26] 王虎. 基于 3G 的 MMS 架构及应用研究 [M]. 杭州：浙江大学出版社，2006.

[27] 王汝林. 移动商务理论与实务 [M]. 北京：清华大学出版社，2010.

[28] 陈威兵. 移动通信系统 [M]. 北京：清华大学出版社，2010.

[29] 晓仁. 无线寻呼机的使用和修炼 [M]. 北京：电子工业出版社，1995.

[30] 汉堡包. 迈入无线——蓝牙产品 show [J]. 电脑知识与技术，2003 (38).

[31] 朱刚. 蓝牙技术原理与协议 [M]. 北京：北方交通大学出版社，2002.

[32] 陈昌宁. 电信终端设备维护手册 [M]. 北京：人民邮电出版社，2006.

[33] 张润彤，朱晓敏. 移动商务概论 [M]. 北京：北京大学出版社，2008.

[34] 喻金钱，喻斌. 短距离无线通信详解——基于单片机控制 [M]. 北京：北京航空航天大学出版社，2007.

[35] Randall K. Nichols Panos C. Lekkas. 无线安全——模型、威胁和解决方案 [M]. 北京：人民邮电出版社，2004.

[36] Chirs Hurley，Brian Baker. 无线网络安全 [M]. 北京：科学出版社，2009.

[37] 杨义先. 无线通信安全技术 [M]. 北京：北京邮电大学出版社，2005.

[38] 鲁耀斌. 移动商务的应用模式与采纳研究 [M]. 北京：科学出版社，

2008.

[39] 王展. Your New Key：生物特征识别技术［J］. 自然杂志，2007（4）.

[40] 夏鸿斌，须文波，刘渊. 生物特征识别技术研究进展［J］. 计算机工程与应用，2003（20）.

[41] 吴冬梅. WAP 中的安全构架模型研究［J］. 电力系统通信，2004（6）.

[42] 赵长超. WPKI 在移动电子商务中的研究和实现［M］. 沈阳：沈阳工业大学出版社，2008.

[43] 张颖敏，刘长安. 浅议我国移动电子商务的发展对策［J］. 中国集体经济，2009（4）.

[44] 黄刘生. 电子商务安全问题［M］. 北京：北京理工大学出版社，2005.

[45] 赵文，戴宗坤. WPKI 应用体系架构研究［J］. 四川大学学报（自然科学版），2005（4）.

[46] 童俊，郭涛. 移动电子商务的安全问题［M］. 北京：中国人民大学出版社，2001.

[47] 杨兴丽，刘冰，李保升等. 移动商务理论与应用［M］. 北京：北京邮电大学出版社，2010.

[48] 柯元旦. Android 内核剖析［M］. 北京：电子工业出版社，2011.

[49] 莫尔勒（Wolfgang Mauerer），深入 Linux 内核架构［M］. 郭旭译. 北京：人民邮电出版社，2008.

[50] 周毓林. WindowsCE.NET 内核定制及应用程序开发［M］. 北京：电子工业出版社，2003.

[51] 傅曦，齐宇，徐俊. WindowsMobife 手机应用开发［M］. 北京：人民邮电出版社，2005.

[52] 袁静. Symbian 微核操作系统的研究及其在手机软件开发中的应用［M］. 西安：电子科技大学出版社，2008.

[53] 贺磊. 基于 Palm OS 的物流管理技术［D］. 长沙：国防科学技术大学，2004.

[54] 王小良. IVR 业务平台方案设计［J］. 湖南工业大学学报，2008（6）.

[55] 蔡型，张思全. 短距离无线通信技术综述［J］. 现代电子技术，2004（3）.

[56] 田桂花. 浅谈无线通信技术的发展［J］. 价值工程，2010（22）.

[57] 杜青，夏克文，乔延华. 卫星通信发展动态［M］. 无线通信技术，2010（3）.

[58] 李清. 无线通信网络技术的发展趋势 ［J］. 中国新技术新产品，2011

[59] 刘兴鹏，马雪峰. 移动 IPv6 简介［J］. 信息技术，2011（5）.

[60] 刘灿，程鹏. 移动短消息业务及其相关技术研究[J]. 科技信息，2006（7）.

[61] 王希祥，戴青. 移动计算机网络通信技术分析[J]. 计算机工程，2002（3）.

[62] 周志钊，韩正之. 移动计算机网络应用技术研究［J］. 计算机应用研究，2001（12）.

[63] 李蕙，丁革建. 智能手机操作系统概述 ［J］. 应用技术与研究，2009（3）.